U1015164

丝路经济与文化文库

中国（西安）丝绸之路研究院科学研究重点项目（2016SDZ06）

丝绸之路沿线区域居民家庭消费状况比较研究

刘润芳　郝东明　著

中国经济出版社
CHINA ECONOMIC PUBLISHING HOUSE
· 北 京 ·

图书在版编目（CIP）数据

丝绸之路沿线区域居民家庭消费状况比较研究／刘润芳，郝东明著．--北京：中国经济出版社，2021.9

ISBN 978-7-5136-6596-4

Ⅰ．①丝… Ⅱ．①刘… ②郝… Ⅲ．①居民消费-对比研究-中国 Ⅳ．①F126.1

中国版本图书馆 CIP 数据核字（2021）第 166614 号

责任编辑　郭国玺
责任印制　巢新强
封面设计　任燕飞工作室

出版发行　中国经济出版社
印 刷 者　北京九州迅驰传媒文化有限公司
经 销 者　各地新华书店
开　　本　710mm×1000mm　1/16
印　　张　17.5
字　　数　260 千字
版　　次　2021 年 9 月第 1 版
印　　次　2021 年 9 月第 1 次
定　　价　78.00 元
广告经营许可证　京西工商广字第 8179 号

中国经济出版社　**网址**　www.economyph.com　**社址**　北京市东城区安定门外大街 58 号　**邮编**　100011

本版图书如存在印装质量问题，请与本社销售中心联系调换（联系电话：010-57512564）

版权所有　盗版必究（举报电话：010-57512600）

国家版权局反盗版举报中心（举报电话：12390）　　服务热线：010-57512564

前　言

消费是社会再生产过程中的一个重要环节，是拉动经济增长的重要因素，居民家庭的消费状况也是地区经济发展水平的重要体现。居民家庭消费问题是国家长期关注的重大民生问题，是居民幸福指数的重要组成部分。详细掌握居民家庭的消费结构和消费水平，了解居民消费需求的变动趋势与消费特点，对政府正确制定相应的供给与消费政策具有重要的现实意义，对地区产业结构优化以及经济增长方式的调整具有非常重要的参考价值。

2013 年 11 月，中共十八届三中全会通过《中共中央关于全面深化改革若干重大问题的决定》，明确提出推进丝绸之路经济带、海上丝绸之路建设，以形成全方位开放新格局。"丝绸之路经济带"是在古代陆上丝绸之路概念基础上形成的新的经济发展区域，秉承"共商、共建、共享"原则，充分依托中国与有关国家既有的双多边机制，借助既有的、行之有效的区域合作平台，共谋沿线国家和人民福祉。研究丝绸之路沿线国家和地区的经济与社会发展状况，掌握沿线国家居民家庭的生活状况，对比和分析收入与消费状况，对全面提升丝绸之路经济带沿线各地区的开放型经济水平、充分发挥各地区的优势、推进沿线国家和地区经济社会快速发展具有重要意义。

本书的研究目的是通过对我国丝路沿线省份居民家庭消费状况进行调查和分析，全面了解丝路沿线居民家庭的消费需求、消费结构和消费水平，以利于沿线省份更好地发挥区位、资源优势，从居民有效需求出发，强化供给侧结构性改革，统筹利用国际、国内两个市场，优化配置市场资源，不断提高沿线省份居民的收入水平，优化其收入结构，拉动消费需求，推动区域经济社会加速发展，维护社会稳定，力争与全国同步进入全面小康社会，并实现区域经济的平衡发展。本书以 2015 年 3 月 28 日由国家发展改革委、外交部、商务部联合发布的《推动共建丝绸之路经济带和21世纪海上丝绸之路的愿景与行动》中关于丝绸之路经济带中所列省份为研究对象，包括西北五省区（陕西、甘肃、青海、宁夏和新疆）、西南四省区市（重庆、四川、云南、广西）、东北三省（黑龙江、吉林、辽宁）和内蒙古自治区，并对西北五省区居民家庭消费状况进行抽样调查，了解这些地区居民的消费水平、消费结构以及影响消费的因素。同时，选取丝绸之路沿线的8个国家（中国、哈萨克斯坦、伊朗、土耳其、乌克兰、俄罗斯、印度、巴基斯坦）和欧洲四国（英国、德国、法国、意大利）居民家庭的收入及消费状况进行国际比较。

本书主要从宏观和微观两个视角研究丝绸之路沿线省份居民家庭消费状况，宏观视角以统计年鉴数据为依据，分为生存型、发展型及享受型研究丝绸之路沿线13省份居民家庭消费的状况与消费特点，并对他们的消费倾向的动态趋势进行分析。微观视角以古丝绸之路沿线的主要省份——西北五省区为对象进行抽样调查。根据《中国统计年鉴》关于消费的分类，对八大类消费进行详尽、仔细的调查，分析丝绸之路沿线省份居民家庭消费情况。本书共十四章再加绪论。首先，对丝绸之路沿线省份的经济发展状况进行分析，了解各省份经济状况及自身的优势和劣势。其次，以宏观省级数据为依据，从收入来源、收入等级、消费水平、消费结构、消费倾向和消费结构变动度等方面，纵向研究我国居民家庭收入与消费状况的动态趋势，横向分城乡对比分析丝绸之路沿线省份的收入与消费特点，对丝路沿线省份居民家庭消费的影响因素进行分析并进行国际比较。再次，运用微观古丝绸之路西北五省区的问卷调查数据，全面分析丝绸之路沿线省份居民在食品类、衣着类、居住类、家庭设备用品及服务类、交通通信类、教育文化娱乐类、医疗保健类以及其他方面支出的消费特点与影响因素。最后，在以上分析的基础上指出丝绸之路沿线省份居民家庭消费存在的主要问题并提出解决建议。

本书在完成的过程中得到了多方的支持，感谢中国（西安）丝绸之路研究院对本项目的大力支持，感谢国家统计局宝鸡调查队杨靖给我们的建议。感谢为本项目完成参加问卷调查的同学及协助调查的朋友们！同时，也真诚感谢接受本次调查的受访者，为本项目研究提供第一手资料！感谢课题组全体成员的辛勤付出！感谢李频、李有慧、邵鑫鑫、魏钰珂等同学在调查数据整理过程中的辛苦劳动！感谢在本书写作过程中参阅过的文献的作者们，让我们沿着你们的脚印走得更远！本书撰写与审订工作主要由刘润芳教授、郝东明副教授完成。参与本书撰写工作的还有研究生王梦娇、饶璐、郝一格、施金桥、曹亚丽，在此一并感谢！

由于研究者水平有限，书中难免存在不妥之处，恳请广大读者批评指正！

刘润芳　郝东明

2020 年 3 月

目　录

绪　论

第一节　研究背景与意义

一、研究背景

消费是社会再生产过程中的一个重要环节，也是最终环节。它是指利用社会产品来满足人们各种需要的过程。消费是社会产品生产的前提，也是社会生产的终极目标。在世界经济快速发展的今天，消费作为拉动经济增长的“三驾马车”中最重要的组成部分，是经济增长的原动力，是实现经济又好又快发展的根本保证，消费对于经济持续稳定健康增长具有重要的支撑作用。一般使用消费率（最终消费支出占国内生产总值的比重）的高低来衡量总消费对经济总量贡献的大小，也可以反映拉动经济增长的三大需求中消费所起作用的大小。自 2000 年以来，我国的消费率呈现出逐年下降的态势，消费率从 2000 年的 63.3%下降到 2017 年的 53.6%，下降了近 10 个百分点。伴随而来的经济增长率从 2007 年的 14.2%下降到 2017 年的 6.7%。消费率持续下降严重地影响了我国经济增长的稳定性及可持续性，成为我国经济高质量发展的重要隐患。

最终消费支出由居民消费支出与政府消费支出构成。一般来说，居民消费支出占最终消费支出的 80%以上，居民是最终消费支出的主体，而我国居民消费支出占最终消费支出的比例（即居民消费率）在逐年下降，从 2001 年的74.0%下降到2017年的72.76%。居民消费率的高低决定总消费率的高低，合理的居民消费率不仅有利于居民消费水平的提高和消费结构的优化升级，也有利于国民经济的良性循环，有利于社会文明和进步。我国居民消费率远远低于其他国家，2005年至今，我国居民消费率一直没有超过40%，2010年为35.56%，2017年为39.0%，远远低于世界平均60%以上的水平。长期以来，我国一直过度依赖高投资和稳出口来拉动经济增长，潜藏着生产能力过剩的危机。消费需求不足，特别是居民消费需求不足已经成为制约我国经济持续健康发展的重要障碍。

为了实现我国经济高质量发展的目标，需要创造有利于扩大居民消费的体制环境。家庭是最基本的社会单位，关注居民消费，主要应关注居民家庭的消费，特别是关注经济相对落后的地区居民家庭消费，居民家庭的消费状况是地区经济发展水平的重要体现。居民家庭消费问题是国家长期关注的重大民生问题，也是体现居民幸福指数的重要组成部分。详细掌握居民家庭的消费结构、消费水平以及消费产品的选择，了解居民消费需求的变动趋势与消费特点，寻找影响居民消费的因素，对政府正确制定相应的供给与消费政策、提高居民的生活水平与质量具有重要的现实意义，能为地区产业结构优化以及经济增长方式的调整提供参考。

2013年，中国国家主席习近平在出访中亚与东南亚国家期间，先后提出了建设“新丝绸之路经济带”和“21世纪海上丝绸之路”两大战略构想，即“一带一路”倡议，强调相关各国要打造互利共赢的“利益共同体”和共同发展繁荣的“命运共同体”，它将充分依靠中国与有关国家既有的双多边机制，借助既有的、行之有效的区域合作平台，旨在借用古代丝绸之路的历史符号，高举和平发展的旗帜，积极发展与沿线国家的经济合作伙伴关系，共同打造政治互信、经济融合、文化包容的利益共同体、命运共同体和责任共同体。

丝绸之路是起始于中国，连接亚洲、非洲和欧洲的古代商业贸易路线，按照运输方式分为陆上丝绸之路和海上丝绸之路。丝绸之路从最初运输中国出产的丝绸、瓷器等商品发展为一条东方与西方之间在经济、政治、文化领域进行交流的主要道路，对促进世界繁荣与发展发挥了非常重要的作用。

由中国倡议的共建“一带一路”，顺应世界多极化、经济全球化、文化多样化、社会信息化的发展潮流，秉持团结互信、平等互利、包容互鉴、合作共赢的区域合作精神，致力于维护全球自由贸易体系和开放型世界经济，共同打造开放、包容、均衡、普惠的区域经济合作架构。共建“一带一路”符合沿线国家和人民的利益，符合国际社会的根本利益，彰显了人类社会的共同理想和美好追求。

为推动“一带一路”倡议的顺利实施，2015 年 3 月 28 日，国家发展改革委、外交部、商务部联合发布了《推动共建丝绸之路经济带和 21 世纪海上丝绸之路的愿景与行动》，从时代背景、共建原则、框架思路、合作重点、合作机制等方面阐述了“一带一路”的主张、内涵、方向和任务，提出：丝绸之路经济带包括西北五省区（陕西、甘肃、青海、宁夏和新疆）、西南四省区市（重庆、四川、云南、广西）、东北三省（黑龙江、吉林、辽宁）和内蒙古自治区，东起亚太经济圈，西至欧洲经济圈，是世界上最长、最具有发展潜力的经济大走廊，其中新疆为核心区；“21 世纪海上丝绸之路”包括上海、福建、广东、浙江、海南 5 省市，其中福建为核心区。

本书以“丝绸之路经济带”所重新圈定的 13 个省份为研究对象，在对西北、西南、东北三个区域进行宏观指标分析的基础上，主要针对西北 5 省区家庭居民消费状况进行实地调查研究，旨在对该地区居民收入消费状况进行全面的了解和把握，为该地区政府制定经济社会发展政策提供依据。

西北地区是丝绸之路经济带的重要战略区，是通向中西亚和欧洲的重要通道，该地区资源富集，产业合作空间巨大，是世界四大文化旅游区的交汇之地，区位优势明显。陕西作为丝绸之路经济带新起点和“桥头堡”的重要承载区，是丝绸之路最重要的经济、文化和商品贸易的枢纽。甘肃是丝绸之路经济带重要的经济增长极，其省会城市兰州是通达四方的交通节点城市，是文化传承、文化传播、文化创新和文化交流的平台。青海是古丝绸之路和唐蕃古道的必经之地，是中西方交流大道的重要节点和主要枢纽，其所在地区的文化交流、交通网络和丰富的矿产业优势较大。宁夏是建设丝绸之路经济带的战略支点，在独特的人文、区位、重要产业和政策方面优势较大，是面向中亚、南亚和西亚国家通道的主要基地。新疆在丝绸之路经济带中发挥着桥梁、纽带和支点、支撑的作用，区位优势较大，它是丝绸之路的核心区域和“排头兵”，既承接我国向西开放的“桥头堡”作用，又担负着连接和建设丝路经济带的重要使命。

西南地区是南下出海通道的主要交通枢纽，是连接“21 世纪海上丝绸之路”和“丝绸之路经济带”的重要门户。重庆是长江经济带和丝绸之路经济带的交会处，是丝绸之路经济带的战略支点，支撑着我国西部地区战略的开发与开放，它也是连接欧洲、东盟和亚太的重要节点。四川被称为“天府之国”，是南方丝绸之路的起点，其位于陆上丝绸之路和海上丝绸之路的交会点，是西部大开发的战略依托，也是中亚、南亚以及东南亚的重要交通走廊。云南是我国向西开发的前沿和窗口，其在历史、区位和经贸方面都有较大的优势，是贯穿南亚与东南亚的交通枢纽。广西是“21 世纪海上丝绸之路”的重要枢纽，与东盟国家陆海相邻，应发挥其独特优势，加快北部湾经济区和珠江—西江经济带开放发展，构建面向东盟区域的国际通道。

东北地区推进构建北京—莫斯科欧亚高速运输走廊，是向北开放的重要窗口。其中黑龙江省的黑河市是中蒙俄经济走廊重要节点城市，是打造“冰上丝绸之路”中俄合作的重要平台城市。吉林是丝绸之路东北地区的前沿，是推动中俄朝三个国家合作的核心载体，也是建设东北亚的核心力量。辽宁打造的“冰上丝绸之路”是连接欧洲的重要的滨海国际运输新通道。

二、研究意义

综观近年来相关研究文献，对全国居民消费状况和特定省市居民消费状况的研究居多，但针对丝路沿线地区的研究却很少，而且研究中对对象自身评价较多，缺少横向对比分析，因而不能得出对比之后的结论。本书以丝路沿线省份居民为研究对象，对丝路沿线省份居民之间的消费状况进行对比，找出其中的优势、特点和不足，为丝路沿线省份制定鼓励居民消费政策提供理论支撑。研究丝路沿线省份居民家庭消费的趋势和特征，不仅对全面了解和把握地区经济发展状况、助推地区经济社会全面发展、发挥其在“丝绸之路经济带”建设中的作用具有重要的现实意义，同时也对研究我国居民消费特征和经济健康快速发展具有重要的理论意义。

消费是拉动经济增长的“三驾马车”中的重要组成部分，是经济增长的原动力，刺激消费需求是保持经济快速增长的根本措施。建设丝绸之路经济带，让陆上古丝绸之路焕发新的生机活力，不仅对我国沿线省份经济社会全面发展具有重要的推动作用，也将对世界经济产生重要影响。研究我国居民消费的特点，提出刺激消费的政策及措施是当前经济研究领域的一项重要任务。

本书主要对丝路沿线西北五省区居民家庭消费状况进行调查和分析，可以全面了解和把握丝路沿线居民家庭的消费需求、消费结构和消费水平，有利于沿线省份更好地发挥区位、资源优势，从居民有效需求出发，强化供给侧结构性改革，统筹利用国际、国内两个市场，优化配置市场资源，不断提高沿线省份居民的收入水平，优化其收入结构，拉动消费需求，推动区域经济社会加速发展，维护社会稳定，力争与全国同步进入全面小康，并实现我国区域经济的平衡协调发展。

第二节　丝绸之路沿线区域经济状况

一、丝绸之路沿线省份总体经济状况

随着我国经济的快速发展，国家综合实力不断增强，居民收入不断增加，人民物质生活不断丰富和完善，居民对于各种消费的需求不断增加。到2016年，我国GDP总量已达到744 127.2亿元，是2007年的2.75倍，增加了473 894.9亿元，年均增长率为11.91%。对于丝绸之路沿线的居民而言，随着丝绸之路经济带倡议和相关政策的不断完善，其生活水平不断提高，消费热情不断上涨，带动了地区经济快速发展。

（一）丝绸之路沿线省份经济增长迅速

1. 人均 GDP

由图 0-1 可以看出，2007—2016 年，我国丝绸之路沿线各地区人均 GDP 都在不同幅度地增长，其中西南地区增长最快，由 13 119.50 元增长至 41 906.25 元，年均增长率为 13.77%；2016 年，东北和西北地区人均 GDP 分别达到 48 363.67 元和 41 989.40 元，年均分别增长 9.52%和 12.49%。从人均 GDP 指标数据可以看出，东北地区的整体经济水平高于西北、西南地区，主要与我国最早在东北地区优先发展的重工业密切相关。

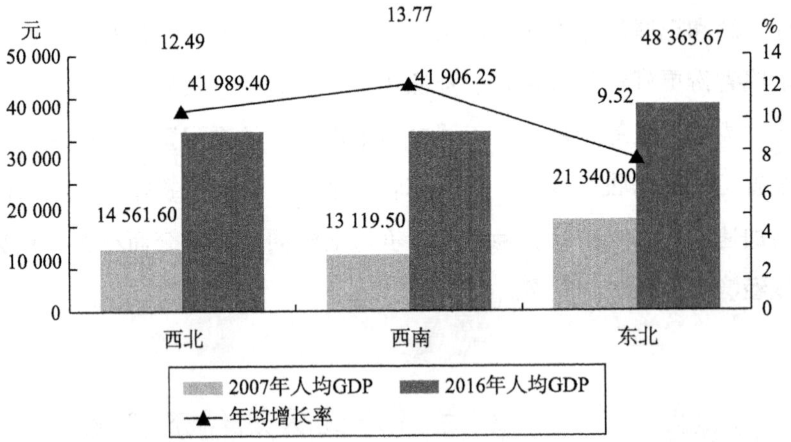

图 0-1　2007 年、2016 年丝绸之路沿线各地区人均 GDP 及增长率

数据来源：根据《中国统计年鉴 2008》《中国统计年鉴 2017》相关数据计算而得。

2. 居民可支配收入

居民可支配收入是反映居民生活水平状况的一个重要指标。由图 0-2 可以看出，2007—2016 年，西北地区人均可支配收入增长最快，从5 801.68 元增长至 17 606.56 元，绝对增量为 11 804.88 元，年均增长 13.13%；三大地区相比，东北地区的人均可支配收入年均增速（11.55%）虽低于西北、西南地区，但到 2016 年已达到 21 948.40 元，总体上，居民可支配收入高于其他两地区。

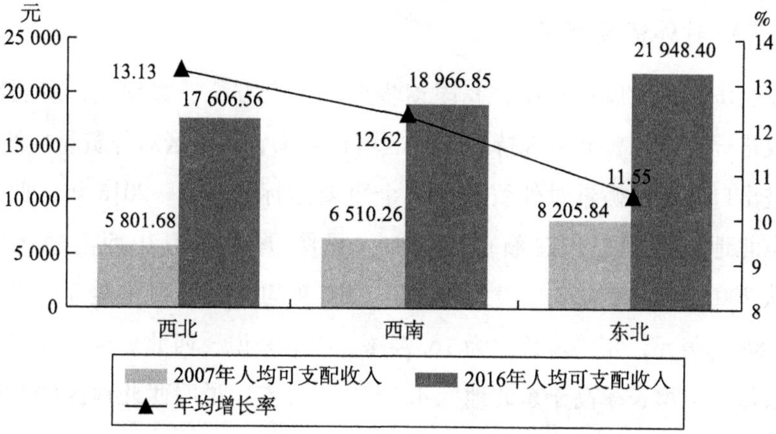

图 0-2　2007 年、2016 年丝绸之路沿线各地区人均可支配收入及增长率

数据来源：根据《中国统计年鉴 2008》《中国统计年鉴 2017》相关数据计算而得。

（二）产业结构概况

根据表 0-1，2007 年，西北、西南和东北地区的产业结构为“二三一”的格局，主要以第二产业为主，工业在经济发展中起支柱作用。2016 年，我国丝绸之路沿线地区的产业结构为“三二一”的格局，与 2007 年相比，西北、西南和东北地区的第三产业比重分别增长到 45.4%、45.4%和 49.33，其增长量分别为 8.82 个百分点、6.3 个百分点和 12.8 个百分点，第三产业超越第二产业，增长趋势较为明显，服务业在经济和社会发展中的地位和作用日益凸显，各地区产业结构不断优化。

表 0-1　2007 年、2016 年丝绸之路沿线地区产业结构

地区	第一产业		第二产业		第三产业	
	2007 年	2016 年	2007 年	2016 年	2007 年	2016 年
西北/%	12.9	11.14	50.48	43.44	36.58	45.4
西南/%	17.375	12.325	43.525	42.25	39.1	45.4
东北/%	12.70	12.43	50.73	38.23	36.53	49.33

数据来源：根据《中国统计年鉴 2008》《中国统计年鉴 2017》相关数据计算而得。

（三）对外贸易概况

在经济快速发展过程中，我国逐步形成了全方位、宽领域、多层次的对外开放格局，全球贸易呈现持续不断的增长势头，各地区对外贸易持续增长。

进出口总额是衡量对外贸易的一个重要指标，2007—2016 年，西北、西南、东北地区的进出口总额相应增加（见图 0-3），其中西南地区增长最快，从 2007 年的 400.38 亿美元增长至 2016 年的 1 612.26 亿美元，增长量为 1 211.88 亿美元，年均增长率为 16.74%；相对来说，西北地区整体对外贸易水平较低，但增长率高于东北地区 4.16 个百分点，说明西北地区的对外贸易处于持续追赶状态，发展前景较为乐观。

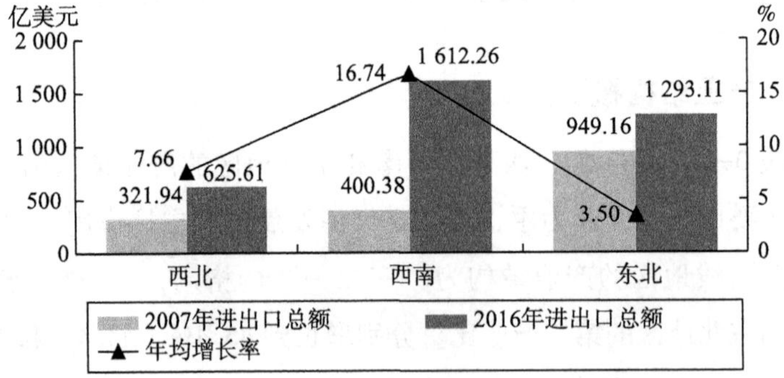

图 0-3　2007 年、2016 年丝绸之路沿线各地区进出口总额及增长率

数据来源：根据《中国统计年鉴 2008》《中国统计年鉴 2017》相关数据计算而得。

二、西北地区经济发展状况

西北地区是丝绸之路经济带的主要战略区，其经济状况直接影响着地区居民的消费水平和消费层次。西北地区主要包括陕西、甘肃、青海、宁夏、新疆，各地区的经济状况描述如下。

（一）西北地区经济水平与居民收入概况

1. 人均 GDP

2007—2016 年，西北地区人均 GDP 增速起伏较大（见表 0-2 和图 0-4）。

2008—2009 年，五个省区的增速呈下降趋势，2010 年急剧上升，增长周期较短，随后 2010—2015 年增速下滑，至 2016 年，其增速呈现缓慢上升趋势。

表 0-2 2007—2016 年西北地区人均 GDP 和增速

年份	陕西		甘肃		青海		宁夏		新疆	
	人均GDP/元	增速/%	人均GDP/元	增速/%	人均GDP/元	增速/%	人均GDP/元	增速/%	人均GDP/元	增速/%
2007	15 546	32. 17	10 614	21. 32	14 507	23. 43	15 142	28. 50	16 999	14. 31
2008	19 700	26. 72	12 421	17. 02	18 421	26. 98	19 609	29. 50	19 797	16. 46
2009	21 947	11. 41	13 269	6. 83	19 454	5. 61	21 777	11. 06	19 942	0. 73
2010	27 133	23. 63	16 113	21. 43	24 115	23. 96	26 860	23. 34	25 034	25. 53
2011	33 464	23. 33	19 595	21. 61	29 522	22. 42	33 043	23. 02	30 087	20. 18
2012	38 564	15. 24	21 978	12. 16	33 181	12. 39	36 394	10. 14	33 796	12. 33
2013	43 117	11. 81	24 539	11. 65	36 875	11. 13	39 613	8. 84	37 553	11. 12
2014	46 929	8. 84	26 433	7. 72	39 671	7. 58	41 834	5. 61	40 648	8. 24
2015	47 626	1. 49	26 165	-1. 01	41 252	3. 99	43 805	4. 71	40 036	-1. 51
2016	51 015	7. 12	27 643	5. 65	43 531	5. 52	47 194	7. 74	40 564	1. 32

数据来源：根据《中国统计年鉴》（2008—2017）相关数据计算而得。

具体来看，2016 年，陕西和宁夏人均 GDP 分别达到 51 015 元、47 194 元，同上年相比，增速分别为 7. 12%和 7. 74%，高于西北其他三地；新疆在 2015 年人均 GDP 为 40 036 元，与上年相比降低了 612 元，出现经济负增长状况。作为丝绸之路经济带战略核心区，其经济发展不容乐观，与其战略地位不相称，进一步提高西北地区的经济发展水平刻不容缓。

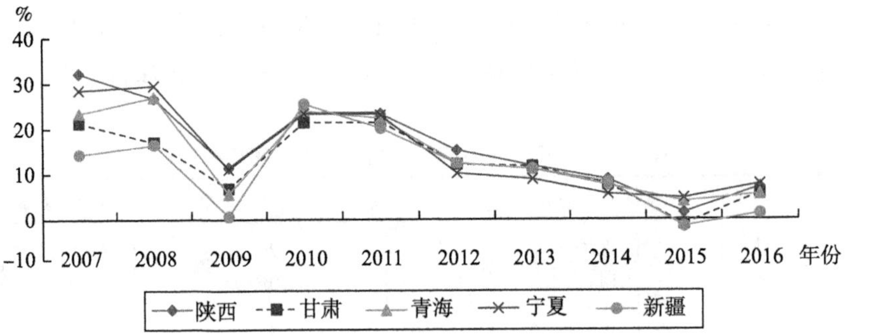

图 0-4　2007—2016 年西北地区人均 GDP 增速

数据来源：根据《中国统计年鉴》（2008—2017）相关数据计算而得。

2. 人均可支配收入

由表 0-3 和图 0-5 可知，西北五省区人均可支配收入增速起伏较大，2007—2016 年，增速从 13%～19%整体下降至 10%以下，由此可见，西北地区居民的收入水平整体落后且增速呈下滑态势。

表 0-3　2007—2016 年西北地区人均可支配收入和增速

年份	陕西		甘肃		青海		宁夏		新疆	
	人均可支配收入/元	增速/%	人均可支配收入/元	增速/%	人均可支配收入/元	增速/%	人均可支配收入/元	增速/%	人均可支配收入/元	增速/%
2007	5 942.06	18.81	4 807.61	13.27	5 723.47	15.29	6 561.35	18.81	5 973.90	17.94
2008	7 228.48	21.65	5 490.65	14.21	6 561.02	14.63	7 842.45	19.52	6 647.05	11.27
2009	8 087.57	11.88	6 101.11	11.12	7 265.36	10.74	8 645.43	10.24	7 220.44	8.63
2010	9 408.25	16.33	6 952.67	13.96	8 335.27	14.73	9 782.15	13.15	8 515.03	17.93
2011	11 278.13	19.87	8 025.80	15.43	9 690.46	16.26	11 475.4	17.31	9 828.21	15.42
2012	13 250.19	17.49	9 408.78	17.23	11 156.6	15.13	13 100.8	14.16	11 462.9	16.63
2013	14 371.5	8.46	10 954.4	16.43	12 947.8	16.06	14 565.8	11.18	13 669.6	19.25
2014	15 836.7	10.20	12 184.7	11.23	14 374	11.01	15 906.8	9.21	15 096.6	10.44
2015	17 395	9.84	13 466.6	10.52	15 812.7	10.01	17 329.1	8.94	16 859.1	11.67
2016	18 873.7	8.50	14 670.3	8.94	17 301.8	9.42	18 832.3	8.67	18 354.7	8.87

数据来源：根据《中国统计年鉴》（2008—2017）相关数据计算而得。

具体来看，陕西人均可支配收入增长率起伏最大，尤其 2008 年人均可支配收入增长至 7 228.48 元，增速高达 21.65%，位居 10 年间增速的最高水平，但 2013—2016 年增速低于青海、甘肃和新疆，相比 2007—2012 年，下滑幅度较大；2007—2009 年，新疆的人均可支配收入增速急剧下降至最低水平，但 2010 年以后，人均可支配收入增速处于逐渐回升状态；宁夏在 2011 年以后的人均可支配收入增速呈下滑趋势，但 2016 年，其增速只比上年下降 0.27 个百分点，下滑趋势渐缓。

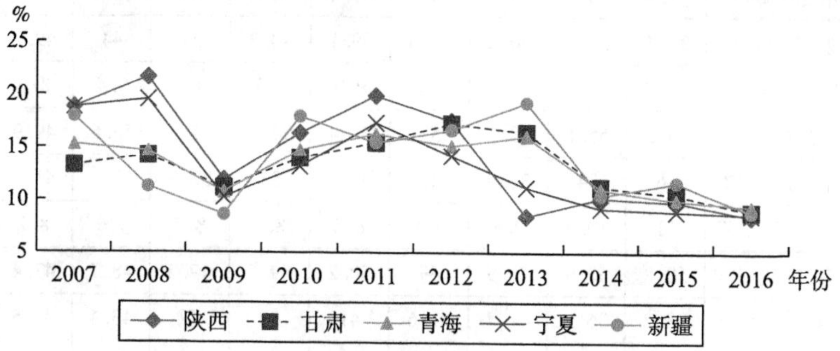

图 0-5 2007—2016 年西北地区人均可支配收入增速

数据来源：根据《中国统计年鉴》（2008—2017）相关数据计算而得。

（二）产业结构

由表 0-4 可知，2007—2016 年，陕西、青海和宁夏的产业结构为“二三一”格局，还以工业为经济发展主要支柱。陕西和宁夏的第二产业和第三产业从 2007 年到 2016 年的绝对差值处于递减状态，其第三产业比重呈递增趋势。青海第三产业波动程度较大，2013—2016 年，其第三产业在经济发展中呈现逐渐提升趋势。2007—2013 年，甘肃的产业结构格局为“二三一”，2014 年以后，第三产业比重高于第二产业比重，其格局演变为“三二一”，2016 年第三产业已高达 51.4%，成为甘肃的主要支柱产业。2015 年，新疆的产业结构格局从“二三一”演变为“三二一”。新疆第一产业相对于西北地区其他 4 个省区，比重最高，不过经济发展还是主要在第二产业上，第一、第三产业在经济发展中的贡献率差距较小。

表 0-4　2007—2016 年西北地区产业结构变化情况

省区		2007	2008	2009	2010	2011	2012	2013	2014	2015	2016
陕西	第一产业/%	10.8	11	9.7	9.8	9.8	9.5	9.5	8.8	8.9	8.7
	第二产业/%	54.2	56.1	51.9	53.8	55.4	55.9	55.5	54.1	50.4	48.9
	第三产业/%	34.9	32.9	38.5	36.4	34.8	34.7	34.9	37	40.7	42.3
甘肃	第一产业/%	14.3	14.6	14.7	14.5	13.5	13.8	14	13.2	14.1	13.7
	第二产业/%	47.3	46.3	45.1	48.2	47.4	46	45	42.8	36.7	34.9
	第三产业/%	38.4	39.1	40.2	37.3	39.1	40.2	41	44	49.2	51.4
青海	第一产业/%	10.6	11	9.9	10	9.3	9.3	9.9	9.4	8.6	8.6
	第二产业/%	53.3	55.1	53.2	55.1	58.4	57.7	57.3	53.6	49.9	48.6
	第三产业/%	36	34	36.9	34.9	32.3	33	32.8	37	41.4	42.8
宁夏	第一产业/%	11	10.9	9.4	9.4	8.8	8.5	8.7	7.9	8.2	7.6
	第二产业/%	50.8	52.9	48.9	49	50.2	49.5	49.3	48.7	47.4	47
	第三产业/%	38.2	36.2	41.7	41.6	41	42	42	43.4	44.5	45.4
新疆	第一产业/%	17.8	16.4	17.8	19.8	17.2	17.6	17.6	16.6	16.7	17.1
	第二产业/%	46.8	49.6	45.1	47.7	48.8	46.4	45	42.6	38.6	37.8
	第三产业/%	35.4	33.9	37.1	32.5	34	36	37.4	40.8	44.7	45.1

数据来源：根据《中国统计年鉴》（2008—2017）相关数据计算而得。

（三）对外贸易

由表 0-5 和图 0-6 可以看出，总体而言，西北五省区的进出口额增速波动较大，受 2008 年金融危机的影响，2009 年整体增速下降，呈负增长态势，对外贸易总体形势不容乐观。

表 0-5　2007—2016 年西北地区进出口额和增速

年份	陕西		甘肃		青海		宁夏		新疆	
	进出口额/亿美元	增速/%	进出口额/亿美元	增速/%	进出口额/亿美元	增速/%	进出口额/亿美元	增速/%	进出口额/亿美元	增速/%
2007	82.36	18.98	58.74	32.31	6.79	-27.48	19.62	21.65	154.43	51.24
2008	104.56	26.95	65.63	11.72	8.00	17.82	25.81	31.58	249.75	61.72
2009	86.73	-17.05	44.85	-31.66	7.17	-10.40	19.61	-24.02	161.25	-35.44
2010	117.04	34.94	73.88	64.74	8.18	14.08	25.67	30.90	213.63	32.48
2011	140.83	20.33	78.27	5.95	7.62	-6.89	28.09	9.42	299.15	40.03

续表

年份	陕西		甘肃		青海		宁夏		新疆	
	进出口额/亿美元	增速/%	进出口额/亿美元	增速/%	进出口额/亿美元	增速/%	进出口额/亿美元	增速/%	进出口额/亿美元	增速/%
2012	151.90	7.85	71.63	-8.48	8.13	6.73	26.73	-4.85	336.27	12.41
2013	202.20	33.11	68.42	-4.49	8.56	5.26	26.08	-2.42	375.68	11.72
2014	276.88	36.94	52.67	-23.02	6.20	-27.54	40.13	53.85	388.89	3.52
2015	298.77	7.90	43.63	-17.16	5.91	-4.68	33.89	-15.56	270.68	-30.40
2016	294.69	-1.37	44.70	2.45	5.20	-11.94	31.03	-8.42	249.99	-7.64

数据来源：根据《中国统计年鉴》（2008—2017）相关数据计算而得。

具体来说，陕西2009年和2016年的进出口额负增长，2016年，陕西（294.69亿美元）和新疆（249.99亿美元）的进出口额分别位于西北地区第一和第二；除2009年受金融危机影响外，2015年后，新疆进出口额又呈负增长趋势；甘肃2010年进出口额增速迅速上升至64.74%，进出口额比上年增长29.03亿美元，但在2012—2015年，进出口额逐年递减，直到2016年开始回升；2007—2016年，青海进出口额增速起伏较大，并且每年进出口额均位居西北地区的末位，对外贸易持续走低；2012—2016年，宁夏进出口额增速整体较低，只有在2014年增速迅速上升，高达53.85%。总体来看，西北地区整体对外贸易波动较大且呈下滑态势。

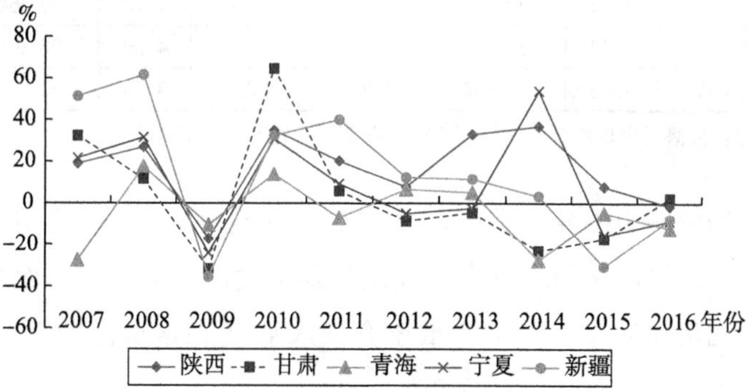

图0-6　2007—2016年西北地区进出口额增速

数据来源：根据《中国统计年鉴》（2008—2017）相关数据计算而得。

三、西南地区经济发展状况

（一）西南地区经济水平与居民收入概况

1. 人均 GDP

由表 0-6 和图 0-7 可知，西南地区人均 GDP 增速呈阶段性变化，2007—2009 年，增速呈下降趋势，尤其是重庆，下降了 21.85 个百分点，也说明 2008 年后，国际金融危机对该地区的影响较为严重；2009—2011 年，西南地区人均 GDP 增速呈增长趋势，2011 年后增速持续下滑，直到 2015 年后开始缓慢回转。

表 0-6　2007—2016 年西南地区人均 GDP 与增速

年份	广西		重庆		四川		云南	
	人均 GDP/元	增速/%	人均 GDP/元	增速/%	人均 GDP/元	增速/%	人均 GDP/元	增速/%
2007	12 277	19.89	16 629	33.71	12 963	22.92	10 609	18.39
2008	14 652	19.35	20 490	23.22	15 495	19.53	12 570	18.48
2009	16 045	9.51	22 920	11.86	17 339	11.90	13 539	7.71
2010	20 219	26.01	27 596	20.40	21 182	22.16	15 752	16.35
2011	25 326	25.26	34 500	25.02	26 133	23.37	19 265	22.30
2012	27 952	10.37	38 914	12.79	29 608	13.30	22 195	15.21
2013	30 741	9.98	43 223	11.07	32 617	10.16	25 322	14.09
2014	33 090	7.64	47 850	10.70	35 128	7.70	27 264	7.67
2015	35 190	6.35	52 321	9.34	36 775	4.69	28 806	5.66
2016	38 027	8.06	58 502	11.81	40 003	8.78	31 093	7.94

数据来源：根据《中国统计年鉴》（2008—2017）相关数据计算而得。

其中，2014—2016 年，重庆人均 GDP 超过全国水平，① 说明重庆地区经济总体在增长，但增长幅度不大，近几年经济发展较为缓慢；而 2007—2016 年，广西、四川和云南人均 GDP 低于全国水平，②西南地区的人均 GDP 整体处于下滑状态。

①② 2007—2016 年的全国人均 GDP 来源于《中国统计年鉴 2017》。

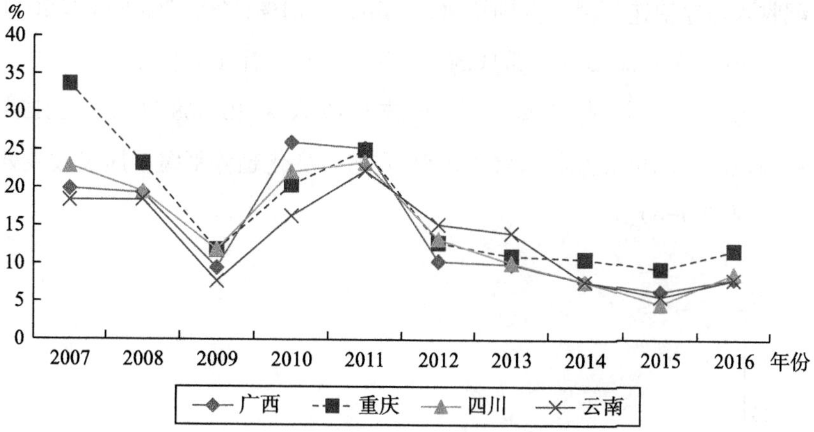

图 0-7　2007—2016 年西南地区人均 GDP 增速

数据来源：根据《中国统计年鉴》（2008—2017）相关数据计算而得。

2. 人均可支配收入

总的来说，2007—2016 年，西南地区的居民收入呈阶段性波动态势，其人均可支配收入都低于全国水平，经济发展整体形势不容乐观（见表 0-7）。

表 0-7　2007—2016 年西南地区人均可支配收入与增速

年份	广西		重庆		四川		云南	
	人均可支配收入/元	增速/%	人均可支配收入/元	增速/%	人均可支配收入/元	增速/%	人均可支配收入/元	增速/%
2007	6 477. 26	23. 61	7 895. 25	13. 87	6 234. 87	20. 37	5 433. 66	17. 23
2008	7 680. 66	18. 58	9 245. 10	17. 10	7 305. 17	17. 17	6 450. 88	18. 72
2009	8 478. 13	10. 38	10 292. 91	11. 33	8 091. 58	10. 77	7 127. 53	10. 49
2010	9 551. 60	12. 66	11 774. 26	14. 39	9 255. 19	14. 38	8 155. 32	14. 42
2011	10 926. 77	14. 40	14 056. 11	19. 38	11 051. 74	19. 41	9 819. 50	20. 41
2012	12 639. 18	15. 67	16 263. 20	15. 70	12 793. 46	15. 76	11 570. 14	17. 83
2013	14 082. 30	11. 42	16 568. 70	1. 88	14 231. 00	11. 24	12 577. 90	8. 71
2014	15 557. 10	10. 47	18 351. 90	10. 76	15 749. 00	10. 67	13 772. 20	9. 50
2015	16 873. 40	8. 46	20 110. 10	9. 58	17 221. 00	9. 35	15 222. 60	10. 53
2016	18 305. 10	8. 48	22 034. 10	9. 57	18 808. 30	9. 22	16 719. 90	9. 84

数据来源：根据《中国统计年鉴》（2008—2017）相关数据计算而得。

具体来说，2007—2009 年，广西和四川受 2008 年金融危机影响较大，人均可支配收入增速快速下滑，分别从2007年的23.61%、20.37%下降至2009年的10.38%、10.77%。2013年，重庆的增速为1.88%，比上年降低了13.82个百分点，增速低于西南其他三地，人均可支配收入为16 568.70元。2015—2016年，西南地区人均可支配收入增速在9%左右，变化趋势平缓，居民收入处于缓冲阶段（见图0-8）。

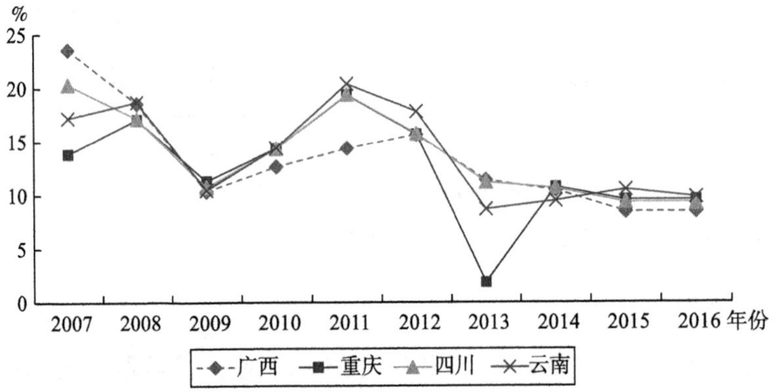

图0-8 2007—2016年西南地区人均可支配收入增速

数据来源：根据《中国统计年鉴》（2008—2017）相关数据计算而得。

（二）产业结构

由表0-8可知，2007—2016年，广西产业结构为“二三一”格局，工业为经济发展的主要支柱性产业。第一产业比重一直处于递减状态，第三产业在2011—2016年呈现逐渐提升趋势。2007—2013年，重庆和云南的产业结构格局为“二三一”，2014年以后，格局演变为“三二一”，第三产业比重高于第二产业比重，成为重庆和云南经济发展的主要支柱产业。2016年，四川的产业结构格局从“二三一”演变为“三二一”，产业结构逐渐优化。

表 0-8 2007—2016 年西南地区产业结构变化情况

省区		2007	2008	2009	2010	2011	2012	2013	2014	2015	2016
广西	第一产业/%	20.8	20.3	18.8	17.5	17.5	16.7	16.3	15.4	15.3	15.3
	第二产业/%	40.7	42.4	43.6	47.1	48.4	47.9	47.7	46.7	45.9	45.2
	第三产业/%	38.4	37.4	37.6	35.4	34.1	35.4	36	37.9	38.8	39.6
重庆	第一产业/%	11.7	11.3	9.3	8.6	8.4	8.2	8	7.4	7.3	7.3
	第二产业/%	45.9	47.7	52.8	55	55.4	52.4	50.5	45.8	45	44.5
	第三产业/%	42.4	41	37.9	36.4	36.2	39.4	41.4	46.8	47.7	48.1
四川	第一产业/%	19.3	18.9	15.8	14.4	14.2	13.8	13	12.4	12.2	11.9
	第二产业/%	44.2	46.3	47.4	50.5	52.5	51.7	51.7	48.9	44.1	40.8
	第三产业/%	36.5	34.8	36.7	35.1	33.4	34.5	35.2	38.7	43.7	47.2
云南	第一产业/%	17.7	17.9	17.3	15.3	15.9	16	16.2	15.5	15.1	14.8
	第二产业/%	43.3	43	41.9	44.6	42.5	42.9	42	41.2	39.8	38.5
	第三产业/%	39.1	39.1	40.8	40	41.6	41.1	41.8	43.3	45.1	46.7

数据来源：根据《中国统计年鉴》（2008—2017）相关数据计算而得。

（三）对外贸易

与 2007 年相比，2016 年西南地区的进出口额大幅增长，广西、重庆、四川和云南分别增长至 439.05 亿美元、518.51 亿美元、480.57 亿美元和 174.14 亿美元，重庆居第一位（见表 0-9）。

表 0-9 2007—2016 年西南地区进出口额与增速

年份	广西		重庆		四川		云南	
	进出口额/亿美元	增速/%	进出口额/亿美元	增速/%	进出口额/亿美元	增速/%	进出口额/亿美元	增速/%
2007	104.67	37.54	71.61	34.84	136.15	27.57	87.95	37.92
2008	148.64	42.02	90.48	26.36	199.27	46.36	93.29	6.07
2009	135.60	-8.78	77.17	-14.71	215.16	7.97	74.57	-20.06
2010	195.49	44.17	118.29	53.29	262.96	22.22	103.33	38.55
2011	323.21	65.34	244.80	106.94	401.12	52.54	122.57	18.63
2012	408.75	26.46	452.41	84.81	517.02	28.90	121.19	-1.13
2013	386.96	-5.33	587.85	29.94	550.95	6.56	158.24	30.57
2014	448.88	16.00	825.59	40.44	612.37	11.15	199.14	25.84

续表

年份	广西		重庆		四川		云南	
	进出口额/亿美元	增速/%	进出口额/亿美元	增速/%	进出口额/亿美元	增速/%	进出口额/亿美元	增速/%
2015	462. 12	2. 95	587. 12	-28. 88	469. 42	-23. 34	189. 91	-4. 64
2016	439. 05	-4. 99	518. 51	-11. 69	480. 57	2. 38	174. 14	-8. 30

数据来源：根据《中国统计年鉴》（2008—2017）相关数据计算而得。

具体来说，由图 0-9 可知，在 2009 年西南地区进出口额增速普遍下降之后，重庆在 2011 年的增长势头比较强劲，增速高达 106. 94%，比上年增长了 53. 65 个百分点，但 2015 年其进出口额呈负增长趋势，进入低谷状态。四川 2015 年进出口额增速也为负，但除此之外，四川的进出口额一直呈增长趋势。广西在 2009 年、2013 年和 2016 年进出口额都比上年有所下降，波动性较大，对外贸易稳定性较低，需进一步改善。云南在 2015 年后进出口额呈下降趋势，对外贸易整体情况不乐观。

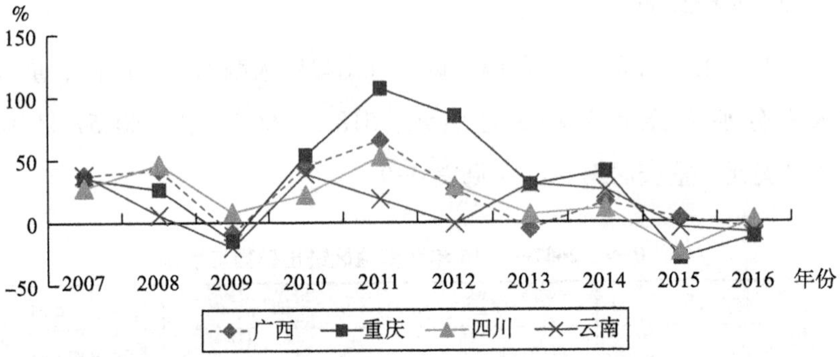

图 0-9　2007—2016 年西南地区进出口额增速

数据来源：根据《中国统计年鉴》（2008—2017）相关数据计算而得。

四、东北地区经济发展状况

（一）东北地区经济水平与居民收入概况

1. 人均 GDP

由表 0-10 和图 0-10 可以看出，总的来说，2007—2016 年人均 GDP 增长速度整体变化波动较大，受 2008 年金融危机的影响，地区经济发展不景气，导致 2009 年增长速度大幅下降。2011—2015 年人均 GDP 增长速度呈现出快速下降趋势，2015 年的人均 GDP 增长速度接近 0，2016 年吉林和黑龙江增长速度逐渐回升，但增长缓慢。

表 0-10 2007—2016 年东北地区人均 GDP 与增速

年份	辽宁		吉林		黑龙江	
	人均 GDP/元	增长率/%	人均 GDP/元	增长率/%	人均 GDP/元	增长率/%
2007	26 057	19.52	19 383	24.05	18 580	14.21
2008	31 739	21.81	23 521	21.35	21 740	17.01
2009	35 149	10.74	26 595	13.07	22 447	3.25
2010	42 355	20.50	31 599	18.82	27 076	20.62
2011	50 760	19.84	38 460	21.71	32 819	21.21
2012	56 649	11.60	43 415	12.88	35 711	8.81
2013	61 996	9.44	47 428	9.24	37 697	5.56
2014	65 201	5.17	50 160	5.76	39 226	4.06
2015	65 354	0.23	51 086	1.85	39 462	0.60
2016	50 791	-22.28	53 868	5.45	40 432	2.46

数据来源：根据《中国统计年鉴》（2008—2017）相关数据计算而得。

具体来说，2007—2015 年辽宁人均 GDP 呈现不断上升的趋势，其中 2014 年和 2015 年基本持平，人均 GDP 增量为 153 元，但 2016 年出现负增长，人均 GDP 下降至 50 791 元，低于全国平均水平（53 980 元）。2013—2015 年，吉林人均 GDP 接近全国平均水平，① 而黑龙江在东北三省中，人均 GDP 总量偏

① 2013—2015 年的全国人均 GDP 来源于《中国统计年鉴 2017》。

低，经济状况不容乐观。

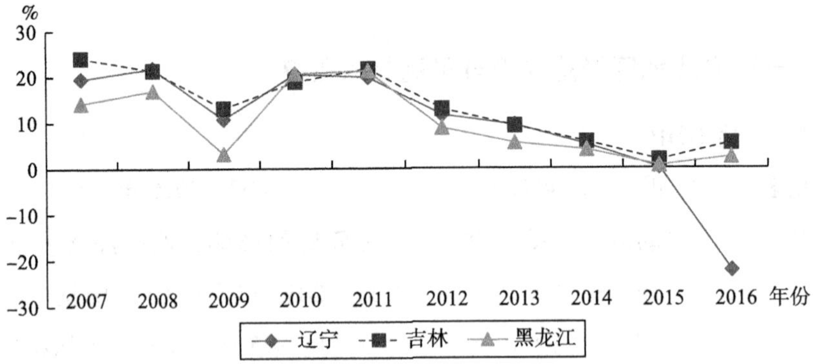

图 0-10　2007—2016 年东北地区人均 GDP 增长率

数据来源：根据《中国统计年鉴》（2008—2017）相关数据计算而得。

2. 人均可支配收入

由表 0-11 和图 0-11 可知，东北三省的人均可支配收入增速总体下降并起伏较大，由于受 2008 年金融危机的冲击，东北地区 2009 年的经济增速迅速下滑，2010—2011 年人均可支配收入增速处于回升状态，2011 年以后，辽宁呈持续下降趋势，而吉林和黑龙江增速在 2013 年出现波动，2014 年以后增速也相应下降。

表 0-11　2007—2016 年东北地区人均可支配收入与增速

年份	辽宁		吉林		黑龙江	
	人均可支配收入/元	增长率/%	人均可支配收入/元	增长率/%	人均可支配收入/元	增长率/%
2007	9 228.66	18.41	7 961.88	15.57	7 426.99	13.15
2008	10 870.31	17.79	9 135.28	14.74	8 581.55	15.55
2009	11 874.82	9.24	9 926.38	8.66	9 290.33	8.26
2010	13 617.93	14.68	11 131.81	12.14	10 466.34	12.66
2011	16 090.71	18.16	13 003.17	16.81	12 169.86	16.28
2012	18 467.81	14.77	14 833.72	14.08	13 814.65	13.52
2013	20 817.80	12.72	15 998.10	7.85	15 903.40	15.12

续表

年份	辽宁		吉林		黑龙江	
	人均可支配收入/元	增长率/%	人均可支配收入/元	增长率/%	人均可支配收入/元	增长率/%
2014	22 820. 20	9. 62	17 520. 40	9. 52	17 404. 40	9. 44
2015	24 575. 60	7. 69	18 683. 70	6. 64	18 592. 70	6. 83
2016	26 039. 70	5. 96	19 967. 00	6. 87	19 838. 50	6. 70

数据来源：根据《中国统计年鉴》（2008—2017）相关数据计算而得。

2007—2016 年，辽宁人均可支配收入高于全国水平，① 相应拉升了东北地区居民人均可支配收入水平，吉林和黑龙江人均可支配收入均低于全国水平。② 2013 年，吉林人均可支配收入增速下降至 7. 85%，比上年降低了 6. 23 个百分点；黑龙江人均可支配收入增速上升至 15. 12%，比上年增长了 1. 6 个百分点。

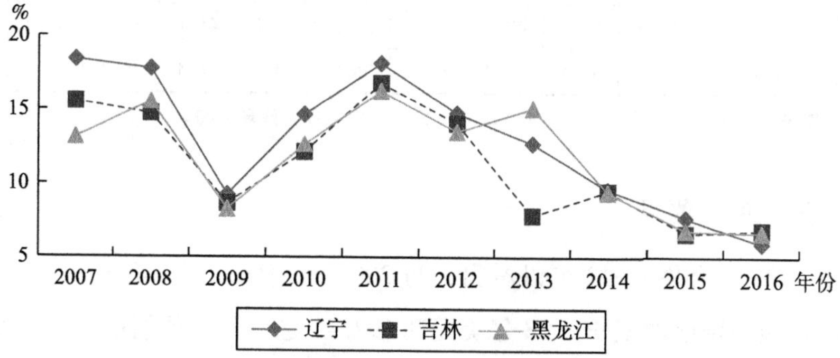

图 0-11　2007—2016 年东北地区人均可支配收入增速

数据来源：根据《中国统计年鉴》（2008—2017）相关数据计算而得。

（二）产业结构

由表 0-12 可知，2007—2016 年，吉林产业结构为“二三一”格局，工业为经济发展的主要支柱，2007—2011 年，第三产业占比呈下降趋势，从 2007 年的 38. 3%下降到 2011 年的 34. 8%，但 2011 年以后，服务业在吉林的地位逐渐提升，2016 年第三产业占比 42. 5%，产业结构得到优化。2015 年，辽宁的产业结

①② 2007—2016 年的全国人均可支配收入来源于《中国统计年鉴 2017》。

构格局从“二三一”演变为“三二一”，第三产业成为经济增长的支柱产业。2007—2012年，黑龙江的产业结构格局为“二三一”，2013年以后，第三产业比重高于第二产业比重，其格局演变为“三二一”，2016年第三产业占比高达54%，成为黑龙江的支柱产业。

表 0-12　2007—2016年东北地区产业结构变化情况

省区		2007	2008	2009	2010	2011	2012	2013	2014	2015	2016
辽宁	第一产业/%	10.3	9.7	9.3	8.8	8.6	8.7	8.6	8.0	8.3	9.8
	第二产业/%	53.1	55.8	52.0	54.1	54.7	53.2	52.7	50.2	45.5	38.7
	第三产业/%	36.6	34.5	38.7	37.1	36.7	38.1	38.7	41.8	46.2	51.5
吉林	第一产业/%	14.8	14.3	13.5	12.1	12.1	11.8	11.6	11.0	11.4	10.1
	第二产业/%	46.8	47.7	48.7	52.0	53.1	53.4	52.8	52.8	49.8	47.4
	第三产业/%	38.3	38.0	37.9	35.9	34.8	34.8	35.5	36.2	38.8	42.5
黑龙江	第一产业/%	13.0	13.1	13.4	12.6	13.5	15.4	17.5	17.4	17.5	17.4
	第二产业/%	52.3	52.5	47.3	50.2	50.3	44.1	41.1	36.9	31.8	28.6
	第三产业/%	34.7	34.4	39.3	37.2	36.2	40.5	41.4	45.8	50.7	54.0

数据来源：根据《中国统计年鉴》（2008—2017）相关数据计算而得。

（三）对外贸易

由表0-13和图0-12可以看出，与2007年相比，辽宁和吉林在2016年的进出口额分别增加至961.28亿美元和192.41亿美元，位居前列，黑龙江则降低至139.42亿美元，对外贸易较落后。

表 0-13　2007—2016年东北地区进出口额与增速

年份	辽宁		吉林		黑龙江	
	进出口额/亿美元	增长率/%	进出口额/亿美元	增长率/%	进出口额/亿美元	增长率/%
2007	651.80	24.33	113.07	29.95	184.29	30.96
2008	821.64	26.06	136.23	20.48	204.20	10.80
2009	698.47	-14.99	118.83	-12.77	133.61	-34.57
2010	952.92	36.43	170.23	43.26	183.39	37.26
2011	1 129.51	18.53	230.52	35.42	261.62	42.66
2012	1 183.38	4.77	244.78	6.19	282.13	7.84

续表

年份	辽宁		吉林		黑龙江	
	进出口额/亿美元	增长率/%	进出口额/亿美元	增长率/%	进出口额/亿美元	增长率/%
2013	1 213. 61	2. 55	251. 91	2. 91	273. 96	-2. 89
2014	1 253. 89	3. 32	270. 37	7. 33	294. 24	7. 40
2015	1 070. 73	-14. 61	199. 79	-26. 10	163. 24	-44. 52
2016	961. 28	-10. 22	192. 41	-3. 69	139. 42	-14. 59

数据来源：根据《中国统计年鉴》（2008—2017）相关数据计算而得。

2007—2016 年，东北三省的对外贸易增速呈阶段性波动，分别在 2009 年和 2015 年下降至最低，呈现负增长态势。2010 年迅速增长，2011—2015 年进出口额增速整体上持续下降，由此可见，东北三省对外贸易状况不容乐观，对经济发展产生不利影响。

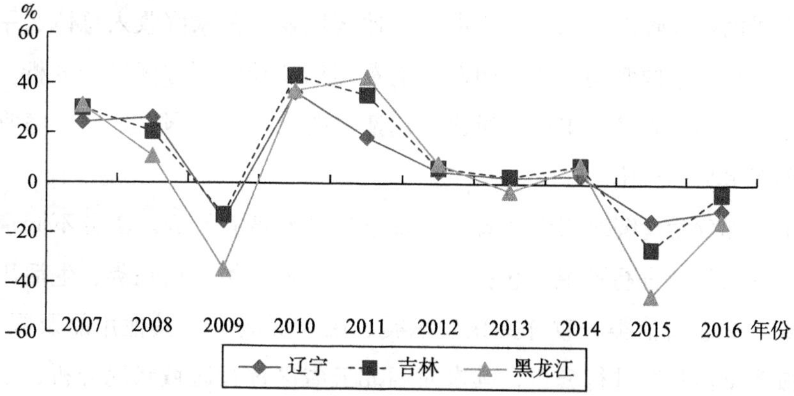

图 0-12　2007—2016 年东北地区进出口额增长率

数据来源：根据《中国统计年鉴》（2008—2017）相关数据计算而得。

第三节　研究思路与研究内容

本书主要从宏观和微观两个视角研究丝绸之路沿线省份居民家庭消费状况。宏观视角主要围绕全国居民家庭消费和丝绸之路沿线省份居民家庭消费展开，通过比较全国和丝绸之路沿线省份居民家庭消费状况，最终分析在“一带一路”背景下沿线省份居民家庭消费状况。微观视角的分析主要来源于调查问卷的数据，通过设计丝绸之路沿线省份居民家庭消费状况的调查问卷，对八大类消费进行详尽的调查分析，最终得出丝绸之路沿线省份居民家庭消费状况。

本书主要分为三个部分。第一部分为研究概述及相关理论。包含两个部分：①绪论，主要包括本书的研究背景与意义、丝绸之路沿线区域经济状况、研究思路与研究内容、研究数据与研究方法说明。②关于消费的相关理论，包括相关概念的界定、相关理论及其文献综述和影响消费的因素。

第二部分为丝绸之路沿线省份居民家庭收支状况研究。包含以下三个部分：①对我国居民收支状况进行动态分析，从收入状况和消费水平两方面进行研究，包括收入来源、收入等级、消费水平、消费结构、消费倾向和消费结构变动度等具体内容。②研究丝路沿线省份居民消费状况，主要从丝路沿线省份居民家庭收入状况，丝路沿线各地区城乡居民家庭收入总体水平、消费水平、消费结构变动、消费倾向和消费结构变动度等方面进行分析。③丝绸之路沿线国家居民收支情况对比，包括丝绸之路沿线国家居民家庭收入分配和消费水平的对比。

第三部分为丝绸之路沿线省份居民家庭消费调查研究。①分不同章节按照消费八大类别进行研究，包括食品烟酒类、衣着类、居住类、生活用品及服务类、交通通信类、教育文化娱乐类、医疗保健类和其他用品及服务类。首先按照整体状况进行分析，其次对西北五省区进行区域状况分析，最后对西北五省区居民家庭进行区域差异分析。②对丝路沿线省份区域居民家庭消费影响因素进行相关分析，对八大类消费分别与收入、教育、家庭规模和职业进行列联分析。③研究结论及相关建议。

第四节 研究数据与研究方法说明

一、数据来源

本书的宏观层面，居民家庭收支状况动态分析以及家庭消费结构变动分析中的数据主要来源于《中国统计年鉴》（2002—2017），家庭消费倾向和家庭消费结构变动分析中的数据是由相关计算得到的。

本书微观层面的数据是对丝绸之路沿线区域居民家庭消费进行调查研究得到的，该部分以调查问卷的方式进行数据收集与分析。

二、调查方案设计

（一）调查目的

本书以“一带一路”倡议为背景，主要研究我国丝绸之路沿线省份家庭消费状况。结合实际情况，确定本次调查的目的具体包括两个方面：①“丝绸之路经济带”是在古丝绸之路概念基础上形成的一个新的经济发展区域，对丝路沿线省份居民家庭消费状况进行调查和分析，可以全面了解和把握丝路沿线居民家庭的消费需求、消费结构和消费水平；②便于沿线省份更好地发挥区位资源优势，优化配置市场资源，不断提高沿线省份居民的收入水平，拉动消费需求，为推动区域经济社会加速发展提出可行性建议。

（二）调查范围

1. 调查地点的选择

本次调查地点的选择遵循目的性和方便性的原则。本研究主要针对的是丝绸之路经济带上的西北五个省区（陕西、甘肃、青海、宁夏、新疆）的消费状况，因此，本次调查主要以西北五省区为调查范围，详细调查分析西北五省区的消费结构和消费水平等状况。

2. 调查对象的选择

为尽量保证问卷的有效性和针对性，详尽地研究居民家庭的消费状况，此次调查选取的对象是西北五省区的居民家庭，以居民户为调查单位。

3. 确定调查渠道

调查对象确定之后，需要选择相应的调查渠道，主要有三条：一是通过现有城乡住户经常性或一次性调查网络进行调查。但不宜过多地通过这条渠道进行调查，否则会加重经常性调查户的负担，引起他们对调查工作的厌烦，影响正常工作的进行。二是在有关部门协助下进行调查。要调查某类特殊人员的情况，就可通过这条渠道进行，这样做不仅省钱、省力，而且代表性强，能保证质量，但要注意向协助部门反馈数据，进行资料共享。三是直接抽选调查对象进行调查。一般对具有普遍性的调查都是采取直接调查，这种方法具有灵活、快捷的特点。

（三）调查方式及计划安排

1. 调查方式

调查方式对于回收率至关重要，本次调查采用了纸质问卷的方式。主要是调查员入户调查，相比网络问卷通过 E-mail 等通信方式发放，以纸质形式发放的问卷回收率比网络问卷要高，故本次调查采用纸质问卷的调查方式。

2. 调查阶段

本调查分为五个阶段：第一，准备阶段。了解调查对象经济发展基本状况及与居民家庭消费相关的理论知识，为实地研究做准备。第二，试调研阶段。主要任务是初步接触研究对象，拟定调查提纲，进行试调查，根据调查对象修改调查提纲。第三，正式调研阶段。主要是通过参与观察，深度调查收集资料。第四，追踪调查阶段。在对资料进行初步分析的基础上，针对资料的不足进行补充调查，同时对调查资料进行审核。第五，资料分析与研究阶段。对调查资料进行整理、分析，撰写研究报告。

3. 抽样方法

在此次调查中，调查主题为居民家庭消费，样本是选自西北 5 省区的居民家庭，采用四阶段随机抽样方法抽取调查样本，调查的最小单元为成年居民（年满 18 周岁以上的居民），在居民户中利用二维随机表抽取成年居民。

（四）调查内容

调查内容的设计是问卷调查方案设计的重中之重，问卷调查的质量将直接影响到问卷的回收率和回答质量。根据调查主题和调查目的，此次调查研究的性质为探索性研究，即我们要对丝绸之路沿线居民家庭的消费状况和其中存在的经济现象进行初步了解，以获得初步的印象和感性认识，同时为今后更周密、更深入的研究提供实践基础和正确指导方向。因此，问卷中的问题数量相对较少，内容也比较简单，且包含开放式问题。问卷的设计主要采用单选题和多选题的形式。本次调查问卷设计了三个部分，即调查说明、居民家庭消费情况、家庭基本信息（见表 0-14）。

表 0-14 调查问卷的主要内容

居民家庭消费情况组成部分	主要内容
食品烟酒类	米面、肉类、蔬菜、点心、饮料、烟酒等
衣着类	服装、鞋类
居住类	自有住房、租房、房租、住房面积、水电煤气费、物业费、取暖费等
家庭设备用品及服务类	日用杂品、床上用品、家用电器、家政服务、月嫂、幼儿护理、清洁服务等
交通通信类	交通工具、燃料费、维修费、车辆保险、机票及火车票等
教育文化娱乐类	学费、培训费、参考书、学杂费、赞助费、学习用品、择校费、文化娱乐方式、文化娱乐用品等
医疗保健类	购买医疗器具及用品、家庭医疗服务、医院门诊或住院、医疗保险
其他方面支出	首饰、美容美发、洗浴等
家庭基本信息	年龄、省份、常住地、家庭规模、受教育程度、职业类型、家庭人均月收入、家庭人均月支出

三、调查数据概况

本次调查在录入完成后，对有效问卷进行提取，最终获取的整体样本数为 1 994份，其中城镇 1 361 份，农村 633 份。为了具体描述西北五省区家庭结构状况，对各个省份不同年龄段的居民进行调查，其中，年龄在24~30岁的人数最多，51岁及以上的受访居民最少，年龄在18~23岁、31~40岁、41~50岁的人数分布近似平衡。陕西（494份）样本数最多，占总样本的24.8%，新疆（278份）样本数量最少，占总样本的13.9%，甘肃、宁夏和青海的样本数分别为449份、319份和454份，构成了本调查的最终样本（见表0-15）。

表0-15　分城乡丝路沿线省份家庭的年龄调查样本状况　单位：份

项目	年龄	陕西（494）	甘肃（449）	宁夏（319）	青海（454）	新疆（278）
城镇（1 361）	18~23岁	74	40	58	85	44
	24~30岁	93	119	72	79	67
	31~40岁	90	71	50	98	45
	41~50岁	62	35	31	57	34
	51岁及以上	17	9	12	7	12
农村（633）	18~23岁	59	47	44	54	22
	24~30岁	57	61	22	40	22
	31~40岁	23	34	17	19	14
	41~50岁	11	21	9	12	15
	51岁及以上	8	12	4	3	3

数据来源：根据本次问卷调查整理而得。

本次调查将居民的受教育程度分为小学及以下、初中、高中、大专和大学及以上。在各省份城镇受访家庭中，大学及以上学历人数占比最大，其次是高中和大专学历，人数最少的是小学及以下学历。在农村受访家庭中，初中和高中学历的人数较多，大专学历人数较少，相对而言，城镇受访居民的受教育程度较高（见表0-16）。

表0-16　分城乡丝路沿线省份家庭的受教育程度调查样本状况　单位：份

项目	受教育程度	陕西（494）	甘肃（449）	宁夏（319）	青海（454）	新疆（278）
城镇（1 361）	小学及以下	28	54	32	57	22
	初中	61	79	50	71	26
	高中	127	81	90	126	70
	大专	104	83	77	117	87
	大学及以上	178	177	107	165	135

续表

项目	受教育程度	陕西（494）	甘肃（449）	宁夏（319）	青海（454）	新疆（278）
农村（633）	小学及以下	42	60	40	44	11
	初中	72	83	39	71	38
	高中	71	72	41	55	37
	大专	20	49	22	28	23
	大学及以上	52	78	24	44	29

数据来源：根据本次问卷调查整理而得。

本次调查将职业分为8个大类，① 由表0-17可以看出，受访居民职业中军人的人数最少。在城镇家庭中，国家机关、党群组织、企业或事业单位负责人最多，其次是专业技术人员、其他从业人员以及商业、服务业人员；而农村居民家庭中，农、林、牧、渔、水利业生产人员最多，除军人外，其他职业类别的样本数分布较为均衡。

表0-17 分城乡丝路沿线省份家庭的职业调查样本状况 单位：份

项目	职业	陕西（494）	甘肃（449）	宁夏（319）	青海（454）	新疆（278）
城镇（1 361）	国家机关、党群组织、企业或事业单位负责人	120	121	63	102	80
	专业技术人员	117	78	49	113	45
	办事人员和有关人员	71	62	25	36	47
	商业、服务业人员	102	98	92	109	64
	农、林、牧、渔、水利业生产人员	51	58	33	37	30
	军人	13	5	14	5	10
	生产、运输设备操作人员及有关人员	41	15	17	21	15
	其他从业人员	85	71	83	118	64

① 根据《中华人民共和国职业分类大典》将我国职业分为8个大类，共1 838个职业。

续表

项目	职业	陕西（494）	甘肃（449）	宁夏（319）	青海（454）	新疆（278）
农村（633）	国家机关、党群组织、企业或事业单位负责人	26	27	15	15	14
	专业技术人员	20	44	11	29	8
	办事人员和有关人员	20	21	11	9	6
	商业、服务业人员	46	22	13	29	12
	农、林、牧、渔、水利业生产人员	75	89	51	64	42
	军人	2	4	4	6	1
	生产、运输设备操作人员及有关人员	22	2	10	15	11
	其他从业人员	53	80	32	45	19

数据来源：根据本次问卷调查整理而得。

第一章
居民家庭收支相关理论

第一节　消费的相关理论

一、消费的概念

消费（Consumption）是指人们在日常生活和生产的过程中，为满足日常需求而消耗社会产品的经济行为，消费是社会生产过程中最重要的环节，是生产的终极目标。消费可以分为生活性消费和生产性消费。其中，生产性消费指在物质资料生产过程中生产资料和劳动力的使用和消耗。例如，劳动者每天要在体力及脑力劳动上的消耗、建筑工地每天要在钢筋和水泥上的消耗，或机器长时间运作产生的折旧等。生活性消费是指人们在生存发展过程中对生活资料及服务的消耗。生活消费是居民的日常消费，包括衣、食、住、行、用。本书研究的是生活消费，特指居民家庭消费。

二、居民家庭消费分类

（一）按消费项目分类

按消费项目可分为八大类,① 具体如下：

---

① 本书八大类消费项目名称均来自于《中国统计年鉴 2017》。

（1）食品烟酒类：包括米面、肉类、蔬菜、点心、饮料等食品以及在外就餐的支出和烟酒支出。

（2）衣着类：指与居民的穿着有关的支出，包括服装、服装材料、鞋类、其他衣类及配件、衣着相关加工服务费。

（3）居住类：包括房租、水、电、燃料、物业管理费和自有房屋折算租金。

（4）生活用品及服务类：包括家具及室内装饰品、家用器具、家用纺织品、家庭日用杂品、个人用品和家庭服务等方面支出。

（5）交通通信类：包括交通和通信工具及相关的各种服务费、维修费和车辆保险费等。

（6）教育文化娱乐类：包括教育、文化和娱乐方面的消费，如教育培训费、学杂费以及购买教材等书报杂志和健身、旅游的支出。

（7）医疗保健类：指用于医疗和保健的药品、用品以及服务的总支出，包括医疗器具及药品、医疗服务费等。

（8）其他用品及服务类：无法直接归入上述各类支出的其他用品与服务支出。

（二）按满足居民生活消费的层次分类

按满足居民生活消费的层次分类，可分为三类：生存型消费、发展型消费和享受型消费。

（1）生存型消费：指与居民日常生活中的吃、穿、住等方面密不可分的消费，主要包括食品、烟酒、衣着、居住。

（2）发展型消费：指居民在生存型消费得到满足的基础上进一步改善生活的消费，主要用于教育文化娱乐、交通通信、医疗保健方面。

（3）享受型消费：居民消费在生存型和发展型都满足时，将会拿出一部分钱用于进一步享受生活，此类消费主要指居民生活用品及服务和其他用品及服务消费。

（三）按消费资料的存在形式分类

按消费资料的存在形式分类，可分为实物消费、劳务消费两类。

（1）实物消费是指消费过程中交易双方以实物形态进行财物交换，如用于粮食、蔬菜、衣着等的消费。

（2）劳务消费又叫服务消费，是指以服务为性质的消费，交换过程不存在实物形态，其目的主要是方便、美化家庭生活，提高家庭生活水平，如修理、理发、旅游、家政等消费。

（四）按消费资料的经济属性分类

按经济属性分类，可以把消费类型划分为自给性消费、商品性消费两类。

（1）自给性消费是指消费者对自己或其家庭成员所生产的物质资料和劳务的消费，如农民自己种粮食自己消费。

（2）商品性消费是指消费者对他人加工生产的物质资料和劳务的消费，如农民将自己种的粮食作为商品卖出去。在商品经济不发达的情况下，人们的自给性消费所占比重较大，在经济发达阶段，绝大部分的消费是通过商品性消费来实现的。

（五）按世界银行规定方法分类①

按世界银行规定的方法可分为耐用品消费、非耐用品消费和劳务消费三类。

（1）耐用品消费通常指使用时间较长，至少在 1 年以上的物品的消费，如电冰箱、汽车、电视机、机械设备等。

（2）非耐用品消费指使用时间较短，甚至一次性消费的商品，如手纸、糖果、牙膏等。

（3）劳务消费是以服务为性质的消费，没有实物形态的交换，如理发、家政服务等。

---

① 尹世杰．中国消费结构研究［M］．上海：上海人民出版社，1988.

第二节　国内外相关研究综述

一、国外研究综述

居民消费问题长期以来都是经济学界关注的重点问题之一，国外许多学者都对其进行过广泛而深入的研究，得到了颇多研究成果。国外学者关于居民消费问题的研究主要表现在西方古典消费思想理论基础、数量关系方法研究和消费理论假说三个方面。

（一）古典消费思想理论基础

对消费经济的理论研究始于英国古典政治经济学的创始人威廉·配第（William Petty），之后亚当·斯密（Adam Smith）、大卫·李嘉图（David Ricardo）、弗朗斯瓦·魁奈（Francois Quesnay）、西斯蒙第（Sismondi）及当代的许多经济学家也对这一问题进行了研究和探讨，这些研究为当代消费经济理论的形成与发展奠定了基础。

威廉·配第（William Petty）① 是古典政治经济学、古典统计学的创始人，是最早把经济理论的研究领域从流通过程转到生产过程的古典经济学家，他的消费经济思想是生产决定消费并且消费影响生产观点的萌芽。其消费思想的核心是主张节制，避免不必要的消费。亚当·斯密（Adam Smith）② 是英国古典经济学的主要代表，他的消费思想是优先积累，节制消费。他首次提出生产的唯一目的是消费。大卫·李嘉图（David Ricardo）③ 是英国古典政治经济学的主要代表和完成者，他的消费理论的核心与亚当·斯密基本相

① ［英］威廉·配第．赋税［M］．邱霞，原磊，译．北京：华夏出版社，2006.

② ［英］亚当·斯密．国富论［M］．谢祖钧，孟晋，盛之，译．长沙：中南大学出版社，2003.

③ ［英］大卫·李嘉图．政治经济学及赋税原理［M］．郭大力，王亚男，译．北京：商务印书馆，1962.

同，即节制非生产性消费，强调资本及财富的积累。但是李嘉图要比斯密的消费思想更加深刻。弗朗斯瓦·魁奈（Francois Quesnay）① 是法国古典经济学的主要代表，也是重农主义思想体系的创建者。其经济思想涉及生产消费和个人消费之间的关系问题，提出生产和消费按比例发展的思想。他区分了生产性消费和奢侈消费，主张减少奢侈品的消费，强调发展农业。西斯蒙第（Sismondi）② 是法国古典政治经济学的完成者，首次明确提出消费决定生产的观点，提出了消费不足的经济危机理论，第一个论证了资本主义制度必然发生经济危机，研究了生产和消费的比例平衡问题，强调政府对人们的消费行为、消费习惯的指导。

西方国家对居民家庭消费问题的研究大约起源于 17 世纪末对工人阶级生活消费的分析，这种分析当时被称为“收支”或“预算”分析。19 世纪末 20 世纪初，恩斯特·恩格尔（Ernst Engel）提出的有关消费问题的基本理论，成为 19 世纪西方学者研究居民消费问题的基础。

德国统计学家恩斯特·恩格尔（Ernst Engel）③ 提出了著名的恩格尔定律，成为研究居民生活消费的基础，他认为一个家庭收入越少，其总支出中用来购买食物的费用所占的比例就越大。食品支出占总支出的比重被称为恩格尔系数，恩格尔系数是通常被用于判断居民生活水平高低的一个重要指标。后来的一些西方经济学家如列文（K. Lewin）、保罗·萨缪尔森（Paul A. Samuelson）等对恩格尔定律进行了补充和修正，并赋予了一些新的含义。还有一些西方经济学家在研究消费变化时，得出了衣着支出也存在类似于食物支出的变化规律，即随着家庭收入的增加，衣着消费支出比重也同样呈下降趋势。

（二）数量关系方法研究

近现代以来国外学者对消费的研究愈加细致，消费的研究理论开始逐渐

---

① ［法］魁奈．魁奈经济著作选集［M］．吴斐丹，张草纫，译．北京：商务印书馆，1979.

② ［瑞士］西斯蒙第．政治经济学新原理［M］．何钦，译．北京：商务印书馆，1977.

③ 张祖群．从恩格尔系数到旅游恩格尔系数：评述与应用［J］．中国软科学，2011（S2）：100-114.

完善并且出现了一些数量研究方法。

希尔（R. Hill）等对20世纪30年代的家庭消费结构、家庭消费与投资之间的关系进行了研究。英国经济学家斯通（R. Stone）① 提出线性支出系统模型，该模型是较早地将理论分析与经验研究完美结合的典范，其计量模型有充分的理论依据，把消费者对商品的总需求分为基本需求和基本需求之外的需求两部分。朗奇（C. Liuch）② 提出了扩展线性支出系统模型（ELES），对线性支出系统做了两点改进：一是用收入代替了总支出；二是用边际消费倾向代替了边际预算份额。LES 和 ELES 被广泛应用于居民消费的研究中。

一些西方学者提出用面板数据的方法来进行消费研究，其中最主要的代表人物是乔成（Cheng Hsiao）、马蒂尔斯（Matyas）和塞维斯特（Sevestre）。面板数据方法在居民消费研究中有着广泛的应用前景，使消费的研究进入了一个崭新的阶段。近年来，还有一些西方学者采用两阶段模型对家庭消费进行分析，这些研究对我国居民消费结构问题的研究很有借鉴价值。

（三）消费理论假说

传统西方消费理论假说主要有绝对收入假说、相对收入假说、生命周期假说和永久性收入假说。

1. 绝对收入假说（Absolute Income Hypothesis）

凯恩斯（John Maynard Keynes）③ 的绝对收入假说认为，在短期中收入与消费是相关的，即消费取决于收入，消费与收入之间的关系也就是消费倾向。同时，随着收入的增加消费也将增加，但消费的增长低于收入的增长，消费增量在收入增量中所占的比重是递减的，也就是我们所说的边际消费倾向递减，这种理论被称为绝对收入假说。

---

① Stone R. Linear Expenditure System and Demand Analysis：An Application to the Pattern of British Demand [J] . Economic Journal，1954，64（255）：511-527.

② Liuch C. The Expended Linear Expendenditure System [J] . European Economic Review，1973，4（1）：21-23.

③ Keynes J M. The General Theory of Employment Interest and Money [M] . London：Macmillan Press，1936.

2. 相对收入假说（Relative Income Hypothesis）

詹姆斯·S. 杜森贝里（James Stemble Duesenberry）① 的相对收入假说是在对绝对收入假说进行修正的基础上发展起来的。他认为消费者会受自己过去的消费习惯以及周围消费水准的影响来决定消费，从而消费是相对地决定的，因此得名。该假说的主要观点是消费具有“示范作用”，消费支出不仅受自身收入的影响，也受他人消费支出的影响，消费还具有“不可逆性”，消费支出除了受本人目前收入的影响，还受其过去收入和消费的影响，尤其是受过去“高峰时期”收入的影响，这是消费习惯作用的结果。按他的看法，消费与所得在长时期维持固定比率，故长期消费函数是从原点出发的直线，但短期消费函数则为有正截距的曲线，不论是从时间数列还是从切断面观察都是如此。

3. 生命周期假说（Life-cycle Hypothesis）

该假说由美国经济学家、诺贝尔奖获得者弗朗科·莫迪利安尼（Franco Moodyriani）② 和布伦贝格（R. Brumberg）提出。消费者被认为是前瞻的、跨期效用最大化者，能够根据效用最大化的原则来安排一生的消费与储蓄，使一生中的收入等于消费。消费不仅仅取决于现期收入，而且取决于一生的收入。该假说解释了居民的储蓄行为，有助于理解国民总储蓄的形成。莫迪利安尼的生命周期消费理论认为，一个人会在其一生中综合考虑消费和收入问题，即消费取决于一个人对一生的收入和支出的综合衡量。

4. 永久性收入假说（Permanent Income Hypothesis）

由米尔顿·弗里德曼（Milton Friedman）③ 提出的永久性收入假说认为，消费行为主要取决于永久性收入，而不是偶然所得的“暂时性收入”。他认为通常使用的收入与消费的概念是不适当的，实际上，存在两种消费和两

① Dusenberry J S, Modigliani F. Income, Saving and Consumption Theory [M] . Cambridge: Harvard University Press, 1949.

② Modigliani F. Utility Analysis and Aggregate Consumption Function: An Attempt at Integration [M] . Cambridge: MIT Press, 1979.

③ Friedman M. A Theory of the Consumption Function [M] . Princeton: Princeton Uniwersity Press, 1949.

种收入，在分析消费行为时，应当严格区分，即收入实际上存在记录的收入或测得收入与永久性收入的区别。他认为永久性收入是无法直接观察出来的，它必须从消费单位的行为中推导出来。对社会整体来说，永久性收入可以被看作当前及过去测得的收入的加权平均数，这一加权平均数受到稳定长期趋势的向上调整，同时它所具有的权数将随时间的向后推移而下降。

二、国内研究综述

国内关于居民消费状况研究的文献颇多，主要分为关于消费结构变动趋势的研究和关于消费结构影响因素的研究。

（一）关于消费结构变动趋势的研究

消费研究的主要目的在于通过研究消费的变动趋势，发现消费结构的变动规律，进而对未来消费结构的走势进行预测，因此关于居民消费结构变动趋势的研究较多。

郭孟珂（2012）① 认为我国城镇居民消费的变动趋势具有两个明显的特征：一是我国城镇居民的消费不断优化和升级，从生存型消费逐步发展为发展享受型消费；二是我国城镇居民的消费呈现阶段性变动的特征。孟慧霞、陈启杰（2011）② 通过对发达国家与我国居民自身消费结构变化的特点进行研究，预测出我国未来几年居民的消费结构变动的趋势，指出我国国内居民的消费结构终将发生逆转性的变化，主要从以物质的消费为主转变为以非物质的消费为主。杨婷和沈杰（2015）③ 指出我国城镇居民的消费结构发展的趋势变化即我国国内的居民消费结构会向享受型和发展型逐渐升级，我国经济快速发展也会使消费支出增加，而我国城镇居民的可支

① 郭孟珂．我国城镇居民消费结构及变动趋势的实证研究［D］．北京：首都经济贸易大学，2012.

② 孟慧霞，陈启杰．系统观视阈下的消费结构升级［J］．上海财经大学学报，2011，13（2）：91-97.

③ 杨婷，沈杰．江苏省政府经济发展绩效研究——基于消费的实证研究［J］．潍坊学院学报，2015，15（5）：61-64+77.

配收入在快速地增长，城镇居民的消费水平和消费支出将有很大程度的提升。谢仁寿和张林（2015）① 认为享受型消费和发展型消费将成为城乡消费主流，城乡居民在教育文化娱乐项目中的支出持续增加，旅游休闲型消费发展势头迅猛，以交通和通信消费为代表的信息消费浪潮将继续推高。高玉胭（2016）② 在《湖北省城镇居民消费结构变动的实证研究》中提到湖北省城镇居民消费结构存在的主要问题，包括恩格尔系数居高不下、居民收入差距的扩大使消费结构不合理、劳务消费比重过低、住房支出较低、新的消费热点不突出等。

（二）关于消费结构影响因素的研究

影响消费的因素有很多，许多学者从不同角度对不同的影响因素进行了研究。李春琦和张杰平（2009）③、李响等（2010）④ 均做了人口结构变动对农村居民消费影响的研究；潘培等（2009）⑤ 做了环境因素对我国农村居民消费结构变化的影响分析；梅洪常（2010）⑥ 提出从三个层次设定居民消费结构优化目标，编制拟定了若干个基于居民消费总量增长的消费结构优化概算方案，并在此基础上对未来消费变动趋势进行预测；黄玲丽、徐立军（2015）⑦ 认为，我国居民消费呈现地区差异性，东部地区消费相对合理，而中西部地区消费需求小且结构单一，从影响因素来看，提高收入水平、优化产业结构和促进进口贸易有助于优化东部地区居民消费结构，而提升经济发

① 谢仁寿，张林．广东城乡居民消费变动趋势分析［J］．岭南学刊，2015（5）：103-107.

② 高玉胭．湖北省城镇居民消费结构变动的实证研究［D］．黄石：湖北师范大学，2016.

③ 李春琦，张杰平．中国人口结构变动对农村居民消费的影响研究［J］．中国人口科学，2009（4）：14-22+111.

④ 李响，王凯，吕美晔．人口年龄结构与农村居民消费：理论机理与实证检验［J］．江海学刊，2010（2）：93-98+239.

⑤ 潘培，杨顺顺，栾胜基．我国农村居民消费结构变化及其环境影响分析［J］．安徽农业科学，2009，37（26）．

⑥ 梅洪常．国内居民消费总量与结构的优化研究［J］．管理学报，2010，7（1）：69-74+97.

⑦ 黄玲丽，徐立军．我国东中西部地区居民消费结构及影响因素分析［J］．统计与咨询，2015（5）：28-30.

展水平和收入水平有利于改善中西部地区居民消费；刘敏（2016）① 运用最小二乘法和逐步回归法等建立了影响我国居民消费水平的相关经济模型，结果表明，国内生产总值、居民消费价格指数、农村居民家庭纯收入和城镇居民家庭恩格尔系数对我国居民消费水平均有显著影响；刘丽娜（2016）② 得出城乡居民消费差异与收入差距、二元经济结构、金融发展水平和公共服务支出有着长期稳定的正相关关系。

综上研究可以看出，针对某些省市居民消费结构的研究居多，但研究丝绸之路沿线省份居民消费状况的很少；仅有的研究也主要是根据统计年鉴来进行分析研究，一手资料较少，针对性不强。本书主要是通过实地问卷调查并结合统计年鉴进行数据收集，以消费作为研究的切入点，以国家对丝路沿线省份居民生活质量提高的利好政策为依托，从居民消费结构与经济增长的内在联系来研究居民的消费状况。

第三节　影响消费的因素

通过梳理国内外居民家庭消费的研究文献，结合消费相关理论以及居民家庭消费的特征，本部分从宏观视角提出居民家庭消费影响因素主要包括经济因素、社会因素和文化因素。

一、经济因素

经济因素是指影响企业或者个人行为的一个国家或地区的宏观经济状况，而国家或地区经济发展状况是决定国家或地区居民消费水平的基础和前提。主要包括经济发展水平、经济结构、居民收入水平及宏观经济政策等。

① 刘敏．关于我国居民消费影响因素的研究［J］．东莞理工学院学报，2016，23（1）：97-103.

② 刘丽娜．城乡居民消费结构影响因素实证研究［J］．商业经济研究，2016（19）：37-39.

（一）经济发展水平

经济发展水平是指一个国家或地区经济发展的规模、速度和所达到的水准。地区经济发展状况是决定地区居民消费水平的基础和前提，反映一个国家经济发展水平的常用指标有国内生产总值、人均国民收入、经济发展速度、经济增长速度。地区经济发展水平越高，相应的居民家庭收入就越高。收入是影响居民消费的主要因素，收入是消费的基础和前提，收入水平决定着消费水平与消费结构。

（二）经济结构

经济结构是指国民经济中不同的经济成分、不同的产业部门在组成国民经济整体时相互的适应性、量的比例以及排列关联的状况。经济结构的合理性、科学性对地区经济发展具有很大的影响，从而影响地区经济发展。经济结构的主要内容有产业结构、分配结构、交换结构、消费结构和技术结构等。

（三）居民收入水平

收入是消费的来源和基础，无论是凯恩斯的绝对收入消费函数理论、杜森贝里的相对收入消费函数理论、弗里德曼的永久收入消费函数理论，还是莫迪利安尼的生命周期消费函数理论，均强调了收入对消费的基础性作用。一般来讲，随着家庭收入的增加，居民的消费支出也将随之提高。

（四）宏观经济政策

宏观经济政策是指国家或政府有意识、有计划地运用一定的政策工具来调节控制宏观经济的运行，以达到一定的政策目的，包括财政政策、货币政策、产业政策、国民收入分配政策。比如，居民消费价格指数是一个反映居民家庭一般所购买的消费商品和服务价格水平变动情况的宏观经济指标，它用来反映居民家庭购买消费商品及服务的价格水平的变动情况，其高低直接影响着国家的宏观经济调控措施的出台与否及调控力度。通过研究居民消费价格指数可以了解价格变动的基本情况，分析研究价格变动对社会经济和居民生活的影响，满足各级政府制定政策和计划、进行宏观调控的需要。

二、社会因素

社会环境是某一特定人类社会在其长期发展历史过程中形成的，它主要由人口状况、社会流动性、消费习惯、人口规模与地理分布等因素构成。它影响和制约着人们的消费观念、需求欲望及特点、购买行为和生活方式，对居民家庭消费起着重要作用。

（一）人口状况

人口状况是指一个区域内居民的地理分布及密度、年龄、受教育程度、生活方式的差异等。人口结构对居民消费有着重要的影响。比如，居民年龄不同，受教育程度不同，消费水平就会有很大的差异。受教育程度高不仅能够给人带来丰富的知识，也会给人带来社会地位以及财富水平的提高，对于更多的人来说，财富水平的提高可以对他们的消费水平与消费结构产生影响。教育不仅促进人作为生产要素的人力资本的发展，也能促进人作为消费主体的消费水平、消费观念、理性消费和所应该具备的消费技能的提升，教育对人们的消费水平、消费结构、消费方式、消费观念等都有着重要影响。

（二）消费习惯

由于消费者的消费行为具有很强的记忆性，消费水平某种程度的降低所带来的效用的减少，要比消费水平的同等程度提高所带来的效用的增加大。因此，家庭或者个人的消费具有一定程度的惯性和刚性，消费的效用不仅取决于当期的消费水平和收入以及财富，还取决于相对于过去习惯消费水平的增量。有学者认为中国居民的消费习惯和偏好改变对居民的消费有很大的影响，而且居民的消费习惯一般很难改变，需要一个漫长的过程，并且居民消费习惯的加强会减少居民边际消费倾向。

（三）城镇化水平

城镇化为当今社会经济发展的重要现象之一，是随着区域社会经济人口构成、地域景观、经济结构、生活方式等向具有城市特点变迁的系统过程。

城镇作为区域发展的经济中心，能带动区域经济发展，而区域经济水平的提高又能够促进城市的发展，使得消费群体不断壮大，促进消费。相较于农村，城市的消费能力普遍更强，大量农村人口涌向城市，不仅给城市带来了源源不断的劳动力，也为城市带来了巨大的消费力。相对于农村而言，城市的消费渠道更加多元，消费价格相对更高。

三、文化因素

文化因素主要指国家或地区在文化方面的供给状况，包括文化投入、文化资源、文化氛围等。

（一）文化投入

文化投入反映了当地政府对于文化事业和文化产业发展的支持力度以及对满足居民精神生活的重视程度。一般认为，政府文化投入的倾向在一定程度上会引领文化产业的发展方向，投入水平的提高会带动文化及相关产业的发展，从而繁荣文化市场，为居民提供更加多元化、高品质的文化商品和服务，刺激当地居民的文化消费需求，促进居民文化消费水平的提高。

（二）文化资源

文化资源包括有形的文化资源与无形的文化资源。有形文化资源包括物质文化遗产、图书馆、博物馆等，无形文化资源包括人类口头和非物质文化遗产等。文化资源的多样性会在一定程度上对当地居民消费产生影响。

（三）文化氛围

文化氛围是指居民整体文化消费的环境状况，更好的文化消费环境会带动居民文化消费，使得文化可以进行更加快速良好的传播。不同的文化氛围决定着居民不同的价值观念，从而影响居民整体的消费活动。

影响居民家庭消费的相关因素概总见表 1-1。

表 1-1 影响居民家庭消费的相关因素概总

因素	主要内容	主要指标
经济因素	经济结构	产业结构、分配结构、交换结构、消费结构、技术结构等
	经济发展水平	国内生产总值、人均国民收入、经济发展速度、经济增长速度等
	居民收入水平	人均可支配收入
	宏观经济政策	财政政策、货币政策、产业政策、国民收入分配政策等
社会因素	人口状况	地理分布及密度、年龄、受教育程度、生活方式的差异等
	消费习惯	前期居民消费水平等
	城镇化水平	城镇化率等
文化因素	文化投入	文化与体育传媒的投入、文化及相关产业的投入等
	文化资源	物质文化遗产、图书馆、博物馆、非物质文化遗产等
	文化氛围	价值观念等

第二章
我国居民家庭收支状况动态分析

根据经济理论，收入对居民的消费决策起着关键性作用，是消费支出变动的重要影响因素，收入结构的变动又制约着消费支出及其消费结构的变化。我国城乡居民在收支方面存在较大的差异，本章将通过具体分析 2001—2016 年我国城乡居民家庭收支状况以及城乡家庭消费结构变动情况，全面了解我国居民收支状况以及消费结构的变化和特征。

第一节　家庭收支状况动态分析

一、居民家庭收入状况

收入水平决定消费水平，同样收入来源也会对消费水平以及消费结构产生影响。居民收入按来源可以分为工资性收入、经营性收入、财产性收入和转移性收入。对于城镇居民而言，长期的持久性的收入主要是工资性收入；对于农村居民而言，则主要是经营性收入。因此，本书主要对城乡居民收入水平和收入来源动态趋势进行分析。

（一）城乡居民家庭收入总体水平概况

由表 2-1 可知，2001—2016 年，城镇居民人均可支配收入由6 859.6 元增加到 33 616.2 元，提高了 3.9 倍，年均增长率为 11.2%。农村居民人均纯收入从 2001 年的 2 366. 4 元提高到 2016 年的 12 363. 4 元，提高了 4. 2 倍，年均增长率为 11. 7%。

表 2-1 2001—2016 年全国城乡居民家庭人均可支配收入

年份	城镇居民家庭人均可支配收入/元	农村居民家庭人均纯收入/元
2001	6 859. 6	2 366. 4
2002	7 702. 8	2 475. 6
2003	8 472. 2	2 622. 2
2004	9 421. 6	2 936. 4
2005	10 493. 0	3 254. 9
2006	11 759. 5	3 587. 0
2007	13 785. 8	4 140. 4
2008	15 780. 8	4 760. 6
2009	17 174. 7	5 153. 2
2010	19 109. 4	5 919. 0
2011	21 809. 8	6 977. 3
2012	24 564. 7	7 916. 6
2013	26 467. 0	9 429. 6
2014	28 843. 9	10 488. 9
2015	31 194. 8	11 421. 7
2016	33 616. 2	12 363. 4

数据来源：根据《中国统计年鉴》（2002—2017）中相关数据资料整理。

从图 2-1 中可以看出，2009—2016 年，城镇居民的人均可支配收入增速相较农村明显提高，而 2001—2008 年，两者增速差距还不太明显。尽管在 15 年间城镇居民人均可支配收入和农村居民人均纯收入都有大幅的提高，但是城镇居民的人均可支配收入普遍比农村高，至 2016 年城镇人均可支配收入已达到农村人均纯收入的 2. 7 倍，且随着时间的推移收入差距进一步扩大，其绝对差从 2001 年的 4 493. 2 元上升到 2016 年的 21 252. 8 元。

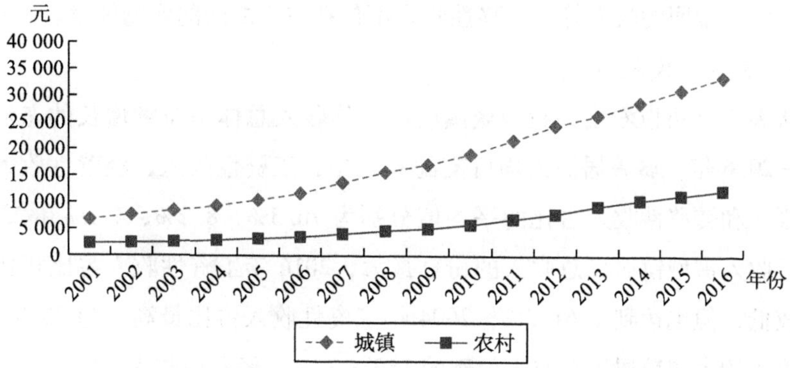

图 2-1　2001—2016 年全国城乡居民人均可支配收入

数据来源：根据《中国统计年鉴》（2002—2017）相关数据计算而得。

（二）城乡居民家庭收入来源分析

按照国民经济统计核算，居民可支配收入指居民可用于最终消费支出和储蓄的总和，通俗理解为居民可用于自由支配的收入，既包括现金收入，也包括实物收入。而按照收入的来源，可划分为工资性收入、经营性净收入、财产性净收入和转移性净收入。本书涉及的收入来源，即按照此四类来划分。

工资性收入指就业人员通过各种途径得到的全部劳动报酬和各种福利，包括受雇于单位、自由职业、兼职和其他劳动得到的全部劳动报酬和福利。经营性净收入指住户或住户成员从事生产经营活动所获得的净收入，净收入即从全部经营收入中扣除经营费用、生产性固定资产折旧和生产税之后得到的收入。财产性净收入指住户或住户成员将其所拥有的金融资产、住房等非金融资产和自然资源交由其他机构单位、住户或个人支配而获得的回报扣除相关的费用之后得到的净收入。财产性净收入既包括利息净收入、红利收入、储蓄性保险净收益，也包括转让承包土地经营权租金净收入、出租房屋净收入、出租其他资产净收入和自有住房折算净租金等收益收入，但是并不包括转让资产所有权的溢价所得。转移性净收入是指国家、单位、社会团体对住户的各种经常性转移支付和住户之间的经常性收入转移。包括养老金或退休金、社会救济和补助、政策性生产补贴、政策性生活补贴、救灾款、经常性捐赠和赔偿、报销医疗费、住户之间的赡养收入，以及本住户非常住成员寄回、带回的收入等，转移性收入不包括住户之间的实物馈赠。

1. 城镇居民收入构成

从表 2-2 可以看出，我国城镇居民人均收入总体呈持续增长的态势。在 2001—2016 年，城镇居民人均可支配收入中，工资性收入、经营性收入、财产性收入和转移性收入占比的平均值分别为 70.3%、8.2%、4.1%和 23.2%。工资性收入占城镇居民总收入的份额最大，2016 年工资性收入占比相比其他年份较低，但也达到了 61.5%，2004 年工资性收入占比最高，为 75.9%；转移性收入约占城镇居民总收入份额的 16%~27%，经营性收入与财产性收入在不同收入阶层居民中的贡献份额稳步增长（见表 2-3）。

表 2-2　2001—2016 年按收入来源划分的城镇居民人均可支配收入

年份	可支配收入/元	工资性收入/元	经营性收入/元	财产性收入/元	转移性收入/元
2001	6 859.6	4 829.9	274.1	134.6	1 630.4
2002	7 702.8	5 740.0	332.2	102.1	2 003.2
2003	8 472.2	6 410.2	403.8	135.0	2 112.2
2004	9 421.6	7 152.8	493.9	161.2	2 320.7
2005	10 493.0	7 797.5	679.6	192.9	2 650.7
2006	11 759.5	8 767.0	809.6	244.0	2 898.7
2007	13 785.8	10 234.8	940.7	348.5	3 384.6
2008	15 780.8	11 299.0	1 453.6	387.0	3 928.2
2009	17 174.7	12 382.1	1 528.7	431.8	4 515.5
2010	19 109.4	13 707.7	1 713.5	520.3	5 091.9
2011	21 809.8	15 411.9	2 209.7	649.0	5 708.6
2012	24 564.7	17 335.6	2 548.3	707.0	6 368.1
2013	26 467.0	16 617.4	2 975.3	2 551.5	4 322.8
2014	28 843.9	17 936.8	3 279.0	2 812.1	4 815.9
2015	31 194.8	19 337.1	3 476.1	3 041.9	5 339.7
2016	33 616.2	20 665.0	3 770.1	3 271.3	5 909.8

数据来源：根据《中国统计年鉴》（2002—2017）中相关数据资料整理。

2001—2016 年，城镇居民收入结构的变化有三大特点：①工资性收入在城镇居民收入中占有很大比重，一直是城镇居民生活的主要来源，但是随着经济的多元化发展，其比重逐渐下降。2001 年城镇工资性收入占比为 70.4%，2005 年为 74.3%，到 2016 年下降到 61.5%。②2001—2016 年，经营性收入和财产性收入的份额逐渐上升，2004 年之前经营性收入占比不到 5%，2011 年其占比超过 10%，2013 年之前城镇居民财产性收入占比不超过 4%，但 2013 年及之后，其占比达到 9%以上，变化较为明显。③尽管工资性收入与转移性收入在城镇居民总收入中所占份额相对其他收入较高，但近年来呈现下降的趋势，截至 2016 年，工资性收入与转移性收入在城镇居民总收入中所占份额分别降到 61.5%和 17.6%。财产性收入占比增长较快，从 2012 年的 2.9%提升至 2013 年的 9.6%，到 2016 年达到 9.7%（见表 2-3）。

表 2-3　2001—2016 年按收入来源划分的城镇居民收入占比状况

年份	工资性收入/%	经营性收入/%	财产性收入/%	转移性收入/%
2001	70.4	4.0	2.0	23.8
2002	74.5	4.3	1.3	26.0
2003	75.7	4.8	1.6	24.9
2004	75.9	5.2	1.7	24.6
2005	74.3	6.5	1.8	25.3
2006	74.6	6.9	2.1	24.6
2007	74.2	6.8	2.5	24.6
2008	71.6	9.2	2.5	24.9
2009	72.1	8.9	2.5	26.3
2010	71.7	9.0	2.7	26.6
2011	70.7	10.1	3.0	26.2
2012	70.6	10.4	2.9	25.9
2013	62.8	11.2	9.6	16.3
2014	62.2	11.4	9.7	16.7
2015	62.0	11.1	9.8	17.1
2016	61.5	11.2	9.7	17.6

数据来源：根据《中国统计年鉴》（2002—2017）中相关数据资料整理。

2. 农村居民收入构成

从表 2-4 和表 2-5 可以看出，农村居民家庭收入来源结构变化显著，农村居民收入按来源可以分为工资性收入、经营性收入、财产性收入和转移性收入，农村居民人均纯收入总体呈持续增长的态势。2001—2016 年，农村居民人均纯收入中工资性收入、经营性收入、财产性收入和转移性收入占比的平均值分别为 38.4%、50.1%、2.7%和 8.8%。农村居民收入的主要来源为工资性收入和经营性收入。经营性收入约占农村居民总收入份额的 50%，其次为工资性收入，约占农村居民总收入份额的 40%，转移性收入与财产性收入在不同收入阶层居民中的贡献份额均不明显。

表 2-4　2001—2016 年按收入来源划分的农村居民人均纯收入

年份	纯收入/元	工资性收入/元	经营性收入/元	财产性收入/元	转移性收入/元
2001	2 366.4	771.9	1 459.6	47.0	87.9
2002	2 475.6	840.2	1 486.5	50.7	98.2
2003	2 622.2	918.4	1 541.3	65.8	96.8
2004	2 936.4	998.5	1 745.8	76.6	115.5
2005	3 254.9	1 174.5	1 844.5	88.4	147.4
2006	3 587.0	1 374.8	1 931.0	100.5	180.8
2007	4 140.4	1 596.2	2 193.7	128.2	222.3
2008	4 760.6	1 853.7	2 435.6	148.1	323.2
2009	5 153.2	2 061.3	2 526.8	167.2	398.0
2010	5 919.0	2 431.1	2 832.8	202.3	452.9
2011	6 977.3	2 963.4	3 222.0	228.6	563.3
2012	7 916.6	3 447.5	3 533.4	249.1	686.7
2013	9 429.6	3 652.5	3 934.9	194.7	1 647.5
2014	10 488.9	4 152.2	4 237.4	222.1	1 877.2
2015	11 421.7	4 600.3	4 503.6	251.5	2 066.3
2016	12 363.4	5 021.8	4 741.3	272.1	2 328.2

数据来源：根据《中国统计年鉴》（2002—2017）中相关数据资料整理。

2001—2016 年，农村居民收入结构的变化有两大特点：①工资性收入和经营性收入在农村居民家庭收入中占比较高，但近年来经营性收入占比呈现不断下降的趋势，且下降幅度较大，而财产性收入占比相对较为稳定。2001 年经营性收入在农村居民人均纯收入中占比遥遥领先，其占比为 61.7%，到 2015

年，其占比下降到39.4%，在农村居民人均纯收入中的份额已经低于同期工资性收入所占的份额，截至2016年，这一份额已降至38.3%。②2001—2016年，转移性收入的份额上升，2001年为3.7%，2012年增长到8.7%，2013年突然猛增至17.5%，截至2016年已升至18.8%。

表2-5 2001—2016年按收入来源划分的农村居民收入占比状况

年份	工资性收入/%	经营性收入/%	财产性收入/%	转移性收入/%
2001	32.6	61.7	2.0	3.7
2002	33.9	60.0	2.0	4.0
2003	35.0	58.8	2.5	3.7
2004	34.0	59.5	2.6	3.9
2005	36.1	56.7	2.7	4.5
2006	38.3	53.8	2.8	5.0
2007	38.6	53.0	3.1	5.4
2008	38.9	51.2	3.1	6.8
2009	40.0	49.0	3.2	7.7
2010	41.1	47.9	3.4	7.7
2011	42.5	46.2	3.3	8.1
2012	43.5	44.6	3.1	8.7
2013	38.7	41.7	2.1	17.5
2014	39.6	40.4	2.1	17.9
2015	40.3	39.4	2.2	18.1
2016	40.6	38.3	2.2	18.8

数据来源：根据《中国统计年鉴》（2002—2017）相关数据资料整理。

二、居民家庭消费状况

从表2-6中可以看出，自2001年以来，随着我国城乡居民收入的不断增长，消费水平也显著提高，居民收入的持续增长显然促进了居民消费水平的提升。城镇居民人均消费支出由2001年的5 309元提高到2016年的23 078.9元，提高了3.3倍。由于农村居民人均生活消费支出基数较小，相较于城镇居民人均消费支出提高的程度较大；农村居民人均生活消费支出从2001年的

1 741. 1 元提高到 2016 年的 10 129. 8 元，提高了 4. 8 倍。

表 2-6　2001—2016 年城乡居民人均消费支出及恩格尔系数

年份	城镇居民人均消费性支出/元	城镇居民恩格尔系数/%	农村居民人均生活消费支出/元	农村居民恩格尔系数/%
2001	5 309. 0	38. 2	1 741. 1	47. 7
2002	6 029. 9	37. 7	1 834. 3	46. 2
2003	6 510. 9	37. 1	1 943. 3	45. 6
2004	7 182. 0	37. 7	2 185. 0	47. 2
2005	7 943. 0	36. 7	2 555. 4	45. 5
2006	8 697. 0	35. 8	2 829. 0	43. 0
2007	9 997. 5	36. 3	3 223. 9	43. 1
2008	11 242. 9	37. 9	3 660. 7	43. 7
2009	12 264. 6	36. 5	3 993. 5	41. 0
2010	13 471. 5	35. 7	4 381. 8	41. 1
2011	15 160. 9	36. 3	5 221. 1	40. 4
2012	16 674. 3	36. 2	5 908. 0	39. 3
2013	18 487. 5	30. 1	7 485. 1	34. 1
2014	19 968. 1	30. 0	8 382. 6	33. 6
2015	21 392. 4	29. 7	9 222. 6	33. 0
2016	23 078. 9	28. 7	10 129. 8	32. 2

数据来源：根据《中国统计年鉴》（2002—2017）相关数据资料整理。

从图 2 - 2 可以看出，2001—2016 年，城镇居民人均消费支出增速较快，相对而言，农村居民人均生活消费支出增长速度较慢。尽管在 15 年间城镇居民人均消费支出和农村居民人均生活消费支出都有大幅度的提高，但从 2007 年开始，城镇居民人均消费性支出增长相对较为明显。

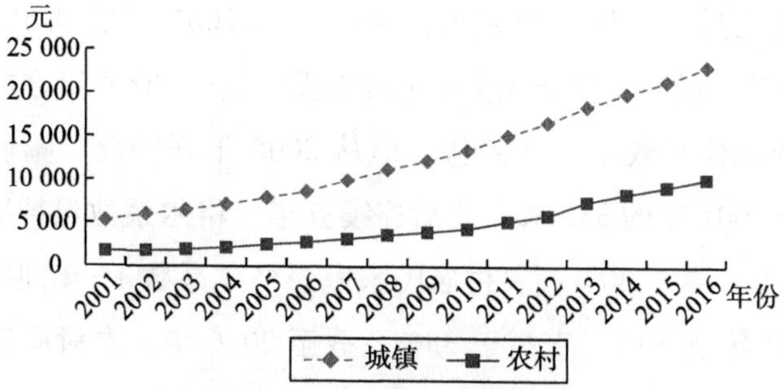

图 2-2　2001—2016 年城乡居民人均消费支出

数据来源：根据《中国统计年鉴》（2002—2017）相关数据计算而得。

恩格尔系数是消费者食品开支占消费总开支之比。一般来说，随着收入水平的提高，恩格尔系数有减小的趋势。从恩格尔系数的对比可以看出城乡差距的变化趋势（见图 2-3）。

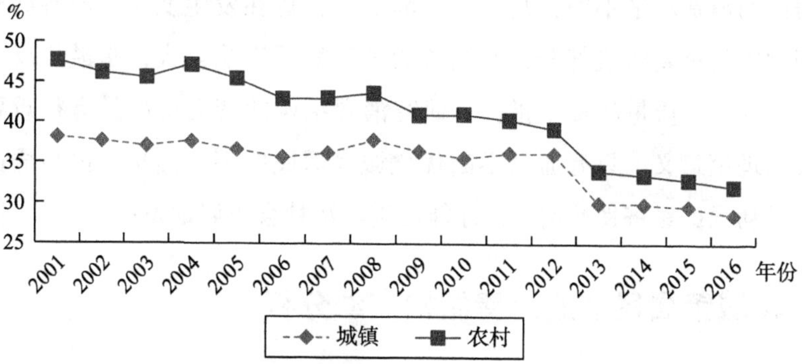

图 2-3　2001—2016 年城乡居民恩格尔系数

数据来源：根据《中国统计年鉴》（2002—2017）相关数据计算而得。

整体上看，改革开放以来，由于城乡居民收入不断提高，二者的恩格尔系数总体上都呈下降趋势，说明消费结构中食品开支占的比重都在下降。但二者恩格尔系数的下降具有不同的特征：城镇居民家庭恩格尔系数总体呈下降趋势，个别年份虽有反弹，但与这 15 年的最高值相比还有一定的差距，这主要是由于城镇居民收入持续增长速度高于食品类开支增长速度。在 2008 年之前，城镇居民家庭恩格尔系数与农村居民家庭恩格尔系数还保持着一定的差距，但在这之后，二者逐渐接近，绝对差从 2001 年的 9.5%逐渐下降到 2016 年的 3.5%，说明城乡居民生活水平差距缩小。2008 年之前农村居民家庭恩格尔系数总体呈现下降的趋势，但从 2008 年开始反弹幅度较大，达到 37.9%，接近 2001 年的 38.2%，之后连续五年恩格尔系数保持平稳下降的趋势，到 2014 年下降至 30%。农村居民家庭恩格尔系数 15 年间基本呈下降趋势，但在 2012 年及之前一直高于 35%，截至 2016 年，农村居民恩格尔系数已下降到 32.2%，可见农村居民生活水平在不断稳步提升。

第二节　城乡居民家庭消费结构变动分析

在我国市场化程度不断提高、经济快速发展和居民收入不断增长的推动下，居民的消费水平不断提高，同时消费结构也在发生变化。消费结构作为消费问题中的重要组成部分，对消费的健康发展影响重大，是最能反映居民消费水平和生活质量的重要指标，研究消费结构的变动情况具有很重要的现实意义和理论意义。只有通过不断优化城乡居民的消费结构，提高居民消费质量，带动国民经济良性增长，才能促进经济社会更好地发展。

一、城镇居民家庭消费结构变动分析

（一）消费结构总体变动趋势

为了解我国城镇居民家庭的消费变动情况，对 2001—2016 年居民家庭人均各消费支出项目及人均消费构成进行数据分析。将消费支出项目按满足居民生活消费层次分类，其中食品烟酒、衣着和居住属于生存型消费，交通通信、教育文化娱乐和医疗保健属于发展型消费，生活用品及服务和其他用品及服务属于享受型消费。

表 2-7　2001—2016 年城镇居民消费结构变动情况

年份	生存型消费		发展型消费		享受型消费	
	支出/元	占比/%	支出/元	占比/%	支出/元	占比/%
2001	2 986. 6	56. 26	1 695	31. 93	627. 4	11. 82
2002	3 251. 4	53. 92	2 152. 7	35. 70	625. 9	10. 38
2003	3 464. 9	53. 22	2 354. 9	36. 17	691. 1	10. 61
2004	3 803. 8	52. 96	2 609. 9	36. 34	768. 4	10. 70
2005	4 161. 4	52. 39	2 902. 9	36. 55	878. 7	11. 06
2006	4 917. 9	56. 55	2 970. 6	34. 16	808	9. 29
2007	5 652. 3	57. 05	3 295. 7	33. 26	959. 5	9. 68
2008	6 571. 1	58. 45	3 561. 6	31. 68	1 110. 1	9. 87
2009	6 991. 6	57. 01	4 011. 7	32. 71	1 261. 1	10. 28
2010	7 581. 1	56. 28	4 483. 1	33. 28	1 407. 2	10. 45
2011	8 586	56. 63	4 970. 4	32. 78	1 604. 5	10. 58
2012	9 348. 6	56. 07	5 552. 7	33. 30	1 773. 2	10. 63
2013	11 425. 8	61. 80	5 442. 2	29. 44	1 619. 6	8. 76
2014	12 116. 8	60. 68	6 085. 2	30. 47	1 766. 1	8. 84
2015	12 786. 8	59. 77	6 721. 6	31. 42	1 884	8. 81
2016	13 615. 1	58. 99	7 442. 3	32. 25	2 021. 5	8. 76

数据来源：根据《中国统计年鉴》（2002—2017）相关资料整理。

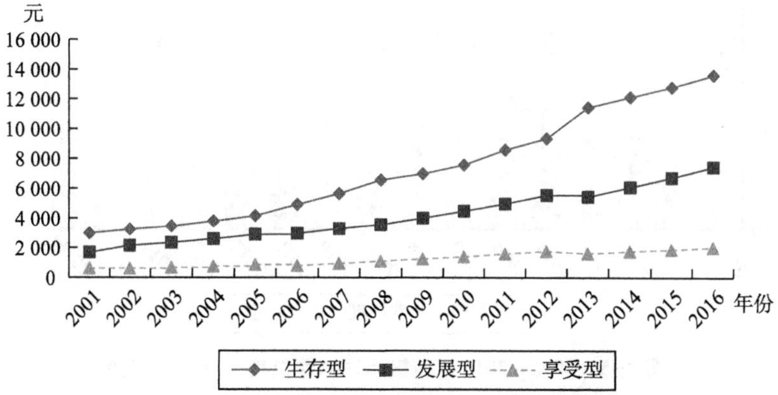

图 2-4　2001—2016 年城镇居民消费情况变动趋势

数据来源：根据《中国统计年鉴》（2002—2017）相关数据计算而得。

由表 2-7、图 2-4 可知 2001—2016 年我国城镇居民生存型、发展型和享受型消费整体水平均呈上升趋势。从消费支出结构来说，生存型消费最高，到 2016 年生存型消费支出已达到 13 615.1 元，比 2001 年增长了 10 628.5 元。发展型消费支出居中，从 2001 年的 1 695 元增长至 2016 年的 7 442.3 元。从增速来看，生存型消费年均增长率为 10.64%，发展型消费为 10.37%，享受型消费增长速度较慢，2001—2016 年仅增长了 1 394.1 元，年均增长率仅为 8.11%。

由图 2-5 可以看出，我国城镇居民的生存型消费在总消费中的占比最大，均超过 50%，其中 2013 年城镇生存型消费占比迅速上升至 61.8%，主要是由于在 2012 年及以前，《中国统计年鉴》在计算城镇居民消费支出时，不包括自有住房折算租金，也不包括购建房支出，以至于 2013 年修改算法后的值波动较大。① 2013—2016 年，我国生存型消费占比开始缓慢下降，与此同时，发展型消费的占比呈上升趋势，2016 年增长至 32.25%，说明我国城镇居民的消费观念也随着生活水平的提高逐步提高。享受型消费占比变化趋势较为稳定。在城镇居民家庭消费结构中，生存型消费的占比最大，发展型消费次之，占比最小的是享受型消费。随着中国经济社会的发展，城镇居民家庭消费支出中生存型消费占比逐渐下降，发展型消费占比逐渐增加。

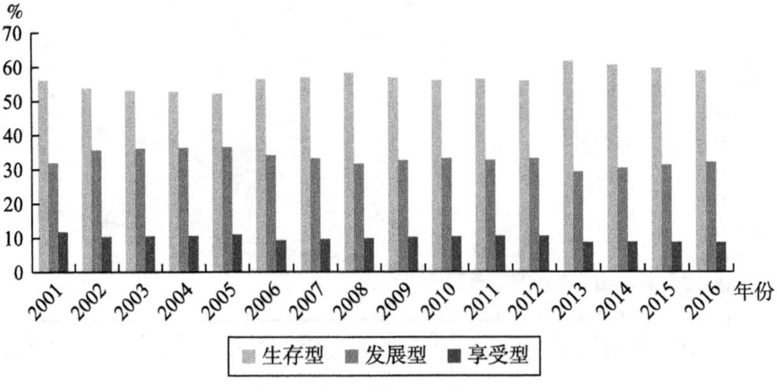

图 2-5　2001—2016 年城镇居民消费结构情况变动趋势

数据来源：根据《中国统计年鉴》（2002—2017）相关数据计算而得。

① 来源于《中国统计年鉴》（2017）主要指标解释。

（二）生存型消费变动趋势

由表2-8可以看出，城镇居民家庭食品烟酒类消费由2001年的2 014元增长至2016年的6 762.4元，绝对增量为4 748.4元。首先，食品烟酒项目费用支出在城镇居民消费中的占比呈现平稳下降的趋势，2001—2016年食品烟酒类消费占比下降了8.64个百分点，这与城镇居民家庭恩格尔系数所反映的情况相同，说明城镇居民的消费模式已经逐渐升级。其次，衣着和居住支出方面，2001—2016年的支出分别增长了1 205.3元和4 674.8元，居住项目支出在人均消费构成中占比波动较大，并且由于近年来房价的上涨，使居民在居住方面支出花费占比越来越大，2016年增长至22.16%，仅次于食品烟酒支出。

表2-8　2001—2016年城镇居民家庭人均生存型消费及占比

年份	生存型消费/元			生存型消费占比/%		
	食品烟酒	衣着	居住	食品烟酒	衣着	居住
2001	2 014.0	533.7	438.9	37.94	10.05	8.27
2002	2 271.8	590.9	388.7	37.67	9.80	6.45
2003	2 416.9	637.7	410.3	37.12	9.79	6.30
2004	2 709.6	686.8	407.4	37.73	9.56	5.67
2005	2 914.4	800.5	446.5	36.69	10.08	5.62
2006	3 111.9	901.8	904.2	35.78	10.37	10.40
2007	3 628.0	1 042.0	982.3	36.62	10.52	9.91
2008	4 259.8	1 165.9	1 145.4	37.89	10.37	10.19
2009	4 478.5	1 284.2	1 228.9	36.52	10.47	10.02
2010	4 804.7	1 444.3	1 332.1	35.67	10.72	9.89
2011	5 506.3	1 674.7	1 405.0	36.32	11.05	9.27
2012	6 040.9	1 823.4	1 484.3	36.23	10.94	8.90
2013	5 570.7	1 553.7	4 301.4	30.13	8.40	23.27
2014	6 000.0	1 627.2	4 489.6	30.05	8.15	22.48
2015	6359.7	1 701.1	4 726	29.73	7.95	22.09
2016	6 762.4	1 739.0	5 113.7	29.30	7.54	22.16

数据来源：根据《中国统计年鉴》（2002—2017）中相关数据资料整理。

（三）发展型消费变动趋势

在发展型消费方面，首先，城镇居民在交通通信方面的消费支出增长速度高于教育文化娱乐和医疗保健支出。目前，我国的交通工具越来越发达，智能手机越来越普及，2001—2016 年城镇居民在交通通信方面的消费支出的绝对增量为 2 716.9 元，年均增长率为 13.79%，并且其占总支出的比重整体呈递增的趋势，说明我国在交通通信方面的发展前景较好。其次，教育文化娱乐支出在总支出构成中占比整体呈下降趋势，在 2014 年后，教育文化娱乐支出占比才有所上升。医疗保健支出虽然在 2016 年上升至 1 630.8 元，但消费占比下降了 3.25 个百分点，尤其在 2006 年，医疗保健支出急剧下降，直到 2016 年也一直保持较小的份额，这与我国快速发展的社会医疗保障体系关系密切（见表 2-9）。

表 2-9　2001—2016 年城镇居民家庭人均发展型消费及占比

年份	发展型消费/元			发展型消费占比/%		
	交通通信	医疗保健	教育文化娱乐	交通通信	医疗保健	教育文化娱乐
2001	457.0	548.0	690.0	8.61	10.32	13.00
2002	626.0	624.4	902.3	10.38	10.35	14.96
2003	721.1	699.4	934.4	11.08	10.74	14.35
2004	843.6	733.5	1 032.8	11.75	10.21	14.38
2005	996.7	808.7	1 097.5	12.55	10.18	13.82
2006	1 147.1	620.5	1 203.0	13.19	7.14	13.83
2007	1 357.4	699.1	1 239.2	13.70	7.06	12.51
2008	1 417.1	786.2	1 358.3	12.60	6.99	12.08
2009	1 682.6	856.4	1 472.7	13.72	6.98	12.01
2010	1 983.7	871.8	1 627.6	14.73	6.47	12.08
2011	2 149.7	969.0	1 851.7	14.18	6.39	12.21
2012	2 455.5	1 063.7	2 033.5	14.73	6.38	12.20
2013	2 317.8	1 136.1	1 988.3	12.54	6.15	10.75
2014	2 637.3	1 305.6	2 142.3	13.21	6.54	10.73
2015	2 895.4	1 443.4	2 382.8	13.53	6.75	11.14
2016	3 173.9	1 630.8	2 637.6	13.75	7.07	11.43

数据来源：根据《中国统计年鉴》（2002—2017）相关数据资料整理。

（四）享受型消费变动趋势

在享受型消费方面，城镇居民生活用品及服务和其他用品及服务支出构成保持在一个平稳的水平。其他用品及服务在城镇居民家庭消费总支出构成中一直保持较小的占比，2002—2012年，其他用品及服务构成在3.25%~3.94%平稳波动，在2013年及以后，其占比有所下降，但下降幅度较小。生活用品及服务的构成在2007年及以后的变动较小，一直处于平稳状态。从总量上来说，生活用品及服务在2001—2016年的年均增长率较大，为9.96%，其绝对增量为1 083.5元，其他用品及服务的绝对增量为310.6元，年均增长率为5.05%，说明我国城镇居民享受型消费总量虽然在不断增加，但其在八大类消费中的占比相对稳定（见表2-10）。总的来说，城镇居民在享受型消费方面的需求相对较低，主要需求在于生存型和发展型方面的消费。

表2-10　2001—2016年城镇居民家庭人均享受型消费及占比

年份	享受型消费/元		享受型消费占比/%	
	生活用品及服务	其他用品及服务	生活用品及服务	其他用品及服务
2001	343.3	284.1	6.47	5.35
2002	430.1	195.8	7.13	3.25
2003	476.0	215.1	7.31	3.30
2004	528.2	240.2	7.35	3.34
2005	600.9	277.8	7.57	3.50
2006	498.5	309.5	5.73	3.56
2007	601.8	357.7	6.07	3.61
2008	691.8	418.3	6.15	3.72
2009	786.9	474.2	6.42	3.87
2010	908.0	499.2	6.74	3.71
2011	1 023.2	581.3	6.75	3.83
2012	1 116.1	657.1	6.69	3.94
2013	1 129.2	490.4	6.11	2.65
2014	1 233.2	532.9	6.18	2.67

续表

年份	享受型消费/元		享受型消费占比/%	
	生活用品及服务	其他用品及服务	生活用品及服务	其他用品及服务
2015	1 306.5	577.5	6.11	2.70
2016	1 426.8	594.7	6.18	2.58

数据来源：根据《中国统计年鉴》（2002—2017）相关数据资料整理。

二、农村居民家庭消费结构变动分析

（一）消费结构总体变动趋势

为了解我国农村居民家庭的消费变动情况，对2001—2016年农村居民家庭人均各消费支出项目及人均消费构成进行数据分析。

2001—2016年我国农村居民生存型、发展型和享受型消费整体呈上升趋势，其中生存型消费占比最高。随着农村居民收入的不断提高，在满足基础的生存型消费后，开始逐渐注重发展型消费。如表2-11所示，2001—2016年农村居民消费增长较多，生存型消费从2001年的1 208.5元增长到2016年的5 988.6元，年均增长11.26%；发展型消费从399.2元增长到3 359.4元，年均增长15.26%；享受型消费从133.4元增长到781.7元，年均增长12.51%。可见农村居民消费整体呈上升趋势，发展型消费上升趋势显著，表现出较强的优势。

表2-11　2001—2016年农村居民家庭消费结构变动情况

年份	生存型消费		发展型消费		享受型消费	
	支出/元	占比/%	支出/元	占比/%	支出/元	占比/%
2001	1 208.5	69.41	399.2	22.93	133.4	7.66
2002	1 253.6	68.34	442.7	24.13	138.1	7.53
2003	1 304.7	67.13	514	26.45	124.7	6.42
2004	1 476.5	67.58	571	26.13	137.4	6.29
2005	1 681	65.78	708.6	27.73	165.9	6.49
2006	1 854	65.52	785.9	27.77	189.7	6.70
2007	2 156.3	66.88	844.3	26.19	223.3	6.93

续表

年份	生存型消费		发展型消费		享受型消费	
	支出/元	占比/%	支出/元	占比/%	支出/元	占比/%
2008	2 489. 4	68. 01	920. 5	25. 15	250. 7	6. 85
2009	2 673. 5	66. 95	1 031	25. 82	288. 9	7. 23
2010	2 899. 9	66. 18	1 153. 8	26. 33	328. 1	7. 49
2011	3 410. 1	65. 31	1 380. 2	26. 43	430. 9	8. 25
2012	3 806. 7	64. 43	1 612. 1	27. 29	489. 3	8. 28
2013	4 588	61. 30	2 297. 7	30. 70	599. 3	8. 01
2014	5 087. 1	60. 69	2 626	31. 33	669. 5	7. 99
2015	5 524. 7	59. 90	2 978. 4	32. 29	719. 6	7. 80
2016	5 988. 6	59. 12	3 359. 4	33. 16	781. 7	7. 72

数据来源：根据《中国统计年鉴》（2002—2017）相关数据整理。

由图 2-6 可知，农村居民消费持续增长，其中生存型和发展型消费增长明显，享受型消费稳中有升。

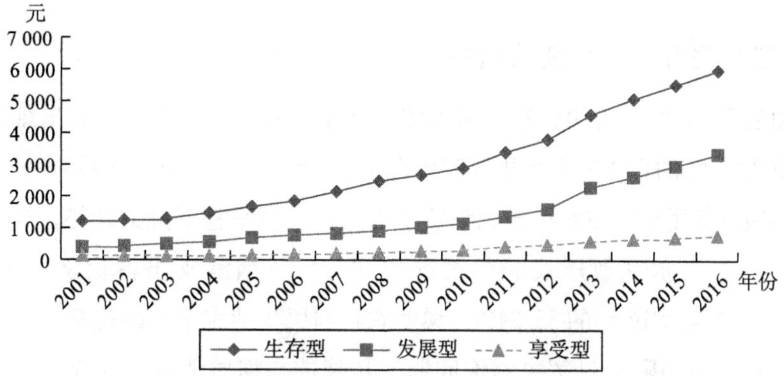

图 2-6 2001—2016 年农村居民消费情况变动趋势

数据来源：根据《中国统计年鉴》（2002—2017）相关数据计算而得。

从图 2-7 可以看出，2001—2016 年我国农村居民生存型消费占比整体呈现出下降的趋势，发展型消费占比整体呈现上升的趋势，享受型消费占比波动较小。具体来看，2008 年我国农村居民家庭生存型消费占比最大，达到 68. 01%，发展型消费仅占 25. 15%，2008 年金融危机对居民影响较大，导致居民生存型消费增加，而发展型消费减少。从 2009 年开始，农村居民生存型消费占比一直呈下降的趋势，发展型消费占比呈上升趋势，享受型消费占比相对稳定，可以看出，我国农村居民生活水平在不断提高，居民在发展型消费上的支出不断增加。

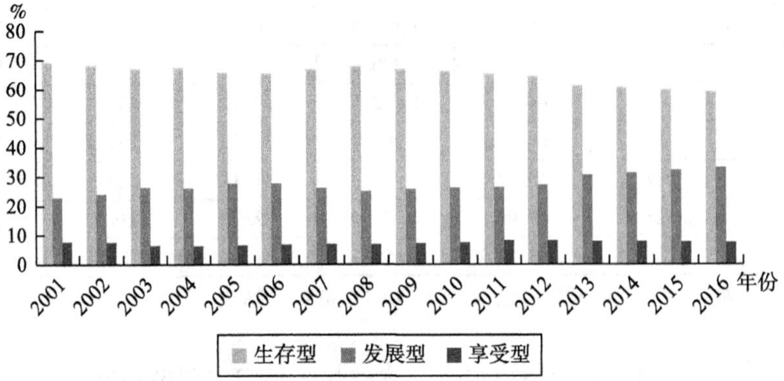

图 2-7　2001—2016 年农村居民消费结构变动趋势

数据来源：根据《中国统计年鉴》（2002—2017）相关数据计算而得。

（二）生存型消费变动趋势

由表 2-12 可以看出，农村居民的生存型消费中，食品烟酒支出排名第一位，由 2001 年的 830.7 元上升至 2016 年的 3 266.1 元，上升了 2 435.4 元，但食品烟酒项目费用支出在农村居民消费中的占比呈现平稳下降的趋势，这与农村居民家庭恩格尔系数所反映的情况相同，食品烟酒支出占比从 2001 年的 47.71%下降至 2016 年的 32.24%，说明农村居民生活水平不断提高、消费观念不断变化，不局限于只解决温饱问题，其精神与物质消费共同提升。农村居民的居住项目支出在人均消费构成中占比波动较大，从 2001 年的 16.03%增长至 2016 年的 21.20%，仅次于食品烟酒支出。在衣着方面，其消费总量由 2001 年的 98.7 元增长至 2016 年的 575.4 元，但衣着在消费项目中的占比变化较小，说明农村居民在衣着方面的支出相对稳定。

表 2-12　2001—2016 年农村居民家庭人均生存型消费及占比

年份	生存型消费/元			生存型消费占比/%		
	食品烟酒	衣着	居住	食品烟酒	衣着	居住
2001	830.7	98.7	279.1	47.71	5.67	16.03
2002	848.4	105.0	300.2	46.25	5.72	16.36
2003	886.0	110.3	308.4	45.59	5.67	15.87
2004	1 032.0	120.2	324.3	47.23	5.50	14.84
2005	1 162.2	148.6	370.2	45.48	5.81	14.49
2006	1 217.0	168.0	469.0	43.02	5.94	16.58
2007	1 389.0	193.5	573.8	43.08	6.00	17.80
2008	1 598.8	211.8	678.8	43.67	5.79	18.54
2009	1 636.0	232.5	805.0	40.97	5.82	20.16
2010	1 800.7	264.0	835.2	41.09	6.03	19.06
2011	2 107.3	341.3	961.5	40.36	6.54	18.41
2012	2 323.9	396.4	1 086.4	39.33	6.71	18.39
2013	2 554.4	453.8	1 579.8	34.13	6.06	21.11
2014	2 814.0	510.4	1 762.7	33.57	6.09	21.03
2015	3 048.0	550.5	1 926.2	33.05	5.97	20.89
2016	3 266.1	575.4	2 147.1	32.24	5.68	21.20

数据来源：根据《中国统计年鉴》（2002—2017）中相关数据资料整理。

（三）发展型消费变动趋势

在发展型消费方面，首先，农村居民交通通信消费支出增长迅速，2001—2016 年交通通信支出的绝对增量为 1 249.9 元，年均增长率为 18.25%，增长速度较快，并且其在总支出中的占比增长迅速，由 2001 年的 6.32%增长至 2016 年的 13.42%。其次，医疗保健支出占比呈上升趋势，增长了 3.62 个百分点，说明在医疗技术的提升和相关医疗政策的影响下，农村居民对自身健康逐渐重视，使医疗保健支出不断提升。最后，教育文化娱乐消费的总量也在不断上升，2012—2013 年增长幅度较大，其占比迅速回升至 10.08%；2013 年以后，教育文化娱乐占比的变化较为稳定（见表 2-13）。总的来说，交通通信和医疗保健的变化是引起发展型消费上升的主要因素，随着社会经济的发展，农村居民的消费观念将会进一步倾向于发展型消费。

表 2-13　2001—2016 年农村居民家庭人均发展型消费及占比

年份	发展型消费/元			发展型消费占比/%		
	交通通信	医疗保健	教育文化娱乐	交通通信	医疗保健	教育文化娱乐
2001	110.0	96.6	192.6	6.32	5.55	11.06
2002	128.5	103.9	210.3	7.01	5.67	11.47
2003	162.5	115.8	235.7	8.36	5.96	12.13
2004	192.7	130.7	247.6	8.82	5.98	11.33
2005	245.0	168.1	295.5	9.59	6.58	11.56
2006	288.8	191.5	305.6	10.21	6.77	10.80
2007	328.4	210.2	305.7	10.19	6.52	9.48
2008	360.2	246.0	314.3	9.84	6.72	8.59
2009	402.9	287.5	340.6	10.09	7.20	8.53
2010	461.1	326.0	366.7	10.52	7.44	8.37
2011	547.0	436.8	396.4	10.48	8.37	7.59
2012	652.8	513.8	445.5	11.05	8.70	7.54
2013	874.9	668.2	754.6	11.69	8.93	10.08
2014	1 012.6	753.9	859.5	12.08	8.99	10.25
2015	1 163.1	846.0	969.3	12.61	9.17	10.51
2016	1 359.9	929.2	1 070.3	13.42	9.17	10.57

数据来源：根据《中国统计年鉴》（2002—2017）相关数据资料整理。

（四）享受型消费变动趋势

在农村居民的享受型消费方面，2001—2016 年生活用品及服务支出占比变动较小，生活用品及服务支出的总量由 77 元增长至 595.7 元，年均增长速度为 14.61%，说明农村居民的生活用品及服务消费总量虽然在不断增加，但占比相对较为稳定。其他用品及服务在农村居民家庭消费总支出中一直保持较小的占比，尤其到 2016 年，其占比已下降至 1.83%，农村居民其他用品及服务的消费总量呈缓慢增长趋势，说明农村居民在这方面的支出相对较小（见表 2-14）。总的来说，农村居民的消费结构主要以生存型消费和发展型消费为主，农村居民家庭的消费结构还需继续优化。

表 2-14　2001—2016 年农村居民家庭人均享受型消费及占比

年份	享受型消费/元		享受型消费占比/%	
	生活用品及服务	其他用品及服务	生活用品及服务	其他用品及服务
2001	77.0	56.4	4.42	3.24
2002	80.4	57.7	4.38	3.14
2003	81.7	43.0	4.20	2.21
2004	89.1	48.3	4.08	2.21
2005	111.4	54.5	4.36	2.13
2006	126.6	63.1	4.47	2.23
2007	149.1	74.2	4.63	2.30
2008	174.0	76.7	4.75	2.09
2009	204.8	84.1	5.13	2.11
2010	234.1	94.0	5.34	2.15
2011	308.9	122.0	5.92	2.34
2012	341.7	147.6	5.78	2.50
2013	455.1	144.2	6.08	1.93
2014	506.5	163.0	6.04	1.94
2015	545.6	174.0	5.92	1.89
2016	595.7	186.0	5.88	1.83

数据来源：根据《中国统计年鉴》（2002—2017）相关数据资料整理。

三、城乡居民家庭消费倾向分析

根据经典消费理论，收入是影响居民消费水平高低的决定性因素，同时还影响着居民的消费结构和消费层次。经济学家凯恩斯在《就业、利息和货币通论》一书中最先使用“消费倾向”一词。消费倾向是居民在不同时期对商品的需求变动情况，是消费开支占收入的比例。为了解我国城乡居民的消费倾向变动情况，本研究使用 2001—2016 年的平均消费倾向和边际消费倾向两个重要指标进行分析，如表 2-15 所示。

表 2-15　2001—2016 年全国城乡居民平均消费倾向及边际消费倾向

年份	平均消费倾向		边际消费倾向	
	城镇	农村	城镇	农村
2001	0.77	0.74	0.54	0.63
2002	0.78	0.74	0.85	0.85
2003	0.77	0.74	0.63	0.75
2004	0.76	0.74	0.71	0.77
2005	0.76	0.79	0.71	1.16
2006	0.74	0.79	0.60	0.82
2007	0.73	0.78	0.64	0.71
2008	0.71	0.77	0.62	0.70
2009	0.71	0.77	0.73	0.85
2010	0.70	0.74	0.62	0.51
2011	0.70	0.75	0.63	0.79
2012	0.68	0.75	0.55	0.73
2013	0.70	0.79	0.95	1.04
2014	0.69	0.80	0.62	0.85
2015	0.69	0.81	0.61	0.90
2016	0.69	0.82	0.70	0.96

数据来源：根据《中国统计年鉴》（2002—2017）相关数据资料计算整理。

表 2-15 数据表明，2001—2016 年城镇居民平均消费倾向呈现缓慢下降态势，其值由 2001 年的 0.77 下降至 2016 年的 0.69，而农村居民平均消费倾向则基本呈现出缓慢上升趋势，2001—2016 年上升了 0.08。此数据表明，城镇居民平均消费倾向虽然较低，但其居民消费提升空间较大，相对来说农村居民的消费提升空间有限。对于农村居民而言，促进消费水平的提升，关键在于提高收入水平。

同时，农村居民边际消费倾向不稳定，2001—2016 年，其边际消费倾向为 0.51~1.16，差异较大，2005 年和 2013 年农村居民边际消费倾向甚至超过 1，说明随着金融市场的不断完善，农村居民的消费理念与消费模式也在不断变化。2001—2016 年，农村居民的平均消费倾向和边际消费倾向相对城镇居民较高，说明城乡差距较大。2001—2016 年，城镇居民的边际消费倾向由 0. 54 上升到 0. 70，可见相比农村居民，城镇居民生活更为宽裕，收入支配更加多元化。

四、城乡居民家庭消费结构变动度分析

为进一步揭示全国城乡居民消费结构演变规律，本书以消费结构变动度代表消费结构升级情况，消费结构变动度是通过考察各年消费结构的变动程度以反映消费支出结构升级速度快慢的指标，一般计算方法为：用报告期各类消费支出比重减去基期同类消费比重，然后将相减之差的绝对值相加，从而获得两期的结构变动值，计算公式如下：

$$sc_t = \sum_{i=1}^{n} \left[\frac{c_{it}}{c_t} - \frac{c_{i(t-1)}}{c_{t-1}} \right] \tag{2-1}$$

其中，sc_t 是 t 期相对于上一期的消费结构变动度，c_t 是 t 期总消费，c_{it}是第 i 类消费项目在 t 期的支出额，n 是消费项目种类，这里包括食品烟酒、衣着、居住、生活用品及服务、交通通信、娱乐教育文化娱乐、医疗保健、其他用品及服务等八类。c_{it}/c_t 是 t 期第 i 类消费项目支出占总消费的比重，$c_{i(t-1)}/c_{t-1}$是 $t-1$ 期第 i 类消费项目支出占总消费的比重。根据式（2-1），结合《中国统计年鉴》数据，对 2001—2016 年城乡居民消费结构变动度进行计算，计算结果如表 2-16 所示。

表 2-16　2001—2016 年全国城乡居民消费结构变动度

年份	城镇/%	农村/%
2001	10. 64	3. 43
2002	8. 88	3. 2
2003	2. 63	4. 61
2004	2. 78	4. 24
2005	3. 36	4. 37
2006	11. 57	6. 46
2007	3. 77	3. 16

续表

年份	城镇/%	农村/%
2008	3.47	3.31
2009	3.25	5.54
2010	3.31	2.51
2011	2.49	4.41
2012	1.31	2.47
2013	28.73	12.85
2014	2.30	1.34
2015	1.95	1.92
2016	1.93	2.38

数据来源：根据《中国统计年鉴》（2002—2017）相关数据资料计算整理。

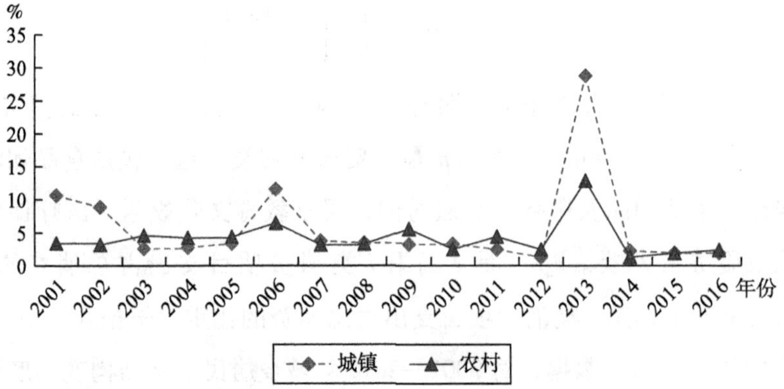

图 2-8　2001—2016 年全国城乡居民消费结构变动度

数据来源：根据《中国统计年鉴》（2002—2017）相关数据计算而得。

结合表 2-16 和图 2-8 可以看出全国城乡居民的消费结构变动情况。城镇居民和农村居民的消费结构变动程度基本一致，除 2013 年外，在 2001—2016 年总体呈现下降的趋势，部分年份有所增加。城乡居民消费结构变动程度在 2013 年有着明显的波动，增长幅度较大，① 城镇居民消费结构变动度高达

① 根据《中国统计年鉴》（2017）主要指标解释：2012 年及以前年份，计算城镇居民人均可支配收入和消费支出时，不包括自有住房折算租金，也不包括购建房支出；计算农村居民人均纯收入和消费支出时，也不包括自有住房折算租金，但农村居民居住消费支出中，包括购建房支出。

28.73%，农村为12.85%。总体而言，城镇居民消费结构变动程度较农村居民更明显，各个峰值与其基期的绝对差与农村相比更大，这些趋势反映了城镇居民消费结构变动更剧烈。

第三节　本章小结

本章对居民家庭收支状况的总体变动进行了分析，其中包括对家庭收支状况的动态分析和对家庭消费结构变动的分析。

在家庭收支状况的动态分析中，2001—2016年，城镇与农村的居民家庭人均可支配收入都有大幅度提升，说明我国居民的生活水平多年来持续上升，但城乡差异较大，2016年城镇居民的人均可支配收入是农村居民的2.72倍。农村的低收入者较多，与城镇居民相比，其收入来源主要是经营性收入和工资性收入，说明农村居民的经济来源还是以家庭经营和外出打工为主。城镇居民的收入来源主要是工资性收入和转移性收入，其占比分别是61.5%和17.6%，高收入者较多。

从城乡居民家庭的消费结构状况来看，城镇居民的消费支出在2016年增长至23 078.9元，其恩格尔系数由2001年的38.2%下降至2016年的28.7%，农村居民的恩格尔系数在2016年下降至32.2%，可以看出，食品消费在消费支出中的占比越来越小，城乡居民的消费支出结构不断优化升级。近年来，城乡居民在交通通信方面支出的增长速度较快，表明随着我国城乡基础设施建设的逐步完善以及科技水平的提高，我国居民生活水平与质量得到不断提升。

从城乡居民家庭消费倾向来看，农村居民的平均消费倾向和边际消费倾向相对城镇居民较高，说明城乡差距较大，但农村居民的消费提升空间有限，要提升农村居民的消费水平，必须先提高其收入水平。在有些年份，农村居民边际消费倾向甚至超过1，说明随着金融市场的不断完善，农村居民的消费理念与消费模式也在不断变化。从居民消费结构变动度来看，城镇居民消费结构变动程度较农村居民更明显。

总体来看，我国居民家庭收支正在逐步上升，其发展潜力较大，应深刻认识到促进消费提质升级对我国经济发展的重要性，因此，如何继续扩大消费规模、提高消费水平、改善居民消费结构、促进区域经济快速发展是亟须解决的主要问题。

第三章
丝绸之路沿线区域居民家庭消费状况

收入决定消费，消费是经济增长的动力，刺激居民家庭消费需求是保持经济快速增长的根本措施。随着我国“一带一路”倡议的不断推进，丝绸之路沿线区域居民的收入状况、消费状况都得到很大提高。深入研究丝绸之路经济带沿线区域居民家庭消费需求、消费结构和消费水平，有利于沿线区域更好地发挥区位、资源优势，从居民有效需求出发，强化供给侧结构性改革，优化配置市场资源，不断提高沿线省份居民的收入水平，优化收入结构，拉动消费需求，推动区域经济的平衡协调发展。

第一节　丝路沿线省份居民家庭收入状况

一、居民家庭人均可支配收入水平概况

通过整理历年《中国统计年鉴》数据以及考虑本课题研究目标，本书选取西北五省区、西南四省市区、东北三省以及内蒙古自治区共 13 个丝绸之路沿线省份 2006—2016 年数据分析丝绸之路沿线区域居民家庭的消费状况，具体数据见表 3-1。

表 3-1　2006 年、2016 年城乡居民家庭人均可支配收入

地区	城镇			农村		
	2006 年/元	2016 年/元	年均增长率/%	2006 年/元	2016 年/元	年均增长率/%
陕西	9 267.7	28 440.1	11.87	2 260.2	9 396.4	15.31
甘肃	8 920.5	25 693.5	11.16	2 134.0	7 456.9	13.33
青海	9 000.3	26 757.4	11.51	2 358.4	8 664.4	13.90
宁夏	9 177.2	27 153.0	11.46	2 760.1	9 851.6	13.57
新疆	8 871.2	28 463.4	12.36	2 737.0	10 183.2	14.04
内蒙古	10 358.0	32 974.9	12.28	3 341.9	11 609.0	13.26
广西	9 898.8	28 324.4	11.09	2 770.5	10 359.5	14.10
云南	10 069.9	28 610.6	11.01	2 250.5	9 019.8	14.89
重庆	11 569.7	29 610.0	9.85	2 873.8	11 548.8	14.92
四川	9 350.1	28 335.3	11.72	3 002.4	11 203.1	14.07
辽宁	10 369.6	32 867.1	12.23	4 090.4	12 880.7	12.15
吉林	9 775.1	26 530.4	10.50	3 641.1	12 122.9	12.78
黑龙江	9 182.3	25 736.4	10.86	3 552.4	11 831.9	12.79
全国	11 759.5	33 616.2	11.07	3 587.0	12 363.4	13.17

数据来源：根据《中国统计年鉴 2007》和《中国统计年鉴 2017》相关数据资料整理。

2006—2016 年，我国经济增长迅速，城乡之间的壁垒逐渐变低，城乡居民家庭人均可支配收入水平发生了较大的变化。2006 年，我国城镇人均可支配收入为 11 759.5 元，2016 年为 33 616.2 元，10 年间，居民收入提高了 1.86 倍，年均增长率为 11.07%，增速明显。而在农村，其年均增长率为 13.17%，相较于城镇增长更为明显。农村居民家庭人均可支配收入从 2006 年的 3 587.0 元增长到 2016 年的 12 363.4 元，提高了 2.45 倍，这与我国大力扶持农村的政策密不可分。城镇居民人均可支配收入的增长率普遍低于农村，其中 9 个省份的年均增长率高于全国年均增长率。而在农村，10 个省份的人均可支配收入的年均增长率皆高于全国年均增长率。陕西的农村居民可支配收入年均增长率高达 15.31%，高于全国农村（13.17%）2.14 个百分点。说明我国丝绸之路沿线省份农村居民经济状况得到明显改善，陕西农村居民家庭的收入水平在不断提高，在整体经济发展的同时农村经济也得到明显提升，对缩小城乡收入差距发挥了重要作用。

丝绸之路沿线省份城镇人均可支配收入均低于全国城镇人均可支配收入，表明我国发展的不均衡性。“丝绸之路经济带”正是基于我国区域发展不均衡等问题而做出的战略规划，旨在破解现存区域发展不均衡等问题，带动地区经济快速发展。经过十多年的发展，我国整体发展势头迅猛。从各省份来看，新疆城镇年均增长率居于首位，达到 12. 36%，高于全国城镇（11. 07%）1. 29 个百分点，其次是内蒙古（12. 28%）和辽宁（12. 23%）。重庆的城镇年均增长率最低，为 9. 85%，低于全国 1. 22 个百分点。农村年均增长率最低的是辽宁，仅为 12. 15%，不仅低于全国农村增长率（13. 17%）1. 02 个百分点，甚至低于辽宁城镇（12. 23%）0. 08 个百分点。2016 年辽宁的城镇收入水平居于丝绸之路沿线省份第二位，达到 32 867. 1 元，但是依旧低于全国城镇收入水平，辽宁农村的人均可支配收入高于同期全国农村居民人均可支配收入，领先于其他丝路沿线省份，因此其增速相对缓慢。

丝绸之路沿线省份城乡居民人均可支配收入年均增长率见图 3-1。

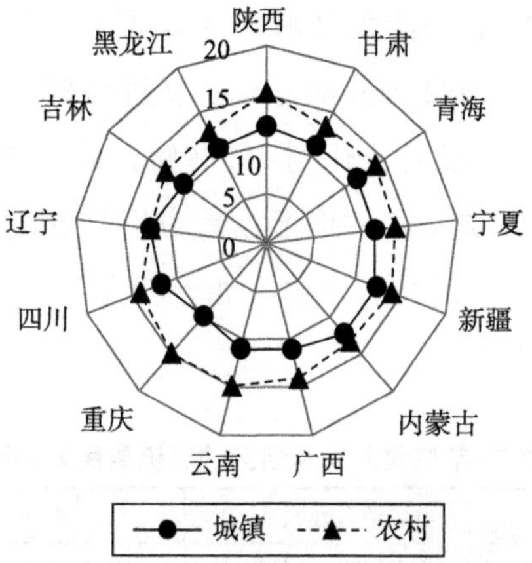

图 3-1　人均可支配收入年均增长率（%）

数据来源：根据《中国统计年鉴》（2007—2017）相关数据计算而得。

二、城镇居民家庭收入来源

从表 3-2 可以看出，2006 年丝路沿线城镇居民人均可支配收入主要来源于工资性收入，其次是转移性收入、经营性收入，最后是财产性收入。一方面，从工资性收入来看，由于城镇具有现代化、工业化特征，城镇居民家庭可支配收入中工资性收入占比最高。工资性收入包括就业人员获得的各种劳动报酬和福利，2006 年我国就业市场稳定，城镇居民大部分收入来源于工资性收入，且远高于其他三类收入，工资性收入整体占比在 60% ~ 85%。从经营性收入来看，黑龙江经营性收入占比高达 11.24%，居于首位，其次是宁夏，达到 10.67%，远高于全国水平（6.88%）。陕西经营性收入占比最低，为 3.33%。从财产性收入来看，财产性收入在居民收入来源中占比最少，由于我国的资本市场起步较晚，投资渠道以及监管机制不够成熟。云南城镇财产性收入占比最高，达到 4.64%，甘肃最低，为 0.36%，财产性收入整体偏低。从转移性收入来看，转移性收入是城镇居民的第二收入来源，能起到降低区域内收入不平等的作用，是一种有效调节居民收入不平等状况的收入分配方式。新疆城镇居民转移性收入占比最低，仅为 17.42%；辽宁最高，达到 36.49%。另一方面，转移性收入与地方财政状况有关，经济越发达的地区，地方财政相对宽裕，居民人均转移性收入就越高，因此，各地转移性收入相差较大，辽宁（3 784.0 元）是新疆（1 545.2 元）的 2.45 倍。

表 3-2　2006 年按收入来源划分的城镇居民人均可支配收入

地区	工资性收入		经营性收入		财产性收入		转移性收入	
	金额/元	占比/%	金额/元	占比/%	金额/元	占比/%	金额/元	占比/%
陕西	6 958.2	75.08	309.0	3.33	175.4	1.89	2 495.5	26.93
甘肃	7 008.4	78.57	403.5	4.52	32.1	0.36	2 142.3	24.02
青海	6 316.6	70.18	564.1	6.27	62.9	0.70	2 859.4	31.77
宁夏	6 450.7	70.29	978.9	10.67	89.1	0.97	2 483.1	27.06
新疆	7 490.6	84.44	549.8	6.20	58.4	0.66	1 545.2	17.42

续表

地区	工资性收入		经营性收入		财产性收入		转移性收入	
	金额/元	占比/%	金额/元	占比/%	金额/元	占比/%	金额/元	占比/%
内蒙古	7 552.7	72.92	955.6	9.23	209.8	2.03	2 093.8	20.21
广西	7 419.4	74.95	890.8	9.00	189.8	1.92	2 124.8	21.47
云南	6 881.4	68.34	536.7	5.33	467.3	4.64	2 962.7	29.42
重庆	9 266.4	80.09	525.2	4.54	192.9	1.67	2 564.4	22.16
四川	6 676.0	71.40	644.0	6.89	260.2	2.78	2 536.8	27.13
辽宁	6 611.4	63.76	688.2	6.64	146.5	1.41	3 784.0	36.49
吉林	6 576.5	67.28	786.2	8.04	117.3	1.20	2 765.3	28.29
黑龙江	6 028.1	65.65	1 032.1	11.24	99.3	1.09	2 562.4	27.90
全国	8 766.9	74.55	809.6	6.88	244.0	2.08	2 898.7	24.65

数据来源：根据《中国统计年鉴2007》相关数据资料整理计算。

从表3-2和表3-3可以看出，2016年丝路沿线城镇居民家庭可支配收入来源虽然与2006年类似，仍以工资性收入为主，但已经开始向其他来源转移，工资性收入占比相较于2006年下降明显，2016年全国水平为61.47%，比2006年下降了13.08个百分点，各省份也都有不同程度的下降。这与近几年就业市场形势严峻有关，再加上互联网行业的快速发展，在政府的“大众创业、万众创新”政策鼓励下，从事经营的机会增多，这也正好解释了经营性收入和财产性收入的占比增加明显。财产性收入的增加，也表明随着我国居民个人可支配收入的增多，对理财的需求也逐渐增加。转移性收入包括政策性补助等，因此，转移性收入占比全国水平下降明显，说明了我国居民生活水平提高，发展不均衡的问题有所减缓。

2016年西南地区与东北地区工资性收入占比普遍低于全国水平，不足60%，而西北地区，只有陕西（59.34%）工资性收入占比低于全国水平（61.47%）。具体来看，重庆的工资性收入占比下降了22.53个百分点，为工资性收入占比下降最多的省份。2016年青海城镇居民的工资性收入占比维持在较高水平，达到70.04%，在丝绸之路沿线省份中位居第一，与2006年的工资性收入占比相比，下降幅度很小。经营性收入占比整体呈现出增加的趋势，其中内蒙古和广西经营性收入占比增加最多，宁夏和黑龙江经营性收入占比基本没有变动。在财产性收入方面，云南的财产性收入占比增加最多，其次是甘肃。在转移性收入方面，青海的转移性收入占比从2006年的31.77%下降到2016年的17.03%，下降了14.74个百分点，位居第一，仅新疆和重庆两个省份的转移性收入占比增加。

表3-3 2016年按收入来源划分的城镇居民人均可支配收入

地区	工资性收入		经营性收入		财产性收入		转移性收入	
	金额/元	占比/%	金额/元	占比%	金额/元	占比/%	金额/元	占比/%
陕西	16 876.8	59.34	2 013.9	7.08	2 056.5	7.23	7 492.9	26.35
甘肃	16 751.2	65.20	1 960.6	7.63	2 355.8	9.17	4 625.9	18.00
青海	18 740.9	70.04	2 007.6	7.50	1 451.0	5.42	4 557.8	17.03
宁夏	18 032.9	66.41	2 824.4	10.40	1 255.4	4.62	5 040.3	18.56
新疆	19 173.4	67.36	2 940.5	10.33	1 279.3	4.49	5 070.3	17.81
内蒙古	20 354.9	61.73	5 465.9	16.58	1732.9	5.26	5 421.2	16.44
广西	16 492.8	58.23	4 804.8	16.96	2 229.2	7.87	4 797.7	16.94
云南	15 543.9	54.33	3 490.5	12.20	4 021.5	14.05	5 554.8	19.42
重庆	17 043.1	57.56	3 347.8	11.31	2 221.5	7.50	6 997.7	23.63
四川	16 219.1	57.24	3 326.7	11.74	2 363.5	8.34	6 426.0	22.68
辽宁	18 315.8	55.71	3 950.8	12.02	1 832.6	5.57	8 776.9	26.70
吉林	15 837.8	59.70	2518.9	9.49	1 388.1	5.23	6 785.7	25.58
黑龙江	15 008.6	58.32	2 670.7	10.38	1 305.3	5.07	6 751.8	26.23
全国	20 665.0	61.47	3 770.1	11.22	3 271.3	9.73	5 909.8	17.58

数据来源：根据《中国统计年鉴2017》相关数据资料整理计算。

三、农村居民家庭收入来源

居民可支配收入是减去所有税收、企业储蓄和折旧，加上支出和其他的转移支付之后的可以自由支配的收入，降低或取消税收，从另一个角度来说，也是在增加居民的收入。2006年中国大陆农村取消了存在了两千多年历史的农业税，作为政府解决“三农”问题的重要举措。农业税的废除不仅减轻了农民的负担，从现代税收机制角度来讲，该举措体现了税收的公平；从城乡差异角度来讲，该举措为农民减轻了负担，缩小了城乡之间的差异，同时，还符合“工业反哺农业”的趋势，其经济、社会、政治意义重大，也标志着中国进入改革开放的转型新时期。

表 3-4　2006 年按收入来源划分的农村居民人均可支配收入

地区	可支配收入/元	工资性收入		经营性收入		财产性收入		转移性收入	
		金额/元	占比/%	金额/元	占比/%	金额/元	占比/%	金额/元	占比/%
陕西	2 260.2	848.7	37.53	1 219.3	53.95	52.6	2.33	140.0	6.20
甘肃	2 134.1	637.3	29.86	1 291.8	60.53	52.6	2.46	152.3	7.14
青海	2 358.4	653.3	27.70	1 374.3	58.27	100.7	4.27	230.1	9.76
宁夏	2 760.1	823.1	29.82	1 662.1	60.22	53.3	1.93	221.6	8.03
新疆	2 737.2	254.1	9.28	2 323.0	84.87	58.6	2.14	101.5	3.71
内蒙古	3 341.9	590.7	17.68	2 406.2	72.00	84.8	2.53	260.2	7.78
广西	2 770.5	974.3	35.17	1 705.8	75.79	22.5	0.81	70.0	2.53
云南	2 250.5	441.8	19.63	1 631.6	72.50	82.2	3.65	94.9	4.22
重庆	2 873.8	1 309.9	45.58	1 349.6	46.96	27.3	0.95	187.1	6.51
四川	3 002.4	1 219.5	40.62	1 586.5	52.84	52.8	1.76	143.5	4.78
辽宁	4 090.4	1 499.5	36.66	2 210.8	54.05	141.8	3.47	238.3	5.83
吉林	3 641.1	605.1	16.62	2 556.7	70.22	187.7	5.16	291.6	8.01
黑龙江	3 552.4	654.9	18.44	2 521.5	70.98	145.7	4.10	230.4	6.49
全国	3 587.0	1 347.8	37.57	1 931.0	53.83	100.5	2.80	180.8	5.04

数据来源：根据《中国统计年鉴 2007》相关数据资料整理计算。

从表 3-4 可以看出，2006 年丝路沿线农村居民人均可支配收入来源与城镇居民家庭不同，其收入主要来源于经营性收入，占农村人均可支配收入的 53.83%，其次是工资性收入（37.57%）、转移性收入（5.04%），最后是财产性收入，仅占 2.8%。2006 年农村剩余劳动力尚未大批涌进城市，以新疆、黑龙江、吉林等为首的农业大省，靠棉花、大豆等农作物有稳定可观的收入，因此，农村居民可支配收入主要来源为耕作所得即经营性收入，其次是工资性收入。

在丝路沿线省份中，相对来说，2006 年经营性收入占比新疆（84.87%）最高，其经营性收入高于全国水平 392 元，但工资性收入占比在丝路沿线省份中最低，仅为9.28%，工资性收入低于全国水平1 093.7元，说明新疆农村居民的收入主要靠经营劳动所得。重庆（46.96%）和四川（52.84%）的经营性收入占比相对也较低，但在工资性收入占比方面，重庆和四川的均排名靠前，并且重庆的工资性收入占比与经营性收入占比接近，说明重庆农村居民的主要收入来源为经营性收入和工资性收入。以重庆和四川为代表的省份，经营性收入和工资性收入差距较小，在这些地区，工资性收入相对较为稳定，选择进城打工的人员较多，因此工资性收入明显高于新疆等地，与之形成鲜明的对比。

随着我国城镇化进程的不断推进，农村的剩余劳动力持续向城市输送，农民工进城总量依旧在增加，这意味着农村工资性收入占比将增加，而经营性收入占比减小。新生代农民工指“80后”的年青一代，是一个宽泛意义的名词，不仅指从事制造业和建筑业等体力劳动的农民工，也指户口为农村的城市白领，因此，农民工总体月均收入保持平稳增长，冰箱、洗衣机、家用小轿车等基础耐用消费品的拥有量也在快速提升，且从事金融、文娱教育等行业的人员占比持续增加，而从事制造、建筑等行业的人员占比则不断减小，无论从物质还是精神层面，农民工的生活都在不断提高。农村不是狭义上的行政区域划分，也包括广义上的生于农村、长于城市的一批人，解决“三农”问题不仅要改善行政区域上的农村居民生活，也要关注渴求共同发展机会的“漂浮”在城市的农村居民。

表3-5　2016年按收入来源划分的农村居民人均可支配收入

地区	可支配收入/元	工资性收入		经营性收入		财产性收入		转移性收入	
		金额/元	占比/%	金额/元	占比/%	金额/元	占比/%	金额/元	占比/%
陕西	9 396.4	3 916.0	41.68	3 057.9	32.54	159.0	1.69	2 263.6	24.09
甘肃	7 456.9	2 125.0	28.50	3 261.4	43.74	128.4	1.72	1 942.0	26.04
青海	8 664.4	2 464.3	28.44	3 197.0	36.90	325.2	3.75	2 677.8	30.91
宁夏	9 851.6	3 906.1	39.65	3 937.5	39.97	291.8	2.96	1 716.3	17.42
新疆	10 183.2	2 527.1	24.82	5 642.0	55.40	222.8	2.19	1 791.3	17.59
内蒙古	11 609.0	2 448.9	21.09	6 215.7	53.54	452.6	3.90	2 491.7	21.46

续表

地区	可支配收入/元	工资性收入		经营性收入		财产性收入		转移性收入	
		金额/元	占比/%	金额/元	占比/%	金额/元	占比/%	金额/元	占比/%
广西	10 359.5	2 848.1	27.49	4 759.2	45.94	149.2	1.44	2 603.0	25.13
云南	9 019.8	2 553.9	28.31	5 043.7	55.92	152.2	1.68	1 270.1	14.08
重庆	11 548.8	3 965.6	34.34	4 150.1	35.93	295.8	2.56	3 137.3	27.16
四川	11 203.1	3 737.6	33.37	4 525.2	40.39	268.5	2.40	2 671.8	23.85
辽宁	12 880.7	5 071.2	39.37	5 635.5	43.75	257.6	2.00	1 916.4	14.88
吉林	12 122.9	2 363.1	19.49	7 558.9	62.35	231.8	1.91	1 969.1	16.24
黑龙江	11 831.9	2 430.5	20.54	6 425.9	54.31	572.7	4.84	2 402.6	20.31
全国	12 363.4	5 021.8	40.62	4 741.3	38.35	272.1	2.20	2 328.2	18.83

数据来源：根据《中国统计年鉴》（2017）相关数据资料整理计算。

从表 3-5 可以看出，2016 年我国农村居民家庭可支配收入的来源有了很大变动，工资性收入和转移性收入的占比与 2006 年相比，均有大幅度提高，经营性收入和财产性收入占比均有所下降。其中，工资性收入的占比从 2006 年的 37.57%增长到 2016 年的 40.62%，增长了 3.05 个百分点，增长幅度不大，但 2016 年工资性收入占比已超过经营性收入占比（38.35%），居农村居民收入来源第一位。经营性收入占比从 2006 年的 53.83%下降到 2016 年的 38.35%，下降了 15.48 个百分点，下降幅度较大，到 2016 年已经下降到收入来源的第二位。转移性收入占比从 2006 年的 5.04%增长到 2016 年的 18.83%，增长了 13.79 个百分点，增长幅度较大，但依然位居农村居民收入来源的第三位。相对来说，2006—2016 年，农村居民财产性收入占比变化不大，仅下降了 0.6 个百分点。

具体来看，一方面，丝路沿线省份中，陕西农村工资性收入占可支配收入比例达到 41.68%，反超经营性收入占比 32.54%，宁夏与重庆工资性收入占比接近经营性收入占比。新疆、辽宁、吉林等农业大省经营性收入占比虽有所下降，但依旧保持着主要收入来源的地位。可见，虽然 2016 年全国农村居民工资性收入占比已居收入来源的首位，但丝路沿线大部分省份农村居民还是以经营性收入为主要收入来源。另一方面，丝路沿线省份经营性收入的占比均有所下降，工资性收入占比在提高，这也说明农村越来越多的劳动力开始进入城市。城市化进程对农村的影响巨大，农村居民的生活有极大的改善。财产性收入占比依旧较低，财产性收入包括红利、租金等，农村缺乏居住和生产资料，储蓄较少，虽然居民财富比 2006 年有所增加，但是对理财等需求较少。

“三农”问题是农业文明向工业文明过渡时必然要面对的一个问题，随着城镇化的推进，以工促农、以城带乡的策略取得较好的效果。丝路沿线农村居民家庭收入中工资性收入占比逐渐增大，经营性收入占比逐渐减小，这一变化将会进一步转变农村居民家庭的消费状况。

第二节　丝路沿线省份居民家庭消费状况

收入是消费的基础，收入水平稳定，消费水平才能逐步提升，因此收入的主要来源是决定消费水平的重要因素。随着“一带一路”倡议的实施，丝绸之路沿线区域居民的收入状况有所改善，是否会影响他们消费水平与消费结构，本节通过 2006—2016 年数据进行对比分析。

一、城乡总体消费状况

城乡居民总体消费状况体现居民的生活状况。总体来看，2006—2016 年丝绸之路沿线区域城乡居民消费水平均低于全国平均水平。农村居民消费支出增长速度要快于城镇居民。由表 3-6 可以看出，2006 年全国城镇人均消费水平为 8 696. 5 元，2016 年达到 23 078. 9 元，提高了 1. 65 倍，2006—2016 年，农村的人均消费水平从 2 829 元增长到 10 129. 8 元，提高了 2. 58 倍，并且农村年均增长率高于城镇 3. 35 个百分点，说明农村居民的消费支出增长速度高于城镇。西北、西南以及东北地区人均消费支出均低于全国平均水平。2006 年，西北地区城镇居民消费支出最低，其次是东北地区，西南地区消费支出最高。但在“丝绸之路经济带”相关利好政策的带动下，西北地区城镇

2016 年的消费支出超过西南，其中青海的城镇居民人均消费增速最高，2016 年青海城镇居民的人均消费支出上升至20 853. 2 元，高于西北地区的城镇平均支出水平，青海的农村居民支出水平到 2016 年也超过了西北地区平均水平，增长速度较快，其消费支出同时带动西北地区的整体消费水平。西北地区的农村人均消费支出虽然在 2016 年低于西南和东北地区，但其增速却位于丝路沿线省份前列，发展空间较大。

表 3-6　2006 年、2016 年城乡居民人均全年消费性支出

地区	2006 年		2016 年		年均增长率/ %	
	城镇/元	农村/元	城镇/元	农村/元	城镇	农村
全国	8 696. 5	2 829. 0	23 078. 9	10 129. 8	10. 25	13. 60
西北	6 998. 6	2 098. 9	20 270. 8	8 538. 5	11. 22	15. 06
陕西	7 553. 2	2 181. 0	19 368. 9	8 567. 7	9. 87	14. 66
甘肃	6 974. 1	1 855. 5	19 539. 2	7 487. 0	10. 85	14. 97
青海	6 530. 1	2 178. 9	20 853. 2	9 222. 2	12. 31	15. 52
宁夏	7 205. 5	2 246. 9	20 364. 2	9 138. 4	10. 95	15. 06
新疆	6 730. 0	2 032. 3	21 228. 5	8 277. 0	12. 17	15. 08
西南	7 773. 8	2 302. 5	19 395. 3	8 956. 9	9. 57	14. 55
广西	6 791. 9	2 413. 9	17 268 . 5	8 351. 2	9. 78	13. 21
重庆	9 398. 7	2 205. 2	21 030. 9	9 954. 4	8. 39	16. 27
四川	7 524. 8	2 395. 0	20 659. 8	10 191. 6	10. 63	15. 58
云南	7 379. 8	2 195. 6	18 622. 4	7 330. 5	9. 70	12. 81
东北	7 331. 8	2 795. 2	20 769. 2	9 632. 8	10. 97	13. 17
辽宁	7 987. 5	3 066. 9	24 995. 9	9 953. 1	12. 08	12. 49
吉林	7 352. 6	2 700. 7	19 166. 4	9 521. 4	10. 05	13. 43
黑龙江	6 655. 4	2 618. 2	18 145. 2	9 423. 8	10. 55	13. 66

数据来源：根据《中国统计年鉴 2007》和《中国统计年鉴 2017》相关数据资料整理计算。

具体来看，西南地区城镇年均增长率仅 9. 57%，低于全国水平（10. 25%），这也是导致其 2016 年城镇消费支出在全国排名靠后的主要因素之一。重庆农村年均增长率最高，达到 16. 27%，高于西南地区 1. 72 个百分点，但重庆的城镇年均增长率最低，说明 2006—2016 年，重庆城镇居民消费增长幅度较小，而农村近年来增长明显。东北地区 2016 年农村消费支出（9 632. 8 元）排名第一位，但仍低于全国水平（10 129. 8 元），并且仅有辽宁的城镇人均消费为 24 995. 9 元，超过全国水平（23 078. 9 元），带动了东北地区的消费水平。西北地区、西南地区和东北地区的城乡消费水平均低于全国水平，说明丝路沿线省份的城乡居民消费水平较低，需进一步改善其消费状况。

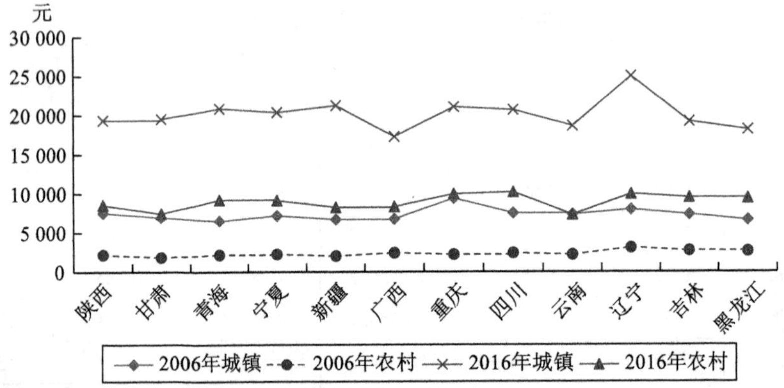

图 3-2　2006 年、2016 年城乡居民家庭人均全年消费性支出

数据来源：根据《中国统计年鉴》（2007 年、2017 年）相关数据计算而得。

由图 3-2 可知，居民人均消费支出增长明显，但城乡差距依然很大。2016 年城镇居民家庭人均全年消费性支出达到 20 000 元左右，农村仅为 10 000元左右。城乡差距是发展过程中的一个重要问题，可以明显看出，城镇的消费支出水平远高于农村，经过 10 年发展，2016 年农村的消费水平略高于 2006 年城镇的消费水平，农村消费水平明显低于城镇。但近年来，农村发展迅猛，农村居民生活水平日渐提高，在消费方面有较大提升空间。

二、居民家庭生活水平

恩格尔系数是衡量一个家庭或一个国家富裕程度的主要标准之一，指食品在居民生活消费支出中所占的比例，在八大类消费分类中，食品消费是生存型消费，处于支出的首要位置。伴随着收入的增加，消费支出也在增加，但是食品在消费支出中所占比例逐渐减小。因此，恩格尔系数越小，说明居民用于食品的消费支出占比越小，居民的生活质量越高。

表 3-7　2006 年、2016 年城乡居民恩格尔系数

地区	2006 年		2016 年	
	城镇/%	农村/%	城镇/%	农村/%
全国	35.8	43.0	29.3	32.2
西北	34.9	41.9	27.9	29.1
陕西	34.3	39.0	28.0	26.9
甘肃	34.5	46.7	29.6	31.3
青海	36.2	43.1	28.7	29.4
宁夏	33.9	41.4	24.0	26.5
新疆	35.5	39.9	29.1	31.7
西南	39.28	50.32	32.83	36.85
广西	42.07	49.6	34.38	34.5
重庆	36.34	52.2	32.73	38.7
四川	37.72	50.8	34.46	38.1
云南	42.04	48.8	29.69	35.3
东北	35.4	37.8	27.1	27.7
辽宁	38.8	41.2	27.6	26.9
吉林	33.4	40.1	26.0	28.6
黑龙江	33.3	35.3	27.7	27.7

数据来源：根据《中国统计年鉴》（2007）和《中国统计年鉴》（2017）相关数据资料整理计算。

由表 3-7 可以看出，全国平均城镇恩格尔系数由 2006 年的 35.8%下降至 2016 年的 29.3%，下降了 6.5 个百分点，农村由 2006 年的 43.0%下降到 2016 年的 32.2%，下降了 10.8 个百分点，农村居民的生活水平变化较大。虽然恩格尔系数总体呈现明显下降趋势，但各地区恩格尔系数相差较大。2016 年，西南地区城镇居民恩格尔系数（32.83%）高于西北地区（27.9%）和东北地区（27.1%），其中广西和四川的城镇恩格尔系数较高，分别为 34.38%和 34.46%。西北地区和东北地区除甘肃的城镇恩格尔系数高于全国水平之外，其余省份的恩格尔系数均低于全国城镇水平，并且城乡差距较小。2016 年，西北地区宁夏城镇和农村恩格尔系数均低于其他省份，分别为24%和26.5%。

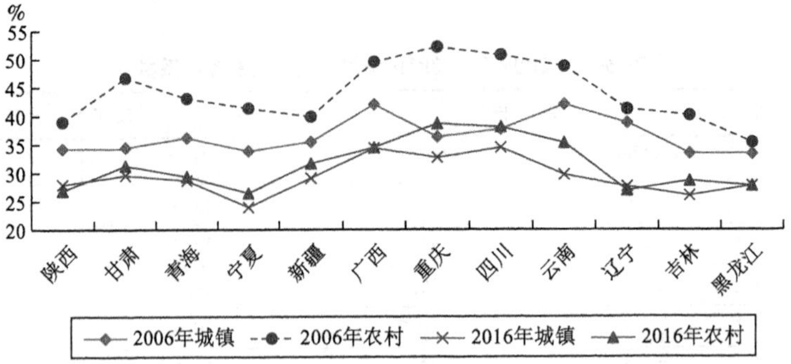

图3-3　2006年、2016年城乡居民恩格尔系数折线图

数据来源：根据《中国统计年鉴》（2007年、2017年）相关数据计算而得。

近年来，居民恩格尔系数保持不断下降的趋势，这也是居民生活不断提高的明显特征。恩格尔系数下降，意味着食品消费比例下降，居民有更大的空间增加发展型和享受型消费。如图3-3所示，2016年城乡居民恩格尔系数与2006年相比，均有一定幅度的下降，其中农村下降幅度高于城镇。但城镇居民的恩格尔系数依旧低于农村居民恩格尔系数，说明城乡居民生活水平还存在一定差距，城镇居民的生活质量较高。

第三节　丝路沿线省份居民家庭消费结构变动状况

居民家庭消费结构不仅反映了居民家庭在各方面的支出金额及支出比重，也反映了每个消费领域出现的问题，与整个国民经济的发展密切相关。对丝绸之路沿线地区城乡居民消费结构变动进行分析，既有利于引导城乡居民合理消费，又有利于区域经济快速发展，对加快我国丝绸之路城乡居民消费结构升级和促进经济发展具有重要参考价值。消费结构变动分析首先按照满足居民生活消费层次的大类，即生存型消费、发展型消费和享受型消费三大类，并结合国家统计局划分的消费项目，即食品烟酒、衣着、居住、交通通信、医疗保健、教育文化娱乐、生活用品及服务、其他用品及服务进行差异性分析。采用2006—2016年数据，分析丝绸之路沿线区域城乡居民家庭消费状况及差异。

一、城镇居民家庭消费结构变动及差异分析

（一）城镇生存型消费

生存型消费主要是满足居民基本生存需要的消费，目的是解决人们最基本的温饱问题。生存型消费属于基础层次的消费，需求弹性也比较小，人们只有在满足基础性消费的前提下，才能向更高层次的消费发展。生存型消费一般包括食品烟酒、衣着及居住三方面的支出。

1. 生存型消费支出

由表3-8可知，近10年来，全国城镇生存型消费的三个类别都呈上升趋势，其中居住类增长最快，增速为18.92%，说明近年来迅速增长的房价使得居民居住类消费增长幅度变大。丝绸之路沿线区域城镇居民生存型消费整体低于全国水平。此外，2006年和2016年，食品烟酒方面的人均支出在城镇生存型消费中占比最高，说明食品烟酒在生存型消费中依然占有重要的地位。

表3-8　2006年、2016年城镇居民家庭人均生存型消费支出

地区	食品烟酒			衣着			居住		
	2006年/元	2016年/元	年均增长率/%	2006年/元	2016年/元	年均增长率/%	2006年/元	2016年/元	年均增长率/%
全国	3 111.9	6 762.4	8.07	901.7	1 739.0	6.79	904.19	5 113.7	18.92
西北	2 439.1	5 648.7	8.76	834.9	1 795.1	7.95	741.1	3 711.6	17.48
陕西	2 588.9	5 422.0	7.67	768.4	1 542.2	7.21	746.6	3 681.5	17.30
甘肃	2 408.3	5 777.3	9.14	854.0	1 776.9	7.60	716.3	3 752.6	18.01
青海	2 366.4	5 975.7	9.71	724.9	1 963.5	10.48	653.0	3 809.4	19.29
宁夏	2 444.9	4 889.2	7.18	874.3	1 726.7	7.04	890.9	3 770.5	15.52
新疆	2 386.9	6 179.4	9.98	953.0	1 966.1	7.51	698.7	3 543.9	17.63
西南	3 053.5	6 366.8	7.63	754.2	1 447.1	6.73	773.8	3 789.1	17.22

续表

地区	食品烟酒			衣着			居住		
	2006 年/元	2016 年/元	年均增长率/%	2006 年/元	2016 年/元	年均增长率/%	2006 年/元	2016 年/元	年均增长率/%
广西	2 857.4	5 937.2	7.59	477.7	886.3	6.37	826.9	3 784.3	16.43
重庆	3 415.9	6 883.9	7.26	1 040.0	1 939.2	6.44	954.6	3 801.1	14.82
四川	2 838.2	7 118.4	9.63	754.9	1 767.5	8.88	728.4	3 756.5	17.83
云南	3 102.5	5 528.2	5.95	745.1	1 195.5	4.84	585.4	3 814.4	20.61
东北	2 591.7	5 632.2	8.07	908.6	1 981.6	8.11	883.2	3 865.7	15.91
辽宁	3 102.13	6 901.6	8.33	846.9	2 321.3	10.61	909.4	4 632.8	17.68
吉林	2 457.21	4 975.7	7.31	907.6	1 819.0	7.20	985	3 612.0	13.88
黑龙江	2 215.7	5 019.3	8.52	971.4	1 804.4	6.39	755.3	3 352.4	16.07

数据来源：根据《中国统计年鉴》（2007 年、2017 年）相关数据计算而得。

总的来说，西南地区在 2006 年和 2016 年食品烟酒方面的支出均高于西北和东北地区，但其年均增长率在三大地区中最低（7.63%），说明西南地区的城镇居民在食品烟酒方面的消费逐渐趋于稳定。2016 年东北地区在衣着方面的消费最高（1 981.6 元），超过全国平均水平（1 739.0 元），且近 10 年的年均增长率在三大地区中也是最高的，达到 8.11%，可以看出东北地区在衣着方面的消费势头良好。西北地区在 2006 年和 2016 年居住方面的消费均为最低，但其年均增长率高于其他地区。

在食品烟酒方面，西北地区的新疆年均增长率在丝路沿线省份中最高，达到9.98%，其消费支出由 2006 年的 2 386.9 元增长到 2016 年的6 179.4 元，绝对增量为 3 792.5 元。其次是青海，其年均增长率为 9.71%。而西南地区的云南近 10 年城镇人均支出年均增长较为缓慢，增速仅为 5.95%，且 2016 年消费支出在西南地区中最低，因此云南城镇居民在食品烟酒方面的支出需进一步提升。四川 2016 年的人均消费支出最高（7 118.4 元），为 9.63%，仅次于新疆和青海，体现出近 10 年来四川居民家庭生活在食品烟酒方面的消费水平显著提高。

在衣着方面，2016 年东北地区的辽宁城镇居民人均消费支出最高，达到

2 321.3元，超出全国平均水平（1 739.0 元），同时年均增长率达到10.61%，可以看出辽宁城镇居民在衣着方面消费水平较高。对比发现，西南地区的广西人均消费支出较低，远低于全国水平，且其近 10 年来的年均增速较缓，仅有 6.37%，说明广西在衣着支出方面有很大提升空间。

在居住方面，尽管 2016 年辽宁人均消费支出在丝路沿线地区中是最高的（4 632.8 元），但还是低于全国水平（5 113.7 元）。在丝路沿线省份中，只有青海（19.29%）、云南（20.61%）在居住消费方面的年均增长率超过全国的年均增长率。因此，丝路沿线地区相对于全国来说，其城镇居民的居住水平较低，上升空间较大。

2. 生存型消费构成

2006 年、2016 年城镇居民家庭人均生存型消费构成见表 3-9。从全国数据来看，在丝路沿线地区城镇居民生存型消费的三个支出项目中，10 年间居住类的人均消费占比年均增长率为 7.86%，而食品烟酒及衣着类年均增长率都为负值，说明 10 年间城镇居民食品烟酒和衣着方面的支出占比不断下降，而居住方面的支出占比逐渐增加。此外，食品烟酒支出占比的下降说明我国城镇居民生活水平在逐渐提高。

表 3-9　2006 年、2016 年城镇居民家庭人均生存型消费构成

地区	食品烟酒/%			衣着/%			居住/%		
	2006 年	2016 年	年均增长率	2006 年	2016 年	年均增长率	2006 年	2016 年	年均增长率
全国	35.78	29.3	−1.98	10.37	7.54	−3.14	10.4	22.16	7.86
西北	34.85	27.87	−2.21	11.93	8.86	−2.93	10.59	18.31	5.63
陕西	34.28	27.99	−2.01	10.17	7.96	−2.42	9.88	19.01	6.76
甘肃	34.53	29.57	−1.54	12.25	9.09	−2.94	10.27	19.21	6.46
青海	36.24	28.66	−2.32	11.1	9.42	−1.63	10	18.27	6.21
宁夏	33.93	24.01	−3.40	12.14	8.48	−3.52	12.37	18.52	4.12
新疆	35.47	29.11	−1.96	14.16	9.26	−4.16	10.38	16.69	4.86
西南	39.28	32.83	−1.78	9.70	7.46	−2.59	9.95	19.54	6.98
广西	42.07	34.38	−2.00	7.03	5.13	−3.1	12.17	21.91	6.06

续表

地区	食品烟酒/%			衣着/%			居住/%		
	2006年	2016年	年均增长率	2006年	2016年	年均增长率	2006年	2016年	年均增长率
重庆	36.34	32.73	−1.04	11.05	9.22	−1.79	10.16	18.07	5.93
四川	37.72	34.45	−0.90	10.03	8.56	−1.57	9.68	18.18	6.51
云南	42.04	29.69	−3.42	10.10	6.42	−4.43	7.93	20.48	9.95
东北	35.35	27.12	−2.62	12.39	9.54	−2.58	12.05	18.61	4.44
辽宁	38.84	27.61	−3.36	10.60	9.29	−1.31	11.39	18.53	4.99
吉林	33.42	25.96	−2.49	12.34	9.49	−2.59	13.40	18.85	3.47
黑龙江	33.29	27.66	−1.84	14.60	9.94	−3.77	11.35	18.48	5.00
丝路沿线区域	36.49	29.27	−2.20	11.34	8.62	−2.70	10.86	18.82	5.68

数据来源：根据《中国统计年鉴》（2007）和《中国统计年鉴》（2017）相关数据资料整理。

从丝绸之路沿线省份来看，城镇人均生存型消费结构变动与全国一致。除了2016年的衣着类城镇人均支出占比高于全国水平，达到8.62%外，其余的两项都比全国低。生存型消费的占比越低，意味着居民生活水平越好。

具体来说，东北地区近10年来食品烟酒类的占比递减速度最快，其2016年在食品烟酒方面的占比仅有27.12%，体现出东北地区居民家庭生活水平越来越高。西南地区2016年衣着类的消费占比最低（7.46%），其年均增速也为负，可看出西南地区的城镇居民的消费观念正在逐渐转变。在2016年，西北、西南和东北地区居住类消费占比均低于全国水平，说明丝路沿线省份的居住水平相对较低。

在食品烟酒方面，2016年西北地区的宁夏消费占比最小，仅为24.01%，下降幅度较大，年均增长率为−3.4%，可以看出宁夏城镇居民的生活水平逐渐提高。而西南地区的四川在2016年消费占比最高，达到34.45%，说明四川的食品烟酒类消费构成与丝路其他省份相比，下降速度较为缓慢，还需进一步优化消费结构。

在衣着方面，近10年来占比下降幅度最大的是西南地区的云南，其2016年的消费占比也较低（6.42%）。与之相反，在2016年，东北地区的辽宁的消费占比达到9.29%，比全国平均占比多1.75个百分点，且年均下降率最低。

在居住方面，西南地区的云南消费占比从2006年的7.93%增长到2016年的20.48%，年均增长率为9.95%，呈现出较大幅度的增长。而东北地区的吉林在近10年来消费占比的年均增长率仅为3.47%，在丝路沿线省份中增速最低，比全国平均年均增长率低4.39个百分点。居住类消费占比近10年持续增加，说明近些年房价的上涨对丝路沿线地区居住类消费造成了一定的影响。

（二）城镇发展型消费

发展型消费即满足居民寻求更好、更高质量的发展而产生的消费需求，包括交通通信、医疗保健及教育文化娱乐三方面的支出。

1. 发展型消费支出

近年来，随着人民生活水平的提高，人均发展型消费的比重也在不断增加。由表3-10可知，近10年来我国城镇居民发展型消费逐年增加，增长最快的是交通通信类，年均增长率达到10.71%。

表3-10 2006年、2016年城镇居民家庭人均发展型消费支出

地区	交通通信			医疗保健			教育文化娱乐		
	2006年/元	2016年/元	年均增长率/%	2006年/元	2016年/元	年均增长率/%	2006年/元	2016年/元	年均增长率/%
全国	1 147.12	3 173.9	10.71	620.54	1 630.8	10.14	1 203.00	2 637.60	8.17
西北	764.20	3 001.7	14.66	553.8	1 831.9	12.71	954.90	2 393.90	9.63
陕西	824.46	2 455.7	11.53	612.3	2 016.7	12.66	1 280.10	2 474.00	6.81
甘肃	703.07	2 517.9	13.61	562.74	1 583.4	10.9	1 034.40	2 322.10	8.42
青海	753.07	3 064.3	15.07	542.93	1 750.4	12.42	793.70	2 352.90	11.48
宁夏	774.57	3 896.5	17.53	578.75	1 874	12.47	846.70	2 415.70	11.05
新疆	765.72	3 074.1	14.91	472.35	1 934.8	15.14	819.70	2 404.90	11.36
西南	961.80	2 580.8	10.37	539.2	1 429	10.24	1 007.90	2 115.20	7.69
广西	785.00	2 259.8	11.15	401.1	1 065.9	10.27	850.90	2 003.00	8.94
重庆	976.00	2 573.9	10.18	705.7	1 700	9.19	1 449.50	2 232.40	4.41
四川	1 009.40	2 697.6	10.33	449.9	1 423.4	12.21	976.30	2 008.40	7.48
云南	1 076.90	2 791.2	9.99	600.1	1 526.7	9.79	754.70	2 217.00	11.38

续表

地区	交通通信			医疗保健			教育文化娱乐		
	2006年/元	2016年/元	年均增长率/%	2006年/元	2016年/元	年均增长率/%	2006年/元	2016年/元	年均增长率/%
东北	759.20	2 867.0	14.21	691.0	2 126.8	11.9	862.69	2 465.83	11.07
辽宁	797.60	3 447.0	15.76	767.1	2 313.6	11.67	853.9	3 018.50	13.46
吉林	815.00	2 691.0	12.69	671.4	2 059.2	11.86	890.2	2 367.50	10.28
黑龙江	665.00	2 462.9	13.99	634.3	2 007.5	12.21	843.9	2 011.50	9.07

数据来源：根据《中国统计年鉴》（2007）和《中国统计年鉴》（2017）相关数据资料整理。

从三大地区来说，西北地区在交通通信方面的支出增长较快，近10年的年均增长率达到14.66%，比全国平均增长率高出3.95个百分点。2016年西南地区医疗保健类支出是三大地区中最低的（1 429元），且其年均增长率也不高，仅为10.24%，说明西南地区城镇居民医疗保健消费水平还有提升空间。东北地区近10年来在教育文化娱乐方面的支出年均增长率最高，达到11.07%，从2006年的862.69元增长到2016年的2 465.83元，绝对增量为1 603.14元，说明东北地区城镇居民人均教育文化娱乐消费水平提升较快。

在交通通信方面，10年间西北地区的宁夏年均增长率最高，达到17.53%，高出全国平均增长率6.82个百分点，而西南地区的云南年均增长率最低，仅有9.99%，两者相差较大，说明区域发展不平衡对交通通信类的支出产生了一定的影响。此外，2016年丝绸之路沿线省份中只有宁夏（3 896.5元）和辽宁（3 447元）超过了全国平均水平（3 173.9元），可以看出丝路沿线省份交通通信类消费水平还有提升空间。

在医疗保健方面，西南地区的重庆年均增长率最低，仅有9.19%，但重庆2016年的城镇人均支出达到1 700元，超出了全国的平均水平（1 630.8元），说明重庆居民医疗保健类的支出水平较高，相应提升了重庆城镇居民在发展型消费方面的支出。西北地区的新疆年均增长率最高（15.14%），说明近10年来新疆的医疗保健水平发展较快，使得城镇居民愿意将更多的支出投入医疗保健方面。

在教育文化娱乐方面，近10年来增长最快的是东北地区的辽宁，年均增长率为13.46%，从2006年的853.9元增长到2016年的3 018.50元，提升幅度较大，也说明辽宁省城镇居民家庭在文娱方面的需求日益增多。而西南地区的重庆年均增长率最低（4.41%），且其2016年在教育文化娱乐方面的支出为2 232.40元，比全国（2 637.60元）小，可以看出重庆在教育文化娱乐方面还需进一步发展。

2. 发展型消费构成

2006年、2016年城镇居民家庭人均发展型消费构成见表3-11。总体来看，我国城镇居民人均交通通信类支出占比呈现增长趋势，而医疗保健类与教育文化娱乐类消费占比均呈负增长趋势，年均增长率分别为-0.1%和-1.89%。丝绸之路沿线区域2016年的城镇发展型消费的人均支出占比均高于全国，发展型消费的占比变高，意味着居民消费水平在不断提高，百姓生活质量也在不断提高。

表3-11　2006年、2016年城镇居民家庭人均发展型消费构成

地区	交通通信/%			医疗保健/%			教育文化娱乐/%		
	2006年	2016年	年均增长率	2006年	2016年	年均增长率	2006年	2016年	年均增长率
全国	13.19	13.75	0.42	7.14	7.07	-0.1	13.83	11.43	-1.89
西北	10.92	14.81	3.09	7.91	9.04	1.34	13.64	11.81	-1.43
陕西	10.92	12.68	1.51	8.11	10.41	2.53	16.95	12.77	-2.79
甘肃	10.08	12.89	2.49	8.07	8.1	0.04	14.83	11.88	-2.19
青海	11.53	14.69	2.45	8.31	8.39	0.1	12.15	11.28	-0.74
宁夏	10.75	19.13	5.93	8.03	9.2	1.37	11.75	11.86	0.09
新疆	11.38	14.48	2.44	7.02	9.11	2.64	12.18	11.33	-0.72
西南	12.37	13.31	0.74	6.94	7.37	0.6	12.97	10.91	-1.71
广西	11.56	13.09	1.25	5.9	6.17	0.45	12.53	11.6	0.77
重庆	10.38	12.24	1.66	7.51	8.08	0.73	15.42	10.61	-3.67
四川	13.41	13.06	-0.26	5.98	6.89	1.43	12.97	9.72	-2.84
云南	14.59	14.99	0.27	8.13	8.2	0.09	10.23	11.91	1.53
东北	10.36	13.8	2.92	9.42	10.24	0.83	11.77	11.87	0.09
辽宁	9.99	13.79	3.28	9.6	9.26	-0.37	10.69	12.08	1.23

续表

地区	交通通信/%			医疗保健/%			教育文化娱乐/%		
	2006年	2016年	年均增长率	2006年	2016年	年均增长率	2006年	2016年	年均增长率
吉林	11.08	14.04	2.39	9.13	10.74	1.64	12.11	12.35	0.2
黑龙江	9.99	13.57	3.11	9.53	11.06	1.5	12.68	11.09	-1.34
丝路沿线区域	11.22	13.97	2.25	8.09	8.88	0.92	12.79	11.53	-1.02

数据来源：根据《中国统计年鉴2007》和《中国统计年鉴2017》相关数据资料整理。

从三大地区来说，近10年来西北地区城镇居民在交通通信方面的支出比重增长率较高（3.09%），比全国平均增长率高出2.67个百分点，且其2016年的占比也是丝路沿线三大地区中最高的，达到14.81%，说明近年来西北地区交通通信水平发展较快。与全国消费情况不同的是，三大地区医疗保健类的支出比重逐年增加，而全国的年均增长率为-0.1%，由此可见，丝路沿线地区医疗保健发展趋势良好。除了东北地区教育文化娱乐占比年均增长率为0.09%外，其他地区都在减小，但是减小的幅度低于全国。

在交通通信方面，丝路沿线省份中只有西南地区的四川消费占比呈现负增长（-0.26%），且其2016年的消费占比（13.06%）也低于全国平均占比（13.75%），说明四川在交通通信方面有发展空间。而消费占比增长最迅速的是西北地区的宁夏，年均增长率达到5.93%，比全国年均增长率（0.42%）多出5.51个百分点，说明宁夏近年来在交通通信方面的支出水平发展尤为迅速。

在医疗保健方面，消费占比增长最快的是西北地区的新疆（2.64%），从2006年的7.02%增长到2016年的9.11%，而东北地区的辽宁近10年来出现负增长趋势，也是丝路沿线省份中唯一年均增长率为负的省份。需要注意的是，黑龙江2016年的消费占比最高，达到11.06%，比全国的平均占比（7.07%）多了3.99个百分点，但其年均增长率不高，说明黑龙江在医疗保健方面的消费水平发展趋于稳定。

在教育文化娱乐方面，2016年西北地区的陕西城镇居民在教育文化娱乐方面的支出占比为12.77%，在丝绸之路沿线省份中排名最高，其次是东北地区的吉林（12.35%）。从年均增长率来看，西南地区的云南增速最高，达到

1.53%，而重庆的年均增长率为负值，差距较为明显。

（三）城镇享受型消费

享受型消费即满足居民物质需求以外的更高层次的需要而产生的消费，主要是指居民家庭中用于生活享受的消费，是在人们已经满足了基本生存需要之后的较高层次的消费。享受型消费包括生活用品及服务、其他用品及服务两类消费。

1. 享受型消费支出

由表3-12可知，近10年来我国城镇的人均享受型消费在显著地增长，其中生活用品及服务人均消费从2006年的498.48元增长到2016年的1 426.8元，绝对增量为928.32元，年均增长率达到11.09%。从享受型消费支出的增加可以看出，我国城镇居民的消费观念逐渐转变，消费质量不断提升，但是丝绸之路沿线区域居民家庭人均享受型消费支出整体低于全国平均水平。

表3-12　2006年、2016年城镇居民家庭人均享受型消费支出

地区	生活用品及服务			其他用品及服务		
	2006年/元	2016年/元	年均增长率/%	2006年/元	2016年/元	年均增长率/%
全国	498.48	1 426.8	11.09	309.49	594.7	6.75
西北	429.50	1 361.56	12.23	280.98	526.38	6.48
陕西	478.58	1 367.70	11.07	253.84	409	4.89
甘肃	403.80	1 329.10	12.65	291.46	479.9	5.11
青海	420.31	1 322.10	12.14	275.66	614.9	8.35
宁夏	480.70	1 245.10	9.98	314.49	546.6	5.68
新疆	364.11	1 543.80	15.54	269.45	581.5	8.00
西南	454.30	1 236.30	10.53	229.2	431.3	6.52
广西	360.60	1 032.80	11.10	232.4	299.3	2.55
重庆	615.70	1 466.00	9.06	242.3	434.3	6.00
四川	505.80	1 311.10	9.99	261.9	577.1	8.22
云南	335.10	1 135.10	12.97	180.1	414.3	8.68
东北	333.40	1 228.10	13.93	302.1	602.0	7.14
辽宁	362.10	1 558.20	15.71	348.2	802.8	8.71

续表

地区	生活用品及服务			其他用品及服务		
	2006 年/元	2016 年/元	年均增长率/%	2006 年/元	2016 年/元	年均增长率/%
吉林	318.70	1 107.10	13.26	307.6	534.9	5.69
黑龙江	319.40	1 018.90	12.30	250.4	468.3	6.46

数据来源：根据《中国统计年鉴 2007》和《中国统计年鉴 2017》相关数据资料整理。

从三大地区来说，近 10 年来东北地区享受型消费的各项年均增长率都比全国高，说明东北三省的城镇人均享受型消费正迅速攀升。其中，东北三省在生活用品及服务方面的年均增长率最高，达到 13.93%，比全国平均增长率（11.09%）多 2.84 个百分点，说明东北地区在生活用品及服务方面的支出增长较为迅速。西南地区在生活用品及服务方面的年均增长率最低（10.53%），且其 2016 年的支出（1 236.3 元）比全国平均水平（1 426.8 元）少，可以看出，西南地区在生活用品及服务方面的消费水平有待提高。此外，西北地区在其他用品及服务方面的年均增长率最低（6.48%），说明在该方面的消费潜力还需进一步挖掘。

在生活用品及服务方面，东北地区的辽宁在近 10 年来，其年均增长率最高（15.71%），且 2016 年在该方面的支出总量也相对最高，达到 1 558.2 元，体现出辽宁在该方面的消费水平提升迅速。而西南地区的重庆年均增长率是丝路沿线省份中最低的，只有 9.06%，但其 2016 年的支出为 1 466.0 元，高于西南地区的消费水平，说明重庆城镇居民在生活用品及服务方面的发展已经趋于稳定。

在其他用品及服务方面，东北地区的辽宁不仅在年均增长率中位居第一（8.71%），并且在 2016 年的支出总量也是最高的，达到 802.8 元，超出了全国平均水平（594.7 元）。而 2006—2016 年，西南地区的广西在其他用品及服务方面的年均增长率最低，仅有 2.55%，并且其消费支出水平在丝路沿线省份中偏低。

2. 享受型消费构成

2006 年、2016 年城镇居民家庭人均享受型消费构成见表 3-13。近 10 年来全国居民在其他用品及服务方面的人均支出占比不断下降，年均增长率为-3.17%，说明我国城镇居民在其他用品及服务方面的消费需求应进一步提升。

表 3-13　2006 年、2016 年城镇居民家庭人均享受型消费构成

地区	生活用品及服务			其他用品及服务		
	2006 年/%	2016 年/%	年均增长率/%	2006 年/%	2016 年/%	年均增长率/%
全国	5.73	6.18	0.76	3.56	2.58	-3.17
西北	6.14	6.72	0.91	4.01	2.6	-4.24
陕西	6.34	7.06	1.08	3.36	2.11	-4.55
甘肃	5.79	6.8	1.62	4.18	2.46	-5.16
青海	6.44	6.34	-0.16	4.22	2.95	-3.52
宁夏	6.67	6.11	-0.87	4.36	2.68	-4.75
新疆	5.41	7.27	3.00	4	2.74	-3.71
西南	5.84	6.37	0.87	2.95	2.33	-2.33
广西	5.31	5.98	1.20	3.42	1.73	-6.59
重庆	6.55	6.97	0.62	2.58	2.06	-2.23
四川	6.72	6.35	-0.56	3.48	2.79	-2.19
云南	4.54	6.09	2.98	2.44	2.22	-0.94
东北	4.55	5.91	2.66	4.12	2.90	-3.46
辽宁	4.53	6.23	3.24	4.36	3.21	-3.01
吉林	4.33	5.78	2.91	4.18	2.79	-3.97
黑龙江	4.80	5.62	1.58	3.76	2.58	-3.70
丝路沿线区域	5.51	6.33	1.48	3.69	2.61	-3.34

数据来源：根据《中国统计年鉴》(2007) 和《中国统计年鉴》(2017) 相关数据资料整理。

从三大地区来说，东北地区的生活用品及服务的消费占比增长最为迅速(2.66%)，比全国 (0.76%) 高了 1.9 个百分点。此外，西北地区 2016 年在生活用品及服务方面的占比最高，达到 6.72%。三大地区在其他用品及服务方面的消费结构变化与全国类似，均呈现出不同程度的负增长。

在生活用品及服务方面，近 10 年来消费占比增长最多的是西北地区的辽宁，其年均增长率达到 3.24%，远超过全国 (0.76%) 的增长速度。此外，青海、宁夏及四川在该方面的消费占比均出现了不同程度的下降，其中下降幅度最大的是宁夏。新疆2016年在生活用品及服务方面的占比是丝路沿线省份中最高的，达到7.27%，且其年均增长率为3%，说明新疆近10年在该方面的消费水平保持良好增长态势。

在其他用品及服务方面，与全国消费结构变化类似，丝路沿线省份消费占比均在减小，其中减小最多的是西南地区的广西，而其2016年的消费占比也最低，仅有1.73%，意味着广西在该方面的消费仍有巨大的增长空间。

从整个丝绸之路沿线省份的数据来看，2016年的城镇享受型消费的人均支出占比都比全国高，且结构变化与全国一致。需要注意的是，在其他用品及服务方面，无论是全国还是丝路沿线省份，消费占比都在减小，说明我国丝路沿线城镇的享受型的人均支出还有增加的空间。

二、农村居民家庭消费结构变动及差异分析

丝绸之路沿线区域农村居民家庭的收入水平普遍偏低，区域内居民家庭消费水平、消费结构在“一带一路”倡议推动下，会出现不同程度的改变。

（一）农村生存型消费

生存型消费是指与人们日常生活中的吃、穿、住等方面密不可分的消费，主要指食品烟酒、衣着、居住消费等。生存型消费是人们赖以生存的基础型消费，是其他消费存在的前提。

1. 生存型消费支出

由表3-14可知，农村生存型消费与城镇消费状况类似。2006年和2016年，食品烟酒人均支出金额都是农村生存型消费中最高的。此外，全国农村家庭居住类年均增长率达到16.43%，超出了衣着与食品烟酒的年均增长率，说明在农村家庭生存型消费中居住类消费逐年攀升，居住条件不断得到改善。

表 3-14　2006 年、2016 年农村居民家庭人均生存型消费支出

地区	食品烟酒			衣着			居住		
	2006 年/元	2016 年/元	年均增长率/%	2006 年/元	2016 年/元	年均增长率/%	2006 年/元	2016 年/元	年均增长率/%
全国	1 216.9	3 266.1	10.38	168.0	575.4	13.10	468.9	2 147.1	16.43
西北	878.9	2 481.66	10.94	150.6	602.44	14.87	348.9	1 625.8	16.63
陕西	850.2	2 307	10.50	138.6	510.9	13.94	340.6	2 026.5	19.52
甘肃	865.9	2 342.6	10.46	97.2	482.5	17.37	251.8	1 341.1	18.21
青海	938.5	2 715.4	11.21	170.8	635.6	14.04	366.4	1 486.6	15.03
宁夏	929.2	2 419.1	10.04	159.1	672.9	15.51	414.6	1 631.4	14.68
新疆	810.7	2 624.2	12.46	187.0	710.3	14.28	371.5	1 643.4	16.03
西南	1 158.6	3 300.9	11.04	105.0	446.8	15.58	360.9	1 719.8	16.90
广西	1 196.1	2 880.4	9.19	79.9	252.0	12.17	424.9	1 903.8	16.18
重庆	1 151.0	3 850.7	12.84	113.3	591.1	17.96	254.2	1 660.2	20.64
四川	1 216.2	3 886.6	12.32	133.3	640.6	17.01	328.6	1 918.5	19.30
云南	1 071.1	2 586.0	9.21	93.6	302.6	12.46	435.9	1 396.1	12.35
东北	1 056.2	2 669.9	9.72	211.0	630.1	11.56	471.2	1 780.7	14.22
辽宁	1 162.5	2 678.6	8.71	243.0	636.7	10.11	509.7	1 906.5	14.10
吉林	1 082.3	2 721.9	9.66	191.2	606.2	12.23	344.0	1 817.1	18.11
黑龙江	923.7	2 609.1	10.94	199.0	647.5	12.52	560.0	1 618.4	11.20

数据来源：根据《中国统计年鉴 2007》和《中国统计年鉴 2017》相关数据资料整理。

从三大地区来说，西北地区的食品烟酒类和居住类支出均低于全国水平，其年均增长率却与全国水平基本持平，但衣着类消费在 2016 年高于全国水平，年均增长率也相对高于全国水平 1.77 个百分点。西南地区衣着类和居住类的消费水平低于全国水平，同时年均增长率高于全国水平。东北地区的居住类消费高于其他两个地区，但其年均增长率较低（14.22%）。

在食品烟酒方面，西南地区的四川和重庆在 2016 年的消费支出分别为 3 886.6 元和 3 850.7 元，均高于丝路沿线其他省份，且其年均增长率同时位居前列。西北地区的新疆食品烟酒消费由 2006 年的 810.7 元增长至 2016 年的 2 624.2 元，虽然 2016 年的消费水平不高，但其年均增长率却达到 12.46%，表现出良好的发展势头。年均增长率最低的是东北地区的辽宁，仅为8.71%，相对于其他省份，辽宁的农村居民在食品烟酒方面的消费增速较为缓慢。

在衣着支出方面，2016年西北地区的新疆消费支出在沿线省份中最高，达710.3元，其年均增长速度为14.28%，说明随着居民生活水平的提高，新疆农村居民在衣着方面的需求逐渐升高，其消费支出也随之升高。西南地区广西和云南的农村居民的衣着消费支出均较低，2006—2016年的绝对增量分别为172.1元和209元，并且其年均增长率在西南地区中处于最低水平，可见，广西和云南在衣着方面的需求较为简单。从年均增长速度来看，东北地区的辽宁在丝路沿线省份中最低，为10.11%，但其2016年的消费支出高于全国水平，说明辽宁的农村居民在衣着方面的支出上升空间较小。

在居住方面，西北地区的陕西在2016年的消费支出为2 026.5元，相比于其他丝路沿线省份较高，且年均增长率为19.52%，说明陕西农村居民的居住水平相对较高。甘肃的居住支出在丝路沿线省份中最低，为1 341.1元，但其年均增长率较高，可见甘肃农村居民在居住支出方面发展空间较大。从年均增长速度来看，西南地区的重庆高达20.64%，虽然2006年的居住支出仅为254.2元，在西南地区中处于最低水平，但2016年的居住支出已超过云南，其消费水平明显上升。东北地区的黑龙江在2006年的消费水平最高，为560元，到2016年仅增长至1 618.4元，10年间的增长幅度并不大，且年均增长率最低（11.20%），可以看出黑龙江农村居民在居住方面的消费需求不高，使得其消费支出增长较为缓慢。

2. 生存型消费构成

表3-15为2006年、2016年农村居民家庭人均生存型消费构成。丝路沿线地区农村居民生存型消费中，2006年全国农村居民在食品烟酒方面的支出占比为43.02%，而2016年的占比降到32.24%。可以看出，这10年间全国农村居民食品烟酒方面的支出占比有所下降。2006年全国农村居民在衣着方面的支出占比比2016年仅高出0.26个百分点，差距较小，可以看出农村居民在衣着方面的支出较为稳定。2016年农村居民在居住方面的消费占比略高于2006年，说明农村居民的居住水平逐渐升高。

表 3-15　2006 年、2016 年农村居民家庭人均生存型消费构成

地区	食品烟酒/%			衣着/%			居住/%		
	2006 年	2016 年	年均增长率	2006 年	2016 年	年均增长率	2006 年	2016 年	年均增长率
全国	43. 02	32. 24	-2. 84	5. 94	5. 68	-0. 45	16. 58	21. 2	2. 49
西北	41. 87	29. 06	-3. 59	7. 17	7. 06	-0. 15	16. 63	19. 04	1. 36
陕西	38. 98	26. 93	-3. 63	6. 35	5. 96	-0. 63	15. 62	23. 65	4. 24
甘肃	46. 67	31. 29	-3. 92	5. 24	6. 44	2. 08	13. 57	17. 91	2. 81
青海	43. 07	29. 44	-3. 73	7. 84	6. 89	-1. 28	16. 81	16. 12	-0. 42
宁夏	41. 35	26. 47	-4. 36	7. 08	7. 36	0. 39	18. 45	17. 85	-0. 33
新疆	39. 89	31. 7	-2. 27	9. 2	8. 58	-0. 70	18. 28	19. 86	0. 83
西南	50. 32	36. 85	-3. 07	4. 56	4. 99	0. 91	15. 67	19. 20	2. 05
广西	49. 55	34. 49	-3. 56	3. 31	3. 02	-0. 91	17. 6	22. 80	2. 62
重庆	52. 19	38. 69	-2. 95	5. 14	5. 94	1. 46	11. 53	16. 68	3. 76
四川	50. 78	38. 14	-2. 82	5. 57	6. 29	1. 22	13. 72	18. 83	3. 22
云南	48. 78	35. 27	-3. 19	4. 26	4. 13	-0. 31	19. 85	19. 04	-0. 42
东北	37. 78	27. 72	-3. 05	7. 55	6. 54	-1. 42	16. 86	18. 49	0. 93
辽宁	37. 91	26. 91	-3. 37	7. 92	6. 40	-2. 12	16. 62	19. 15	1. 43
吉林	40. 07	28. 59	-3. 32	7. 08	6. 37	-1. 05	12. 74	19. 08	4. 13
黑龙江	35. 28	27. 69	-2. 39	7. 60	6. 87	-1. 00	21. 39	17. 17	-2. 17
丝路沿线区域	43. 32	31. 21	-3. 24	6. 43	6. 20	-0. 22	16. 39	18. 91	1. 47

数据来源：根据《中国统计年鉴 2007》和《中国统计年鉴 2017》相关数据资料整理。

从三大地区来说，2006—2016 年，西南地区在食品烟酒方面的占比变化较大，由 2006 年的 50. 32%下降至 2016 年的 36. 85%，而在衣着方面较为稳定，说明西南地区农民居民的消费观念逐步转变。东北地区 2016 年的食品烟酒和衣着方面的消费占比低于 2006 年；在居住方面，2016 年的消费占比高于 2006 年。

在食品烟酒方面，西北地区的宁夏的消费占比由 2006 年的 41. 35%降低到 2016 年的 26. 47%，降幅较大，年均增长率为-4. 36%，在丝路沿线省份中，宁夏食品烟酒方面支出的下降速度最快，说明宁夏农村居民有更大的优势和条件进一步向发展型消费过渡。西南地区的重庆和四川2006年和2016的消费占比均处于丝路沿线省份中最高，并且其年均下降的速度较为缓慢。

在衣着方面，2006—2016年，丝路沿线各地的消费占比差距较小。西北地区的甘肃年均增长率在丝路沿线省份中最高，达到2.08%。而东北地区的辽宁消费占比下降速度最快，由2006年的7.92%下降至2016年的6.4%，年均增长率为-2.12%，辽宁农村居民在衣着方面消费的降低，为进一步向发展型消费过渡提供了有利条件。

在居住方面，2006—2016年，丝路沿线省份中消费占比差距最大的是西北地区的陕西，由2006年的15.62%增长到2016年的23.65%，绝对增量为8.03个百分点，年均增长率为4.24%，在丝路沿线省份中位居第一。而西南地区的云南和东北地区的黑龙江的年均增长率均为负值，说明云南和黑龙江的农村居民居住类的消费呈负增长。

（二）农村发展型消费

随着温饱及居住需求的逐步满足，农村居民对物质文化、精神层次以及健康管理的需求有了新的认识，居民花费在交通通信和医疗保健方面的支出也在大幅增长，消费开始向品牌化、时尚化以及个性化等方面倾斜，因此这些项目在农村居民家庭消费总支出中的重要性明显提高。

1. 发展型消费支出

如表3-16所示，2016年全国农村居民在发展型方面的平均消费水平均高于2006年，增长势头良好。其中，交通通信方面的年均增长率最高（18.22%），发展速度快于医疗保健和教育文化娱乐消费支出。

表3-16　2006年、2016年农村居民家庭人均发展型消费支出

地区	交通通信			医疗保健			教育文化娱乐		
	2006年/元	2016年/元	年均增长率/%	2006年/元	2016年/元	年均增长率/%	2006年/元	2016年/元	年均增长率/%
全国	288.8	1 539.9	18.22	191.5	929.2	17.11	305.1	1 070.3	13.37
西北	216.6	1 299.5	19.62	178.6	1 006.3	18.87	193.8	942.7	17.14
陕西	216.7	879.8	15.04	195.6	1 044.1	18.23	296.1	1 102.9	14.05

续表

地区	交通通信			医疗保健			教育文化娱乐		
	2006 年/元	2016 年/元	年均增长率/%	2006 年/元	2016 年/元	年均增长率/%	2006 年/元	2016 年/元	年均增长率/%
甘肃	174.6	954.6	18.52	127.4	821.3	20.49	228.4	965.5	15.51
青海	255.8	1 577	19.95	192.8	1 278.8	20.83	118.7	851.4	21.78
宁夏	226.4	1 509.6	20.89	187.6	1 040.6	18.69	168.9	1 077.5	20.36
新疆	209.5	1 226.5	19.33	189.7	846.8	16.14	157.0	716.4	16.39
西南	196.7	1 061.3	18.36	145.5	806.8	18.68	190.6	925.1	17.11
广西	239.5	972.0	15.04	123.9	781.8	20.23	198.2	1 000.8	17.58
重庆	186.6	1 066.6	19.05	159.70	852.3	18.23	189.7	1 072.5	18.91
四川	203.6	1 174.0	19.15	160.30	972.5	19.76	196.6	707.2	13.66
云南	157.3	1 032.2	20.70	138.20	620.1	16.20	177.9	920.0	17.86
东北	300.1	1 488.8	17.37	259.30	1 213.2	16.68	327.0	1 251.8	14.37
辽宁	337.08	1 663.9	17.31	267.86	1 139.2	15.58	354.6	1 274.2	13.65
吉林	295.99	1 334.5	16.25	256.28	1 230.5	16.99	346.8	1 231.7	13.51
黑龙江	267.10	1 468.1	18.58	253.80	1 269.9	17.47	279.7	1 249.4	16.15

数据来源：根据《中国统计年鉴 2007》和《中国统计年鉴 2017》相关数据资料整理。

从三大地区来说，2006—2016 年，东北地区在发展型消费各个项目中的支出水平均高于其他两个地区。从年均增长率来看，东北地区的各个项目在三大地区中最低，西北地区的年均增长率最高，其次是西南地区，可以看出，虽然东北地区的发展型消费支出总量最高，但西北和西南地区的发展潜力大于东北地区。

在交通通信方面，西北地区的陕西从 2006 年的 216.7 元增长到 2016 年的 879.8 元，同时，西南地区的广西从 2006 年的 239.5 元增长到 2016 年的 972 元，其消费的绝对增量分别为 663.1 元、732.5 元，增长幅度均在丝路沿线省份中排名靠后。东北地区辽宁的交通通信支出在 2016 年上升至 1 663.9 元，在丝路沿线省份中排名最高，并且高出全国水平 124 元。由于近年来交通工具种类繁多与智能手机的普及，使得农村居民在交通通信方面的支出相应提高。

在医疗保健方面，西北地区的青海从2006年的192.8元增长到2016年的1 278.8元，增长幅度为1 086元，在所有丝路沿线地区中增长幅度最大，其年均增长率为20.83%，显著高于其他沿线省份，甚至赶超全国水平，说明青海农村居民对自身健康的重视程度越来越高，推动了医疗保健方面的消费。其次是东北地区的黑龙江，2016年的医疗保健支出仅低于青海8.9元，但其增速在丝路沿线省份中只处于中等位置。西南地区的云南在2016年的消费支出仅为620.1元，其增速也排名靠后。

在教育文化娱乐方面，东北地区的各个省份在2006—2016年的消费水平和绝对增长量均远超过其他丝路沿线省份，但辽宁和吉林的年均增长率在丝路沿线省份中最低。西北地区的青海年均增长率高达21.78%，在丝路沿线省份中位居第一，说明青海农村居民对教育文化娱乐的重视程度越来越高，发展也越来越快。2016年，西南地区四川的教育文化娱乐支出为707.2元，同时其年均增速仅有13.66%，可以看出四川农村居民对教育文化娱乐的追求不高，使得其支出水平增长较为缓慢。

2. 发展型消费构成

表3-17为2006年、2016年农村居民家庭人均发展型消费构成。2006—2016年，全国交通通信和医疗保健支出的占比均呈增长的趋势，其绝对增量分别为3.21个百分点和2.4个百分点。教育文化娱乐消费构成呈下降趋势，由2006年的10.78%下降至2016年的10.57%，说明全国农村居民家庭在教育文化娱乐方面的消费水平较不理想。从三大地区来说，东北地区2006年和2016年在发展型各项中的消费支出占比均为最高，其次为西北地区，西南地区则为最低。

在交通通信方面，丝路沿线的各个地区在2016年的消费占比份额比2006年的占比明显增高。表现最为明显的是西南地区的云南和西北地区的宁夏，年均增长速度较快，其中，云南的年均增长率为7%，在丝路沿线省份中排名第一，其次是宁夏，说明云南和宁夏在交通通信方面的发展速度较快，前景较为可观。

在医疗保健方面，西北地区的青海消费占比从2006年的8.85%增长到

2016 年的 13.87%，绝对增量（5.02 个百分点）最高，且年均增长率在丝路沿线省份中排第三位，仅次于广西和甘肃。2016 年，东北地区的黑龙江的消费占比为 13.48%，仅低于青海。西南地区的重庆在医疗保健方面的消费在 2016 年为 8.56%，低于全国平均水平（9.17%），且年均增长速度较慢，仅为 1.69%，因此，重庆农村居民在医疗保健方面的重视程度应进一步提升。

在教育文化娱乐方面，2006—2016 年，大部分丝路沿线省份的消费占比增长幅度不明显，其中西北地区的陕西和西南地区的四川呈现下降趋势。尤其是四川的下降幅度较大，由 8.21%下降至 6.94%。西北地区青海的年均增速在丝路沿线省份中最高（5.41%），但 2016 年的支出占比仅为 9.23%，主要是由于 2006 年的教育文化娱乐支出占比在丝路沿线省份中最低（5.45%）。总的来说，青海农村居民对教育文化方面的需求越来越注重，从而推动了教育文化娱乐消费的快速增长。

表 3-17　2006 年、2016 年农村居民家庭人均发展型消费构成

地区	交通通信/%			医疗保健/%			教育文化娱乐/%		
	2006 年	2016 年	年均增长率	2006 年	2016 年	年均增长率	2006 年	2016 年	年均增长率
全国	10.21	13.42	2.77	6.77	9.17	3.08	10.78	10.57	-0.20
西北	10.32	15.22	3.96	8.51	11.79	3.31	9.23	11.04	1.81
陕西	9.93	10.27	0.34	8.97	12.19	3.11	13.58	12.87	-0.54
甘肃	9.41	12.75	3.08	6.86	10.97	4.81	12.31	12.9	0.47
青海	11.74	17.1	3.83	8.85	13.87	4.60	5.45	9.23	5.41
宁夏	10.08	16.52	5.06	8.35	11.39	3.15	7.52	11.79	4.60
新疆	10.31	14.82	3.70	9.33	10.23	0.93	7.73	8.66	1.14
西南	8.54	11.85	3.33	6.32	9.01	3.61	8.28	10.33	2.24
广西	9.92	11.64	1.61	5.13	9.36	6.2	8.21	11.98	3.85
重庆	8.46	10.72	2.4	7.24	8.56	1.69	8.60	10.77	2.28
四川	8.5	11.52	3.09	6.69	9.55	3.62	8.21	6.94	-1.67
云南	7.16	14.08	7	6.29	8.46	3.01	8.10	12.55	4.47
东北	10.73	15.46	3.71	9.28	12.59	3.1	11.7	12.99	1.06
辽宁	10.99	16.72	4.28	8.73	11.45	2.74	11.56	12.8	1.02
吉林	10.96	14.02	2.49	9.49	12.92	3.14	12.84	12.94	0.07

续表

地区	交通通信/%			医疗保健/%			教育文化娱乐/%		
	2006 年	2016 年	年均增长率	2006 年	2016 年	年均增长率	2006 年	2016 年	年均增长率
黑龙江	10.2	15.58	4.32	9.69	13.48	3.35	10.68	13.26	2.18
丝路沿线区域	9.86	14.18	3.67	8.04	11.13	3.34	9.74	11.45	1.7

数据来源：根据《中国统计年鉴 2007》和《中国统计年鉴 2017》相关数据资料整理。

（三）农村享受型消费

随着农村居民家庭生活质量的大幅度提升，农村居民的消费结构开始逐步向以服务等消费需求为主的享受型消费过渡，进一步促进了经济的增长。

1. 享受型消费支出

如表 3-18 所示，2006 年全国在生活用品及服务和其他用品及服务方面的消费分别为 126.6 元和 63.1 元，到 2016 年，消费水平分别上升至 595.7 元和 186.0 元，相对而言，生活用品及服务方面的年均增长率较高于其他用品及服务。说明在享受型消费中，生活用品及服务方面的消费发展空间和潜力较大。从三大地区来说，西北地区的享受型消费的增长速度最快，年均增长率分别达到 18.56%和 14.28%，西南紧随其后（18.06%、13.48%），发展最慢的则是东北地区（15.20%、10.33%）。

在生活用品及服务方面，丝路沿线各个省份的农村居民在 2016 年消费水平远远高于 2006 年，增长幅度较大。西南地区的重庆和四川在 2006 年和 2016 年的消费均达到较高的水平，且两地的年均增长率也位居前列。东北地区的吉林在 2016 年的消费总量仅为 375.6 元，低于其他丝路沿线省份，其年均增长率也位居末尾，吉林农村居民对生活用品及服务的需求相应较低，但在这方面的发展潜力较大。

在其他用品及服务方面，西北地区的青海消费总量从 2006 年的 41.3 元增长至 2016 年的 212.9 元，绝对增量最大（171.6 元），且其年均增长率（17.81%）也高于其余各个沿线省份，表现出较为强劲的发展势头。而西南地区的云南，2006—2016 年的农村居民消费的绝对增量仅为 47.1 元，在所有丝路沿线省份中增幅最小，并且年均增长率排名相对靠后，低于青海9.4个百分点，相差较大。云南农村居民的生活品质相对较为落后，应进一步提升在其他用品及服务方面的需求，同时拉动其他用品及服务的消费支出。

表3-18 2006年、2016年农村居民家庭人均享受型消费支出

地区	生活用品及服务			其他用品及服务		
	2006年/元	2016年/元	年均增长率/%	2006年/元	2016年/元	年均增长率/%
全国	126.6	595.7	16.75	63.1	186.0	11.42
西北	89.1	489.0	18.56	42.4	161.0	14.28
陕西	94.9	542.9	19.06	48.4	153.5	12.24
甘肃	78.7	458.7	19.28	31.4	120.9	14.43
青海	94.7	464.4	17.24	41.3	212.9	17.81
宁夏	104.3	578.6	18.69	56.9	208.7	13.88
新疆	73.0	400.6	18.55	33.9	108.8	12.38
西南	106.5	560.3	18.06	38.6	136.8	13.48
广西	110.1	455.8	15.27	41.5	104.7	9.71
重庆	118.0	702.5	19.54	32.8	158.5	17.05
四川	114.1	692.7	19.77	42.3	199.5	16.79
云南	83.8	388.7	16.59	37.9	85.0	8.41
东北	98.9	407.2	15.20	71.6	191.2	10.33
辽宁	112.2	459.2	15.13	79.94	194.9	9.32
吉林	105.1	375.6	13.58	79.04	203.9	9.94
黑龙江	79.3	386.7	17.17	55.7	174.7	12.11

数据来源：根据《中国统计年鉴2007》和《中国统计年鉴2017》相关数据资料整理。

2. 享受型消费构成

表3-19中数据表明，丝路沿线地区农村居民享受型消费中，2006年全国生活用品及服务方面的支出占比为4.47%，而2016年的占比增长到5.88%。可以看出，这10年间全国农村居民在生活用品及服务方面的支出占比有所增长。2006年全国其他用品及服务方面的支出占比为2.23%，2016年占比下降到1.84%。说明在丝路沿线地区的农村居民享受型消费中，生活用品及服务的发展比其他用品及服务的发展更好。

表 3-19　2006 年、2016 年农村居民家庭人均享受型消费构成

地区	生活用品及服务/%			其他用品及服务/%		
	2006 年	2016 年	年均增长率	2006 年	2016 年	年均增长率
全国	4.47	5.88	2.78	2.23	1.84	-1.90
西北	4.25	5.73	3.03	2.02	1.89	-0.66
陕西	4.35	6.34	3.84	2.22	1.79	-2.13
甘肃	4.24	6.13	3.76	1.69	1.61	-0.48
青海	4.35	5.04	1.48	1.9	2.31	1.97
宁夏	4.64	6.33	3.15	2.53	2.28	-1.04
新疆	3.59	4.84	3.03	1.67	1.31	-2.40
西南	4.63	6.25	3.05	1.68	1.53	-0.93
广西	4.56	5.46	1.82	1.72	1.26	-3.06
重庆	5.35	7.06	2.81	1.49	1.59	0.65
四川	4.77	6.80	3.61	1.76	1.95	1.03
云南	3.82	5.32	3.37	1.73	1.16	-3.92
东北	3.54	4.23	1.80	2.56	1.98	-2.51
辽宁	3.66	4.61	2.35	2.61	1.96	-2.82
吉林	3.89	3.94	0.13	2.93	2.14	-3.08
黑龙江	3.03	4.10	3.08	2.13	1.85	-1.37
丝路沿线区域	4.14	5.40	2.63	2.09	1.80	-1.37

数据来源：根据《中国统计年鉴》（2007）和《中国统计年鉴》（2017）相关数据资料整理。

从三大地区来说，在 2006 年和 2016 年，西南地区在生活用品及服务方面的支出占比均最高，且增速也最高，为 3.05%。东北地区占比最低，为 3.54%和 4.23%，增速处于低水平（1.8%）。在其他用品及服务方面，西北、西南和东北均呈下降趋势，年均增长率为负值，其中东北地区的下降速度最快，其次是西南地区，下降最慢的是西北地区。总的来说，东北地区的享受型消费水平低于西南和西北地区。

在生活用品及服务方面，2016 年西北地区的陕西和西南地区的重庆、四川占比排在前三位，且陕西、四川的年均增长率也在丝路沿线省份中排名靠前，可以看出，甘肃和四川的发展速度较快，在生活用品及服务方面的需求较高，表现

出一定的发展优势。2006—2016 年，东北地区的吉林在生活用品及服务方面的消费占比仅增长了 0.05 个百分点，且年均增长率在丝路沿线省份中最低，说明吉林的农村居民在生活用品及服务方面的支出较少，需进一步推动消费发展。

在其他用品及服务方面，西北地区的青海在 2016 年的消费占比最高，为 2.31%，且其年均增长率在丝路沿线省份中排名第一，体现了青海农村居民对较高生活品质的追求和向往，从而使得在其他用品及服务方面的消费逐步上升。年均增长率排名靠前的还有西南地区的四川和重庆，只低于青海。西南地区的云南在其他用品及服务方面的占比最低，仅为 1.16%，且递减速度最快，由 2006 年的 1.73%降低至 2016 年的 1.16%，年均增长率为-3.92%，说明云南农村居民在该方面的发展最为迟缓，需进一步优化农村居民在此方面的消费结构。

总的来说，2006 年和 2016 年丝路沿线农村居民在享受型消费方面的消费占比稍低于全国水平，但其差值都不超过 0.5 个百分点，说明丝路沿线地区的农村居民享受型消费水平较滞后于全国水平，需要进一步改善。

三、家庭消费倾向分析

边际消费倾向用于描述由于收入变化导致的消费者消费额的变化幅度大小，边际消费倾向是消费增减量与可支配收入增减量之比，表示每增加或减少一个单位的可支配收入时消费的变动情况。根据凯恩斯的绝对收入假说，消费与绝对收入之间存在边际消费倾向递减规律。从表 3-20 可以得出，我国城镇居民的边际消费倾向整体小于农村居民边际消费倾向，这是由于我国农村居民收入普遍低于城镇居民收入。通过对比发现，我国农村居民的边际消费倾向呈上升趋势，说明近年来国家大幅度提高中低收入者的收入水平、增收减负开拓农村市场等一系列政策，极大地刺激了农村居民的消费。

平均消费倾向是消费在收入中所占的比例。从丝路沿线各地区来看，2016 年丝路沿线地区城镇居民平均消费倾向最高的是西北地区的青海，最低的为西南地区的广西；而农村居民平均消费倾向最高的也是青海，最低的为东北地区的辽宁。需要注意的是，在丝路沿线省份中，只有陕西、广西、云南农村居民家庭的消费倾向变小，说明三省居民随着收入水平的提高，消费习惯趋于理性、谨慎，因而消费受收入的影响逐渐变小。从表 3-20 中可以发现，一些省份的平均消费倾向与边际消费倾向大于 1，特别是 2016 年平均消费倾向与边际消费倾向大于 1 的省份有所增加，说明随着金融市场的不断完善，居民的消费理念与消费模式也在不断变化。从整个丝绸之路的省份来看，2016 年的城乡消费倾向均高于全国，这也说明地区发展差异造成了居民收入的差距，从而导致消费倾向的差别。

表 3-20　2006 年、2016 年丝路沿线地区城乡居民平均消费倾向及边际消费倾向

地区	平均消费倾向				边际消费倾向			
	城镇		农村		城镇		农村	
	2006 年	2016 年	2006 年	2016 年	2006 年	2016 年	2006 年	2016 年
全国	0.740	0.687	0.789	0.819	0.595	0.698	0.824	0.963
西北	0.774	0.742	0.857	0.937	0.623	0.760	0.729	0.951
陕西	0.815	0.681	0.965	0.912	0.901	0.448	1.370	0.943
甘肃	0.782	0.760	0.869	1.004	0.534	1.084	0.233	1.262
青海	0.726	0.779	0.924	1.064	0.302	0.746	0.981	0.897
宁夏	0.785	0.750	0.814	0.928	0.739	0.702	0.607	0.987
新疆	0.759	0.746	0.743	0.813	0.593	0.829	0.423	0.764
西南	0.760	0.675	0.845	0.850	0.418	0.528	0.875	0.879
广西	0.686	0.610	0.871	0.806	0.394	0.496	0.233	0.861
重庆	0.812	0.710	0.767	0.862	0.585	0.543	0.978	0.974
四川	0.805	0.729	0.798	0.910	0.657	0.649	0.605	0.985
云南	0.733	0.651	0.976	0.813	0.476	0.423	1.948	0.643
东北	0.750	0.732	0.743	0.785	0.508	1.147	0.658	1.209
辽宁	0.770	0.761	0.750	0.773	0.490	1.975	0.652	1.311
吉林	0.752	0.722	0.742	0.785	0.514	0.733	1.046	0.926
黑龙江	0.725	0.705	0.737	0.796	0.525	0.647	0.222	1.401
丝路沿线区域	0.761	0.716	0.815	0.857	0.516	0.812	0.754	1.013

数据来源：根据《中国统计年鉴 2007》和《中国统计年鉴 2017》相关数据资料计算整理。

四、家庭消费结构变动度分析

为进一步揭示丝路沿线区域城乡居民消费结构演变规律，本书以消费结构变动度来代表消费结构升级情况，结合《中国统计年鉴》数据，对城乡居民各年消费结构变动度进行计算，计算结果如表3-21所示。

表3-21　2006年、2016年丝路沿线地区城乡居民消费结构变动度

地区	2006年/%		2016年/%	
	城镇	农村	城镇	农村
全国	2.67	6.48	1.93	2.37
西北	11.25	6.99	4.01	5.66
陕西	12.98	12.51	3.87	2.96
甘肃	11.43	4.79	6.25	4.93
青海	11.11	5.14	6.53	4.46
宁夏	12.38	9.63	11.82	8.83
新疆	13.08	5.29	5.94	6.28
西南	11.81	9.88	1.74	2.41
广西	16.99	5.5	2.64	3.35
重庆	9.2	7.41	3.92	3.08
四川	12.16	11.26	2.95	3.89
云南	13.17	17.78	1.65	4.28
东北	19.23	5.49	4.19	3.06
辽宁	15.64	8.26	5.97	4.31
吉林	21.24	10.09	3.36	2.81
黑龙江	21.73	2.99	4.44	4.66
丝路沿线区域	14.1	7.44	3.31	6.66

数据来源：根据《中国统计年鉴2007》和《中国统计年鉴2017》相关数据资料计算整理。

结合表3-21和图3-4可以看出，2006年东北地区的黑龙江城镇居民消费结构变动度（21.73%）相较于其他丝路沿线省份最高，其次是吉林（21.24%）。而2006年丝路沿线地区城镇居民消费结构变动度相较于全国水平均偏高，平均值为14.1%，比全国消费结构变动度高11.43个百分点。2006年西南地区的云南农村居民消费结构变动度在丝路沿线省份中最高，为17.78%，其次为西北地区的陕西（12.51%），说明云南和陕西农村居民的消费结构得到了较大程度的调整。其余各地区农村居民消费结构变动度的差距并不明显。与全国相比，2006 年丝路沿线地区农村居民消费结构变动度的平均值为 7.44%，较高于全国（6.48%）。农村居民消费结构变动度较大，也反映出丝路沿线地区农村居民消费支出结构升级速度较快。

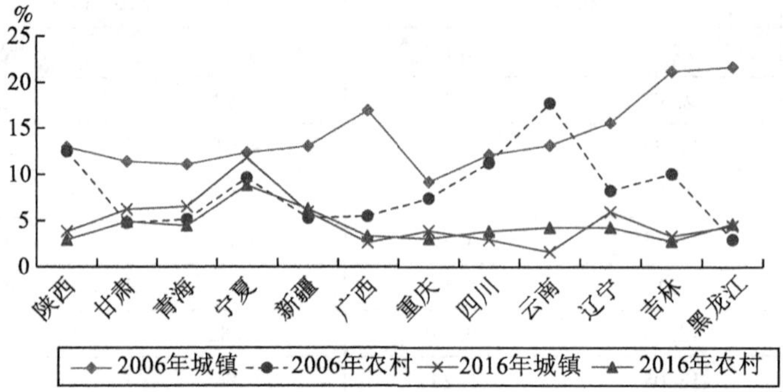

图 3-4　2006 年、2016 年丝路沿线地区城乡居民消费结构变动度

数据来源：根据《中国统计年鉴 2007》和《中国统计年鉴 2017》相关数据计算而得。

2016 年丝路沿线地区城镇居民和农村居民的消费结构变动程度基本一致，其中，西北地区的宁夏，无论是城镇居民还是农村居民，其消费结构变动度在丝路沿线省份中均为峰值，分别为 11.82%和 8.83%。此外，与城镇居民消费结构变动度相比，农村居民的消费结构变动度在西北和东北地区更为明显，变动程度更大。这表明，西北和东北地区农村居民消费结构升级的空间和潜力较大。与全国相比，2016 年丝路沿线地区城乡居民消费结构变动度的平均值分别为 3.31%和 6.66%，分别高出全国 1.38 个和 4.29 个百分点，且农村的消费结构变动度与城镇相差甚多。这也说明深挖农村消费市场，推动农村消费结构升级还有很大的空间。

总体而言，丝路沿线地区农村居民消费结构变动波动程度较城镇居民更明显，各个峰值与其基期的绝对差与城镇相比更大，这些趋势反映农村居民消费结构变动较为明显，也反映出丝路沿线地区农村居民消费支出结构升级速度较快。

第四节　丝路沿线省份居民家庭消费影响因素分析

为了研究丝绸之路沿线省份居民家庭消费受哪些因素影响，本书采用灰色关联度来寻找影响丝绸之路沿线省份居民家庭消费的因素。灰色关联度分析法是一种模糊的综合评价方法，由此避免了变量之间的相互关联性。灰色关联度分析法是根据因素之间发展趋势的相似或相异程度来衡量因素间的关联程度。灰色关联度分析具体建模过程如下：

（1）设参考数据序列（母序列）为 X_0，比较数据序列（子序列）为 X_i，其中：

$$X_0 = (X_0(1), X_0(2), \cdots, X_0(k)) \tag{3-1}$$

$$X_i = (X_i(1), X_i(2), \cdots, X_i(k)) \tag{3-2}$$

（2）无量纲化处理。

$$X_i(k) = \frac{X_i(k)}{X_i(1)},\ k=1,2,\cdots,n;\ i=1,2,\cdots,m \tag{3-3}$$

（3）计算对应绝对差值。

$$\Delta_i(k) = |X_0'(k) - X_i'(k)|,\ \Delta_i = (\Delta_i(1), \Delta_i(2), \cdots, \Delta_i(n))$$

$$M = \max_i \max_k \Delta_i(k),\ m = \min_i \min_k \Delta_i(k) \tag{3-4}$$

（4）计算关联系数。

$$\gamma_{0i}(k) = \frac{m + \varepsilon M}{\Delta_i(k) + \varepsilon M} \tag{3-5}$$

其中，$\varepsilon \in \{0, 1\}$ 为分辨系数。$\gamma_{0i}(k)$ 代表母序列与第 i 个子序列在某一时刻的紧密（靠近）程度。在 Δ_{min} 时点，$\gamma_{0i}=1$；而在 Δ_{max} 时点则关联系数最小。因此，关联系数的取值范围为 $0<\gamma<1$。

（5）灰色关联度计算。

$$\gamma_{0i}=\frac{1}{n}\sum_{i}^{n}\gamma_{0i}(k),\ k=1,\ 2,\ L,\ n^{\cdot};\ i=1,\ 2,\ L,\ m \tag{3-6}$$

各时间点的权重不一致，可将关联度改为：

$$\gamma_{0i}=\sum_{i}^{n}W_k\gamma_{0i}(k),\ k=1,\ 2,\ L,\ n^{\cdot};\ i=1,\ 2,\ L,\ m \tag{3-7}$$

其中，$\sum_{k=1}^{n}W_k=1$。

因时间节点不同而设置权重是因为考虑到关联度的衡量存在一定的近郊效应，距离较近的时间节点关联程度比距离时间远的时间节点关联程度更大，也更能说明问题。而如果代表时间维度的 n 比较小，则直接采用不考虑权重的平均处理。

根据上述步骤，对丝绸之路沿线省份 2006—2016 年的相关数据进行计算，最终得出丝绸之路沿线省份居民家庭消费各影响因素的关联度系数，具体结果见表 3-22。

表 3-22　丝绸之路沿线省份居民家庭消费影响因素灰色关联度

省区		人均可支配收入	人均 GDP	恩格尔系数	消费价格指数	城镇化水平	消费习惯	受教育年限
辽宁	关联度	0.932	0.851	0.603	0.616	0.644	0.939	0.638
	排序	2	3	7	6	4	1	5
吉林	关联度	0.964	0.769	0.586	0.602	0.611	0.914	0.624
	排序	1	3	7	6	5	2	4
黑龙江	关联度	0.961	0.871	0.592	0.590	0.612	0.906	0.602
	排序	1	3	6	7	4	2	5
广西	关联度	0.915	0.780	0.581	0.596	0.657	0.879	0.621
	排序	1	3	7	6	4	2	5
重庆	关联度	0.944	0.738	0.595	0.595	0.644	0.965	0.631
	排序	2	3	6	7	4	1	5
四川	关联度	0.972	0.902	0.594	0.604	0.659	0.935	0.641
	排序	1	3	7	6	4	2	5

续表

省区		人均可支配收入	人均 GDP	恩格尔系数	消费价格指数	城镇化水平	消费习惯	受教育年限
云南	关联度	0.867	0.882	0.603	0.614	0.679	0.946	0.667
	排序	3	2	7	6	4	1	5
陕西	关联度	0.889	0.785	0.582	0.590	0.641	0.930	0.624
	排序	2	3	7	6	4	1	5
甘肃	关联度	0.981	0.903	0.627	0.632	0.682	0.964	0.694
	排序	1	3	7	6	5	2	4
青海	关联度	0.917	0.882	0.623	0.631	0.668	0.931	0.667
	排序	2	3	7	6	4	1	5
宁夏	关联度	0.936	0.884	0.593	0.608	0.641	0.963	0.640
	排序	2	3	7	6	4	1	5
新疆	关联度	0.954	0.871	0.625	0.618	0.647	0.909	0.636
	排序	1	3	6	7	4	2	5
内蒙古	关联度	0.870	0.859	0.578	0.577	0.611	0.864	0.603
	排序	1	3	6	7	4	2	5

数据来源：根据《中国统计年鉴 2007》和《中国统计年鉴 2017》相关数据计算而得。

由表 3-22 可以得出：

（1）对于丝绸之路沿线省份居民而言，家庭消费主要受居民人均可支配收入、人均 GDP 和居民消费习惯的影响，它们和居民家庭消费之间存在很强的相关性。

（2）丝绸之路沿线省份居民家庭消费各影响因素的影响程度基本一致，它们存在着相似的特点。说明本报告所选取的影响丝绸之路居民家庭消费的因素具有很强的代表性。

（3）恩格尔系数和消费价格指数对丝绸之路沿线省份居民家庭的影响程度相对较弱，说明这些因素与居民家庭消费的关联性相对较小，但关联度超过了 0.5，表明这些因素对居民家庭消费的影响程度是不容忽视的。

第五节 本章小结

本章主要对丝绸之路经济带沿线区域的城乡居民的家庭收入状况、消费结构状况进行细致的比较研究，主要结论如下：

从丝路沿线城镇居民家庭收入状况来看，农村居民收入增长速度快于城镇增长速度，说明在整体经济发展的同时，农村经济得到了明显的提升，有利于进一步缩小城乡差距。从收入来源的角度分析，城镇居民主要收入来源从工资性收入在向经营性收入与财产性收入转移，而农村居民向工资性收入转移。与收入类似，从城乡的角度来说，城镇消费水平普遍高于农村，但是农村消费年均增长速度普遍快于城镇。

从丝路沿线城镇居民家庭消费项目的变动来看，食品烟酒、衣着类的人均支出占比逐渐递减，说明丝路沿线城镇居民的生活水平正向全面小康社会的目标迈进。发展型消费交通通信和医疗保健项目的占比在逐渐递增，我国交通工具的多样化为居民出行提供了便利，加之通信技术的迅速发展，使交通通信类支出增长尤为迅速，在教育文化娱乐项目占比中，城镇与农村表现出较大的差异，大部分省份城镇占比减少而农村占比增加。此外，享受型消费的各项支出中，其他用品及服务的占比在逐年递减，说明我国丝路沿线城镇居民人均消费水平还有待提高，消费结构还需进一步升级。

从丝路沿线农村居民家庭消费项目的变动来看，随着我国丝绸之路沿线经济社会全面发展，农村居民的消费能力在逐步提高，消费影响力也越来越大，成为区域经济发展中较为活跃的一部分。10 年以来，农村居民家庭生存型消费略有下降，在解决了基本的衣、食、住、行等方面的问题之后，农村居民的基本消费从生存型逐步向发展型倾斜过渡。但农村消费环境在一定程度上影响了农村居民消费结构优化升级。虽然农村交通通信和医疗条件等基础设施得到了一定的改善，但仍然远落后于城镇消费水平。在享受型消费方面，虽然农村居民家庭在生活用品及服务和其他用品及服务方面的支出呈不断增加的趋势，但与城镇居民支出的增长态势相比，差距仍然较大，说明农村居民在享受型方面的消费还有一定的上升空间。

第四章
丝绸之路沿线国家居民收支状况国际比较

中国与丝绸之路沿线各国经济贸易往来频繁，互惠互利，丝绸之路经济带收效巨大。从经济意义上讲，新丝绸之路经济带东牵亚太经济圈，西系发达的欧洲经济圈，被誉为世界最长、最具有发展潜力的经济大走廊。丝绸之路经济带地域辽阔，沿线国家有丰富的自然资源、矿产资源、能源资源和旅游资源等，但这些区域交通不够便利，自然环境较差，经济发展水平与两端经济圈存在巨大落差，整个区域存在“两边高，中间低”的经济发展现象。近年来丝绸之路经济带沿线各国的收入与消费水平都有很大提高，本章主要对丝路沿线国家的收入和消费进行比较分析。

第一节　丝路沿线国家居民家庭收入水平比较

陆上丝绸之路沿线国家较多，考虑到统计数据的可得性、可比性与代表性，在此选取了中国、中亚地区的哈萨克斯坦、西亚地区的伊朗和土耳其、南亚地区的印度和巴基斯坦、欧洲的俄罗斯和乌克兰等 8 个丝绸之路沿线国家进行比较分析，同时为了加强比较的国际性，另外选取了英国、德国、法国、意大利 4 个欧洲发达国家作为参照，在时间上选取 5 个典型年份。

一、经济发展水平比较

人均国民总收入是衡量一个国家经济发展水平、国家发展实力的重要指标。

国民总收入（GNI）是指国内生产总值（GDP）加上来自国外的要素收入再减去对国外的要素支出，是一个国家所有常住单位在一定时期内（通常是1年）获得的劳动者报酬、生产税、补贴、固定资产折旧、营业盈余和财产收入等原始收入总额。人均国民总收入既包括企业所得和政府所得，也包括居民个人所得。丝绸之路沿线部分国家经济发展状况与欧洲发达国家比较见表4-1。

表4-1 丝路沿线国家典型年份居民人均国民总收入 单位：美元

国家	2005年	2010年	2014年	2015年	2016年
世界	7 224	9 237	10 799	10 437	10 302
中国	1 740	4 240	7 400	7 820	8 260
哈萨克斯坦	2 930	7 440	12 490	11 580	8 710
伊朗	2 910	6 020	6 550	—	—
土耳其	6 520	9 980	10 630	9 950	11 180
乌克兰	1 540	2 990	3 530	2 620	2 310
俄罗斯	4 460	10 010	14 330	11 400	9 720
印度	730	1 260	1 560	1 590	1 680
巴基斯坦	740	1 080	1 400	1 440	1 510
英国	41 150	40 480	43 350	43 340	42 390
德国	34 780	43 400	47 500	45 790	43 660
法国	34 850	42 390	42 820	40 580	38 950
意大利	31 220	36 320	34 540	32 790	31 590

注：—表示部分缺失的数据。

数据来源：根据"世界银行WDI数据库"相关数据资料整理。

丝绸之路沿线国家的人均国民总收入整体低于英国、德国、法国、意大利，且相差较大。2005年丝路沿线国家人均国民总收入均低于世界平均水平，到2016年只有土耳其超过了世界平均水平，其人均国民总收入达到11 180美元，而英国、德国、法国和意大利人均国民总收入均超过30 000美元，可见丝路沿线国家人均国民总收入与先进国家相比还有很大的提升空间。

2005年中国人均国民总收入为1 740美元，比世界人均国民总收入低5 484美元，差距较大。但是通过近几年数据可以发现，中国人均国民总收入在逐渐攀升，到2016年已达到8 260美元，低于世界人均国民总收入2 042美元，差距明显缩小，说明中国人均国民总收入在逐渐赶上世界平均水平。与德国相比，中国的人均国民总收入还有很大差距，但两者之间相差的倍数在逐渐减小，2005年德国的人均国民总收入是中国的20倍，2016年已经减小到5倍，说明中国人均国民总收入与其他先进国家的相对差距在逐渐缩小。

在丝绸之路其他国家中，俄罗斯和土耳其的人均国民总收入领先于其他国家，哈萨克斯坦的人均国民总收入略高于中国。乌克兰、印度和巴基斯坦的人均国民总收入与丝绸之路沿线其他国家相比差距较大，并且增长不明显，到2016年其人均国民总收入分别为2 310美元、1 680美元和1 510美元，与世界人均国民总收入（10 302美元）相差甚大。

二、居民收入分配比较

基尼系数是用来衡量一个国家或地区居民收入分配差距的一个重要指标，世界银行将0.4确定为警戒线。由表4-2可知，丝绸之路沿线国家的基尼系数中国（0.4216）、俄罗斯（0.4159）和土耳其（0.4018）超过了0.4，收入分配差距较大。哈萨克斯坦（0.2633）和乌克兰（0.2409）的基尼系数在0.2~0.3，说明其收入比较平均，国内居民收入水平差异较小。在收入最高的20%人口与收入最低的20%人口平均收入比重的比值方面，中国、俄罗斯和土耳其分别是9.16、8.19和7.98，由此说明这三个国家的收入分配差异较大。在丝路沿线国家中，基尼系数最小的是乌克兰，为0.2409，最高收入的20%人口收入比重是最低收入的20%的3.13倍，收入差距较小。英国、法国、德国和意大利4个国家，其基尼系数在0.3~0.4，居民收入分配相对合理，但与丝路沿线部分国家相比，其收入分配差异并不是最小的。

总的来说，中国、俄罗斯和土耳其的贫富差距较大，各个国家应积极调控居民间的收入差距，提升中等收入居民的比重，缩小高收入者与低收入者之间的差距，将基尼系数控制在警戒线以内。

表 4-2　丝绸之路沿线国家居民收入分配

国家	年份	基尼系数	各组占全部收入或消费的比重/%				
			最低的 20%	次低的 20%	居中的 20%	次高的 20%	最高的 20%
中国	2012	0.4216	5.23	9.76	14.85	22.25	47.9
哈萨克斯坦	2013	0.2633	9.96	13.82	17.45	22.4	36.35
伊朗	2013	0.3735	6.81	11.07	15.59	21.95	44.59
土耳其	2013	0.4018	5.84	10.49	15.15	21.95	46.58
乌克兰	2014	0.2409	10.45	14.56	17.98	22.35	34.66
俄罗斯	2012	0.4159	5.9	10.08	14.46	21.24	48.33
印度	2011	0.3515	8.28	11.87	15.31	20.58	43.97
巴基斯坦	2013	0.3069	9.2	12.88	16.36	21.27	40.28
英国	2012	0.3257	7.51	12.29	17.04	23.1	40.07
德国	2011	0.3013	8.37	13.12	17.23	22.65	38.64
法国	2012	0.331	7.8	12.62	16.52	21.82	41.23
意大利	2012	0.3516	6.23	12.28	16.97	22.84	41.68

数据来源：根据“世界银行 WDI 数据库”相关数据资料整理。

第二节　丝路沿线国家居民家庭消费状况比较

一、居民人均最终消费支出比较

由表 4-3 可以看出，英国、德国、法国和意大利居民人均最终消费支出明显高于丝绸之路沿线国家人均最终消费支出。2005 年仅有土耳其人均最终消费支出（6 141 美元）超出世界水平（5 157 美元）；2015 年俄罗斯（5 901 美元）也超过世界平均水平，但低于同期土耳其人均最终消费（8 439 美元），哈萨克斯坦人均最终消费支出（5 388 美元）比世界人均最终消费支出低 445 美元。中国和乌克兰人均最终消费支出水平相差不大，均低于世界平均水平，相对来说，中国略有优势。印度和巴基斯坦两国人均最终消费支出直到 2015 年还未达到 1 000 美元，消费水平明显较低。

2005 年中国居民人均最终消费支出仅 1 004 美元，远低于世界水平(5 157 美元)，到 2015 年中国的人均消费支出增长到 2 402 美元，但与世界人均最终消费支出相比差距依然很明显，只是随着时间的推移，差距的绝对值逐渐减小。土耳其油气资源丰富，经济基础较好，人口较少，居民人均最终消费支出明显高于世界平均水平。人均消费支出最高的国家为英国，其 2015 年居民人均最终消费支出高出同时期世界居民人均最终消费支出 20 330 美元。中国人均最终消费支出与这些国家相比差距更大，同期数据与英国的差值为23 761 美元，英国居民人均最终消费支出是中国的 10.9 倍，可见中国居民人均最终消费支出与这些国家差距明显。2015 年巴基斯坦的人均消费仅 913 美元，世界人均消费是其的 6.4 倍，英国人均消费是其的 28.7 倍，可见，巴基斯坦人均消费与其他国家差距更大。

表 4-3　丝路沿线国家典型年份居民人均最终消费支出　　单位：美元

国家	2005 年	2013 年	2014 年	2015 年
世界	5 157	4 602	5 766	5 833
中国	1 004	1 307	2 235	2 402
哈萨克斯坦	2 971	3 449	5 371	5 388
伊朗	2 343	1 506	2 701	—
土耳其	6 141	5 969	8 128	8 439
乌克兰	1 302	1 966	2 451	1 976
俄罗斯	3 867	4 539	6 551	5 901
印度	538	691	928	973
巴基斯坦	820	585	903	913
英国	25 954	25 331	25 759	26 163
德国	22 630	21 262	24 687	24 971
法国	21 903	19 927	22 728	22 979
意大利	22 115	17 297	20 032	20 366

注：—表示部分缺失的数据。

数据来源：根据“世界银行 WDI 数据库”相关数据资料整理。

二、人均居民消费支出构成比较

（一）消费类型构成比较

总体来看，在丝绸之路沿线国家的消费类型构成中，生存型消费占比最高，均在50%以上，其次是发展型消费，最后是享受型消费，其占比超过10%的仅有土耳其与俄罗斯两个国家，与发达国家相去甚远（见表4-4）。①

表4-4　丝路沿线国家居民消费类型构成

国家或地区	年份	生存型消费/%	发展型消费/%	享受型消费/%
中国	2010	58.71	31.57	9.72
哈萨克斯坦	2010	76.70	14.37	8.94
伊朗	2010	—	—	—
土耳其	2010	64.96	23.18	11.86
乌克兰	2010	81.85	8.40	9.75
俄罗斯	2010	59.29	24.26	16.46
印度	2010	71.33	18.95	9.72
巴基斯坦	2010	77.35	14.72	7.93
英国	2010	46.50	31.37	22.15
德国	2010	49.99	31.45	18.56
法国	2010	52.12	29.97	17.91
意大利	2011	54.00	26.26	19.74

注：—表示部分缺失的数据。

数据来源：根据“经合组织OLIS数据库及世界银行数据库”相关数据资料计算。

具体来说，中国的生存型消费占比为58.71%，在丝路沿线国家中最低，其次是俄罗斯，高于中国0.58个百分点。在发展型消费方面，中国与俄罗斯的占比较高，但在享受型消费方面，俄罗斯的占比高于中国6.74个百分点，说明俄罗斯居民在发展型和享受型方面支出较高。相对来说，俄罗斯的

① 由于“经合组织OLIS数据库及世界银行数据库”中各国居民消费支出构成数据年份不同，除意大利的数据为2011年的以外，本书统一采用2010年的数据。此外，伊朗数据不齐全，因此仅对比剩余国家的居民消费支出构成数据。

消费结构要优于中国。乌克兰的生存型消费占比高达 81.85%，其发展型消费（8.40%）和享受型消费（9.75%）占比都较低，说明乌克兰居民消费仍停留在满足基本生存需要上，其消费结构与其他 7 个丝路沿线国家差距较大，还需要进一步提升和优化。

英国、德国、法国和意大利 4 个国家的生存型消费占比均低于丝路沿线国家，尤其是英国和德国的占比均在 50%以下，享受型消费的占比均高于丝路沿线国家，说明这 4 个国家居民生活水平相对较高，消费结构相对合理，丝路沿线国家在消费结构方面还应进一步优化升级。

（二）消费支出明细构成比较

丝绸之路沿线国家居民消费支出构成见表 4-5。在食品烟酒方面，可以看出乌克兰和哈萨克斯坦的支出占比较大，占比近 60%。按照恩格尔系数的划分，食品支出占比超过 60%即认定为贫穷。与丝路沿线其他国家相比，中国、土耳其和俄罗斯在食品烟酒方面的消费占比相对较低，但也均超过了 30%，其占比分别为 37.00%、32.40%和 36.02%。而英国、德国和法国等国的食品烟酒消费占比都较小，均在 17%以下，这与其发达国家的现状相符。乌克兰等国家食品消费占比过大导致它们的恩格尔系数较大，说明这些国家的经济发展相比德、法等欧洲国家较差。随着国民收入的增加，恩格尔系数会逐渐减小，故食品烟酒支出占比较大的国家的当务之急是发展经济，不断提高本国居民收入。

在衣着支出方面，各个国家的占比相对均比较低，并且各国之间相差不大。除俄罗斯以外，其他各国衣着支出占比都在 10%以下，说明衣着支出占的比重并不大。中国在衣着方面的支出占比为 9.57%，相比其他国家来看其占比较高。

在居住方面，英国、德国和法国等发达国家的占比在 30%左右，其中占比最高的法国达到 31.26%，在丝绸之路沿线国家中，土耳其在居住方面的消费占比也高达 27.23%，印度和巴基斯坦在居住方面的消费占比超过了 20%。相对来说，中国、俄罗斯、哈萨克斯坦以及乌克兰在居住方面的消费占比偏低。在发达国家，大多数人的住房已经不仅仅是维持生存需要意义上的住房，而是带有发展和享受消费的性质，因此，发达国家的住房消费占比较大。而对于经济基础比较弱的国家来说，它们的人均收入低，居民消费总支出中的一大半都用于衣食住等以解决生存问题。

在交通通信支出方面，土耳其的交通通信消费占比最高，其占比达到18.80%，其次是俄罗斯，占比为17.52%，二者均超过英国、德国和法国等发达国家在交通通信方面的消费占比，表现出较强的优势。交通通信支出占比反映了国家现代化的程度，中国交通通信消费的占比为13.69%，遥遥领先于乌克兰、哈萨克斯坦等国，但与土耳其、俄罗斯等交通通信消费占比较大的国家相比还存在一定的差距。

在教育文化娱乐方面，中国家庭对于教育的重视程度十分高，中国在教育文化娱乐方面的消费占比达到11.17%，仅次于英国（12.67%），略高于德国、法国等先进国家，更是远超过乌克兰、土耳其等丝绸之路沿线其他国家，可见中国对教育文化的重视。除中国以外，其他丝绸之路沿线国家在教育文化娱乐方面消费的占比均不到4%，其中，乌克兰教育文化娱乐消费的占比仅为0.26%。

在医疗保健支出方面，各个国家的差异不大，并且其占比数值均比较小。印度、中国和哈萨克斯坦的占比最大，分别为6.92%、6.71%和6.48%，医疗保健支出占比最小的是英国，其占比仅为1.57%。许多发达国家拥有较完备的医疗保险制度和社会保障制度，居民的医疗支出大部分由政府承担，因此医疗保健消费的占比不大。

在生活用品及服务消费方面，英国（10.16%）的消费占比明显高于其他国家，中国（6.40%）、法国（7.00%）和德国（5.75%）在生活用品及服务方面的消费占比相差不大。土耳其、乌克兰、印度和巴基斯坦在生活用品及服务方面的消费占比不足1%，其中印度最低，占比仅0.06%。

在其他用品及服务方面，中国的消费占比最低，仅3.32%，远低于英国（11.99%）、德国（12.81%）和法国（10.91%）等发达国家，与其他丝绸之路沿线国家相比也还存在一定的差距。俄罗斯在其他用品及服务方面的消费占比最大，达到 15.04%，高于英国、德国等国家。

表 4-5　丝路沿线国家居民消费支出构成

国家	年份	食品烟酒/%	衣着/%	居住/%	交通通信/%	教育文化娱乐/%	医疗保健/%	生活用品及服务/%	其他用品及服务/%
中国	2010	37.00	9.57	12.14	13.69	11.17	6.71	6.40	3.32
哈萨克斯坦	2010	58.71	7.53	10.46	5.76	2.13	6.48	—	8.94
伊朗	2010	—	—	—	—	—	—	—	—
土耳其	2010	32.40	5.33	27.23	18.80	1.22	3.16	0.16	11.70
乌克兰	2010	64.18	7.11	10.56	4.99	0.26	3.15	0.37	9.38
俄罗斯	2010	36.02	11.08	12.20	17.52	1.94	4.80	1.42	15.04
印度	2010	44.63	5.98	20.72	8.49	3.54	6.92	0.06	9.66
巴基斯坦	2010	49.99	5.48	21.88	8.75	1.92	4.05	0.10	7.83
英国	2010	13.27	5.60	27.63	17.13	12.67	1.57	10.16	11.99
德国	2010	14.15	5.07	30.77	16.16	10.15	5.14	5.75	12.81
法国	2010	16.52	4.34	31.26	16.72	9.42	3.83	7.00	10.91
意大利	2011	16.99	7.39	29.62	15.15	8.26	2.85	10.15	9.59

注：一表示部分缺失的数据。

数据来源：根据“经合组织 OLIS 数据库及世界银行数据库”相关数据资料整理。

三、居民消费率比较

消费率是指一个国家或地区在一定时期内（通常为 1 年）的最终消费（用于居民个人消费和社会消费的总额）占当年 GDP 的比率，它反映了一个国家生产的产品用于最终消费的比重，是衡量国民经济中消费比重的重要指标。

表 4-6　丝路沿线国家居民消费率　　单位：%

国家	2005 年	2010 年	2014 年	2015 年	2016 年
中国	38.10	34.70	37.40	37.10	39.36
哈萨克斯坦	49.90	49.30	52.10	56.50	55.90
伊朗	44.60	46.10	50.60	50.30	—

续表

国家	2005 年	2010 年	2014 年	2015 年	2016 年
土耳其	71.70	71.20	68.90	68.70	59.50
乌克兰	57.90	62.90	71.40	67.60	65.30
俄罗斯	49.40	59.60	53.60	51.90	53.40
印度	57.60	56.40	58.00	59.10	59.40
巴基斯坦	76.90	79.70	80.70	79.20	80.10
英国	64.10	64.70	64.70	65.10	66.00
德国	58.80	57.50	54.60	54.00	53.60
法国	56.90	58.00	55.20	55.10	55.20
意大利	49.36	50.58	61.40	61.10	60.60

注：—表示部分缺失的数据。

数据来源：根据“世界银行 WDI 数据库”相关数据资料整理。

由表 4-6 可以看出，中国的消费率明显低于丝路沿线国家。2005 年，中国居民消费率为 38.10%，2016 年为 39.36%，中国居民消费率一直保持在 40%以下，中国的居民消费率普遍低于沿线国家 10 个百分点以上，相对而言，中国的消费需求表现不足。除中国以外的 7 个丝绸之路沿线国家，居民消费率略有波动，到 2014 年基本已经保持在 50%以上的高位水平，尤其是巴基斯坦，居民消费率一直处于最高值，与此相比，同期中国居民消费率仅有巴基斯坦的一半。居民消费率较高的国家还有土耳其和乌克兰，但土耳其的居民消费率一直呈下降趋势，由 2005 年的 71.70% 下降至 2016 年的 59.50%，下降了 12.2 个百分点。而乌克兰在 2014 年以前整体呈上升趋势，但在随后的两年中，一直处于下降趋势，可见乌克兰居民的消费率波动较大。

选取的 4 个欧洲国家的居民消费率普遍在 50%以上，2005 年，意大利的居民消费率为 49.36%，低于其他三个国家。到 2016 年，意大利的居民消费率已经上升至 60.60%，在 2005—2016 年整体呈上升趋势，但德国和法国的居民消费率有小幅度下降趋势，到 2016 年，其分别下降至 53.60% 和 55.20%，仅高于中国和俄罗斯。

总的来说，无论是与同期丝路沿线国家相比，还是与英国、法国、意大利和德国 4 个国家的居民消费率相比，中国的居民消费率都处于偏低水平，为了提高消费率，中国还应进一步激发消费需求。

第三节　本章小结

本章主要选取了中国、哈萨克斯坦、伊朗、土耳其、印度、巴基斯坦、俄罗斯和乌克兰等 8 个丝绸之路沿线国家与欧洲 4 个发达国家英国、德国、法国、意大利，在时间上选取 5 个典型年份，从居民家庭收入与分配两个方面进行对比分析，得出如下结论：

第一，丝绸之路沿线国家的居民人均总收入整体较低，低于世界平均水平，与英国、德国、法国、意大利发达国家差距较大。在丝绸之路沿线国家国内居民收入分配中，中国、俄罗斯和土耳其基尼系数均超过了 0.4，收入分配差距较大。哈萨克斯坦和乌克兰的基尼系数在 0.2~0.3，国内居民收入水平差异较小。

第二，在居民家庭消费方面，从居民人均最终消费支出来看，丝绸之路沿线国家居民人均最终消费支出明显低于欧洲发达国家，印度和巴基斯坦的人均最终消费支出直到 2015 年还未达到 1 000 美元，消费水平明显太低；从人均居民消费支出构成来看，丝绸之路沿线国家生存型消费占比较高，均在 50%以上，其次是发展型消费，最后是享受型消费，其占比超过 10%的仅有土耳其与俄罗斯两个国家，与发达国家相去甚远。

第三，从丝绸之路沿线国家的消费率来看，各国的消费率相对稳定，大部分国家消费率都稳定在 50%～60%，与发达国家基本没有差异，而巴基斯坦消费率较高，达到 80%左右，中国相应偏低，仅为 40%以下。

第五章
丝绸之路沿线区域居民食品烟酒类消费状况
——以西北五省为例[①]

随着中国经济的持续增长，人民生活水平不断提高，城乡居民消费结构也在不断地改变，老百姓不再仅为温饱问题而消费，也开始注重食品的营养均衡搭配和层次提高。但收入水平、城乡差异、地区差异、消费习惯等因素影响着消费水平和消费结构。食品烟酒类消费在我国消费分类中排在首位，它是居民家庭消费中重要的组成部分。食品烟酒类消费主要指食品消费与烟酒消费。食品方面的支出一般包括玉米、肉类、蔬菜、点心、饮料等及在外就餐的支出。本章根据调查数据分析西北五省区的城乡食品烟酒类的消费情况，对了解丝绸之路沿线居民生活水平具有重要的现实意义。

第一节　整体状况分析

一、描述性统计分析

（一）家庭每月在食品方面的支出

食品消费是居民基本的物质需求，是生存的基本条件，是每个家庭消费支出中不可或缺的一部分，食品方面的支出占总支出的比重与居民生活水平高低密切相关。居民家庭每月在食品方面的支出情况的调查结果见图 5-1。

---

① 本章及以后各章有关居民家庭消费支出的数据及其分类均依据《中国统计年鉴》中居民消费支出的分类办法，不以民族、宗教作为居民家庭消费分类的划分依据；数据采样均为西北五省，以后各章不再一一说明。

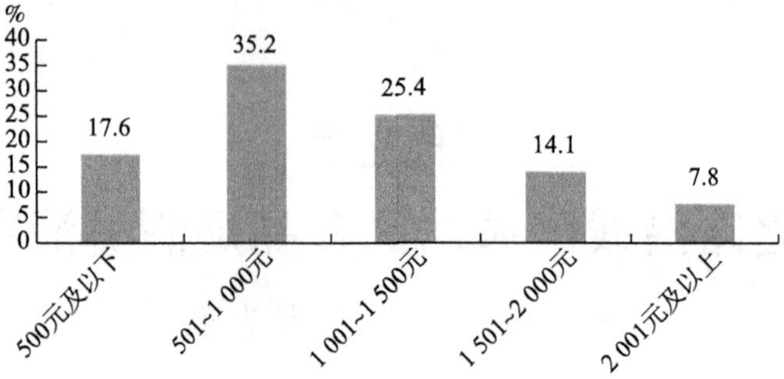

图 5-1 家庭每月食品支出

数据来源：根据本书项目组调查问卷数据计算而得。

丝绸之路沿线区域家庭在食品方面的月均支出差距相对较小，60.6%的家庭集中在501~1 500元，500元及以下占比为17.6%，不足8%的居民家庭在2 001元及以上。

（二）家庭每月在烟酒方面的支出

在我国居民的消费习惯中，烟酒类的消费在大多数家庭中都有，随着居民收入的增加，导致烟酒类消费也在增长，其中酒类消费已经远高于世界其他国家。在被调查的家庭中，烟酒月均消费在500元以上的达到45.5%，接近一半的规模，烟酒类消费虽未成为居民消费必需品，但也成为家庭消费中的重要组成部分（见图5-2）。

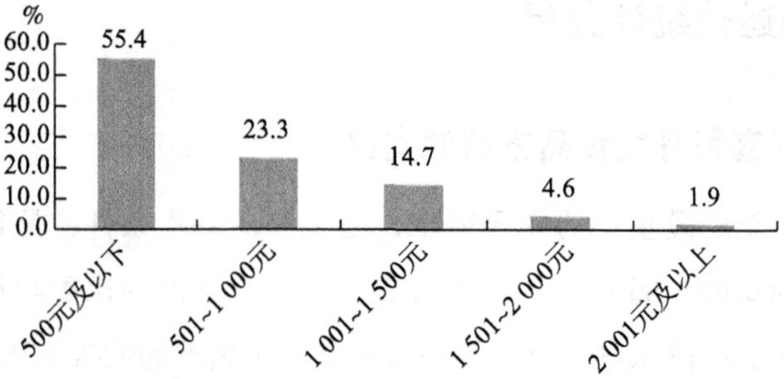

图 5-2 家庭每月烟酒支出

数据来源：根据本书项目组调查问卷数据计算而得。

二、分城乡状况分析

（一）分城乡居民家庭在食品方面的支出

从城乡角度来看，城镇在食品方面的支出在 1 001 元及以上占比达到 55%，而农村在食品方面的支出主要集中在 1 000 元及以下，达到 69.2%，城镇的食品消费平均水平要高于农村的食品消费平均水平。2016 年我国城镇居民在食品烟酒方面的人均年消费为 6 762.4 元，同期，我国西北地区农村居民在食品烟酒方面的消费为 2 481.66 元，低于全国水平的 3 266.1 元，且远低于城镇水平。根据卡方检验，可以看出城乡居民在食品消费方面差异显著（P=0.00<0.05），且城镇居民在食品方面的消费明显比农村居民高（见表 5-1）。

表 5-1　城乡居民家庭在食品方面的支出

项目	500 元及以下/%	501～1 000 元/%	1 001～1 500 元/%	1 501～2 000 元/%	2 001 元及以上/%	卡方检验（P 值）
总计	（350）	（701）	（507）	（281）	（155）	145.861（0.00）
城镇	11.60	33.40	28.70	16.80	9.50	
农村	30.30	38.90	18.30	8.40	4.10	

注：括号内数据为频数，下同。

数据来源：根据本书项目组调查问卷数据计算而得。

（二）分城乡居民家庭在烟酒方面的支出

烟酒种类丰富、价位多样，其相比食品来说不是生活必需品，城乡在烟酒方面的支出主要集中在 500 元及以下。此外，烟酒消费在 2 001 元及以上的人数占比，城镇高于农村，这与城镇和农村的经济水平差异有着必然联系。同时卡方检验结果表明，城乡居民家庭在烟酒方面的支出具有显著性差异（P=0.000<0.05），这也说明了城乡发展不平衡（见表 5-2）。

表 5-2　城乡居民家庭在烟酒方面的支出

项目	500 元及以下/%	501~1 000 元/%	1 001~1 500 元/%	1 501~2 000 元/%	2 001 元及以上/%	卡方检验（P 值）
总计	(1 104)	(465)	(293)	(92)	(38)	24.245（0.000）
城镇	52.20	24.40	15.50	5.50	2.40	
农村	62.40	21.00	13.00	2.70	0.90	

数据来源：根据本书项目组调查问卷数据计算而得。

第二节　区域状况分析

一、区域状况分析

（一）居民家庭在食品方面的支出

从表 5-3 来看，陕西居民家庭食品消费在 500 元及以下的占比（23.9%）是五省区中最高的，1 500 元以上的占比只有 18%，而宁夏在 1 500 元以上的占比最高，达到 27%。此外，新疆在 501 ~ 1 000 元的居民家庭达到 42.1%，明显高于其他省区，可以看出五省区之间的消费差异较为明显，同时卡方检验结果表明，五省区家庭在食品方面的支出具有显著性差异（P = 0.000<0.05），即五省区在食品方面的支出差异较大，其中陕西和新疆两省区居民家庭在食品方面的消费水平还有较大提升空间（见表 5-3）。

表 5-3　家庭每月在食品方面的支出及范围比例

省区	500 元及以下/%	501~1 000 元/%	1 001~1 500 元/%	1 501~2 000 元/%	2 001 元及以上/%	卡方检验（P 值）
总计	(350)	(701)	(507)	(281)	(155)	44.393（0.000）
陕西	23.9	34.4	23.7	11.1	6.9	
甘肃	18.0	35.2	23.4	16.7	6.7	

续表

省区	500元及以下/%	501~1 000元/%	1 001~1 500元/%	1 501~2 000元/%	2 001元及以上/%	卡方检验（P值）
宁夏	12.9	33.9	26.3	17.9	9.1	44.393（0.000）
青海	13.9	32.6	30.2	13.7	9.7	
新疆	16.9	42.1	23.0	11.5	6.5	

数据来源：根据本书项目组调查问卷数据计算而得。

（二）居民家庭在烟酒方面的支出

西北五省区家庭每月在烟酒方面的支出在500元及以下的占比均超过50%，宁夏和新疆家庭每月在烟酒方面的支出超过2 000元的比例高于陕西、甘肃及青海。由卡方检验结果可以看出，西北五省区家庭每月在烟酒方面的支出具有显著性差异（$P=0.004<0.05$），且宁夏和新疆的家庭烟酒月支出高于其他三省区（见表5-4）。

表5-4　家庭每月在烟酒方面的支出及范围比例

省区	500元及以下/%	501~1 000元/%	1 001~1 500元/%	1 501~2 000元/%	2 001元及以上/%	卡方检验（P值）
总计	（1 104）	（465）	（293）	（92）	（38）	34.889（0.004）
陕西	60.5	21.7	13.0	3.4	1.4	
甘肃	55.0	22.0	17.6	4.5	0.9	
宁夏	53.3	23.8	14.4	3.8	4.7	
青海	51.3	27.7	14.2	5.5	1.3	
新疆	56.1	20.9	14.4	6.5	2.2	

数据来源：根据本书项目组调查问卷数据计算而得。

二、分城乡状况分析

（一）城乡居民家庭在食品方面的支出差异分析

城乡发展不平衡问题的存在，导致了城乡居民的消费支出有明显差异。西北五省区的城镇在食品方面的月支出大部分集中在501~1 500元，除了青海以外，其他省区农村在食品方面的月支出主要集中在1 000元及以下。食品支出超过 2 001 元的比例，城镇普遍比农村高。五省区城乡在食品方面的支出都具有显著性差异（P<0.05），且城镇食品支出高于农村，说明五省区的城镇居民的生活水平相对更好。陕西、甘肃的卡方检验值较高，这两个省家庭食品支出方面城乡差异更大（见表 5-5）。

表 5-5 分城乡居民家庭在食品方面的支出

省区		500 元及以下/%	501~1 000 元/%	1 001~1 500 元/%	1 501~2 000 元/%	2 001 元及以上/%	卡方检验（P 值）
陕西	总计	(118)	(170)	(117)	(55)	(34)	44.397 (0.000)
	城镇	16.7	32.7	28.6	13.1	8.9	
	农村	39.2	38	13.3	7	2.5	
甘肃	总计	(81)	(158)	(105)	(75)	(30)	47.674 (0.000)
	城镇	9.9	32.5	28.1	22.3	7.3	
	农村	30.9	39.4	16	8	5.7	
宁夏	总计	(41)	(108)	(84)	(57)	(29)	34.63 (0.000)
	城镇	7.6	29.1	31.4	20.6	11.2	
	农村	25	44.8	14.6	11.5	4.2	
青海	总计	(63)	(148)	(137)	(62)	(44)	12.229 (0.016)
	城镇	11	33.4	29.1	15	11.3	
	农村	21.1	30.5	32.8	10.2	5.5	
西藏	总计	(47)	(117)	(64)	(32)	(18)	27.371 (0.000)
	城镇	10.9	40.6	26.2	13.9	8.4	
	农村	32.9	46.1	14.5	5.3	1.3	

数据来源：根据本书项目组调查问卷数据计算而得。

（二）城乡居民家庭在烟酒方面的支出差异分析

五省区城乡在烟酒方面的支出大部分集中在 500 元及以下。陕西、青海、新疆三省区的城乡在烟酒方面的支出不具有显著性差异（P>0.05），说明这三个省区在烟酒支出方面城乡差别不大。而甘肃、宁夏两省区的城乡在烟酒支出方面具有显著性差异（P<0.05），说明两省区在烟酒支出方面受城乡发展不平衡的影响较大（见表 5-6）。

表 5-6　分城乡居民家庭在烟酒方面的支出

省区		500 元及以下/%	501～1 000 元/%	1 001～1 500 元/%	1 501～2 000 元/%	2 001 元及以上/%	卡方检验（P 值）
陕西	总计	(299)	(107)	(64)	(17)	(7)	4.266 (0.371)
	城镇	59.5	20.5	14	4.2	1.8	
	农村	62.7	24.1	10.8	1.9	0.6	
甘肃	总计	(247)	(99)	(79)	(20)	(4)	19.876 (0.001)
	城镇	47.8	24.5	21.5	5.8	0.4	
	农村	66.3	18.3	11.4	2.3	1.7	
宁夏	总计	(170)	(76)	(46)	(12)	(15)	11.918 (0.018)
	城镇	49.3	25.1	13.9	5.4	6.3	
	农村	62.5	20.8	15.6	0	1	
青海	总计	(232)	(125)	(64)	(25)	(6)	4.937 (0.294)
	城镇	50	28.4	13.3	6.8	1.5	
	农村	54.7	25.8	16.4	2.3	0.8	
新疆	总计	(156)	(58)	(40)	(18)	(6)	8.659 (0.070)
	城镇	52.5	23.8	15.3	5.4	3	
	农村	65.8	13.2	11.8	9.2	0	

数据来源：根据本书项目组调查问卷数据计算而得。

第三节　区域差异分析①

一、居民家庭食品类消费差异分析

由表 5-7 和图 5-3 可以看出，宁夏、青海食品消费支出高于西北五省区平均水平，陕西、新疆食品消费支出低于西北平均水平，西北五省区食品方

① 为了利用调查数据对不同地区居民消费等级进行分析，对问卷中消费选项没有采用组中值，而是通过赋值方式，即 A 取 1，B 取 2……依次类推。后面对各类消费进行区域差异分析时采用同样方式。

面支出的平均值为2.59，95%置信区间为（2.54，2.64）。陕西均值为2.43，在95%置信度下置信区间为（2.32，2.53），低于西北五省区平均水平。宁夏在食品方面的支出水平最高（2.76），95%置信区间为（2.64，2.89），还有青海（2.73）也远高于西北五省区平均水平。

表5-7 居民家庭食品方面支出的描述性统计量表

省区	样本量	平均值	标准偏差	标准误	平均值95%置信区间	
					下限值	上限值
陕西	494	2.43	1.167	0.052	2.32	2.53
甘肃	449	2.59	1.158	0.055	2.48	2.70
宁夏	319	2.76	1.159	0.065	2.64	2.89
青海	454	2.73	1.155	0.054	2.62	2.83
新疆	278	2.49	1.100	0.066	2.36	2.62
西北	1 994	2.59	1.158	0.026	2.54	2.64

数据来源：根据本书项目组调查问卷数据计算而得。

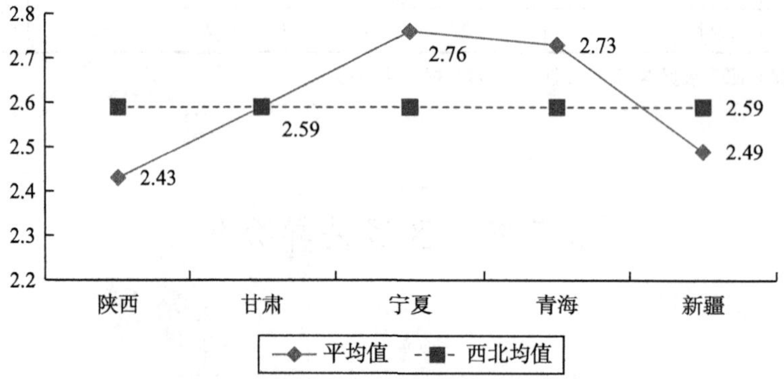

图5-3 居民家庭食品方面消费的均值图

数据来源：根据本书项目组调查问卷数据计算而得。

从表5-8方差分析结果中可以看出，整体检验的F值为6.477（P=0.000<0.05），达到显著水平，表示五省区在食品支出方面存在显著性差异，至于是哪些配对组别间的差异达到显著，需进行多重比较方能得知。

表 5-8　ANOVA 方差分析（食品）

项目	平方和	df	均方	F	显著性
组间	34.370	4	8.592	6.477	0.000
组内	2 638.593	1 989	1.327		
总计	2 672.963	1 993			

表 5-9 显示了两两省份居民家庭食品支出平均水平检验的结果。可以看出，甘肃与其他四省区在食品支出方面都没有显著性差异。陕西与宁夏和青海在食品支出方面均有显著性差异，与新疆无显著性差异。宁夏与新疆在食品方面的支出有显著性差异（概率 P 值为 0.026），且宁夏显著高于新疆，而与青海的食品消费没有显著性差异（概率 P 值为 0.991）。与此同时，青海在食品方面的支出显著高于新疆（概率 P 值为 0.047）。

表 5-9　居民家庭食品方面 Tukey HSD 检验结果

省份（I）	组别（J）	平均差（I-J）	标准误	显著性	95%置信区间	
					下限值	上限值
陕西	甘肃	-0.161	0.075	0.203	-0.37	0.04
	宁夏	-0.338*	0.083	0.000	-0.56	-0.11
	青海	-0.300*	0.075	0.001	-0.50	-0.10
	新疆	-0.058	0.086	0.961	-0.29	0.18
甘肃	陕西	0.161	0.075	0.203	-0.04	0.37
	宁夏	-0.177	0.084	0.221	-0.41	0.05
	青海	-0.139	0.077	0.367	-0.35	0.07
	新疆	0.102	0.088	0.772	-0.14	0.34
宁夏	陕西	0.338*	0.083	0.000	0.11	0.56
	甘肃	0.177	0.084	0.221	-0.05	0.41
	青海	0.038	0.084	0.991	-0.19	0.27
	新疆	0.279*	0.095	0.026	0.02	0.54
青海	陕西	0.300*	0.075	0.001	0.10	0.50
	甘肃	0.139	0.077	0.367	-0.07	0.35
	宁夏	-0.038	0.084	0.991	-0.27	0.19
	新疆	0.241*	0.088	0.047	0.00	0.48

续表

省份（I）	组别（J）	平均差（I-J）	标准误	显著性	95%置信区间	
					下限值	上限值
新疆	陕西	0.058	0.086	0.961	-0.18	0.29
	甘肃	-0.102	0.088	0.772	-0.34	0.14
	宁夏	-0.279*	0.095	0.026	-0.54	-0.02
	青海	-0.241*	0.088	0.047	-0.48	0.00

注：* 表示均值差的显著性水平为 0.05。

数据来源：根据本书项目组调查问卷数据计算而得。

二、居民家庭烟酒类消费差异分析

从表5-10与图5-4可以看出，五省区烟酒方面支出的平均值为1.74，总体均值95%置信区间为（1.70，1.79）。宁夏在烟酒方面的支出水平最高（1.83），其次是青海（1.78）、新疆（1.78），且三地都超出了西北五省区的平均水平，甘肃为西北五省区平均水平（1.74），而陕西在烟酒支出方面的水平最低（1.64），低于西北五省区平均水平。

表5-10　居民家庭烟酒方面支出的描述性统计量表

省区	样本量	平均值	标准偏差	标准误	平均值95%置信区间	
					下限值	上限值
陕西	494	1.64	0.932	0.042	1.55	1.72
甘肃	449	1.74	0.959	0.045	1.65	1.83
宁夏	319	1.83	1.107	0.062	1.71	1.95
青海	452	1.78	0.974	0.046	1.69	1.87
新疆	278	1.78	1.055	0.063	1.65	1.90
西北	1 992	1.74	0.996	0.022	1.70	1.79

数据来源：根据本书项目组调查问卷数据计算而得。

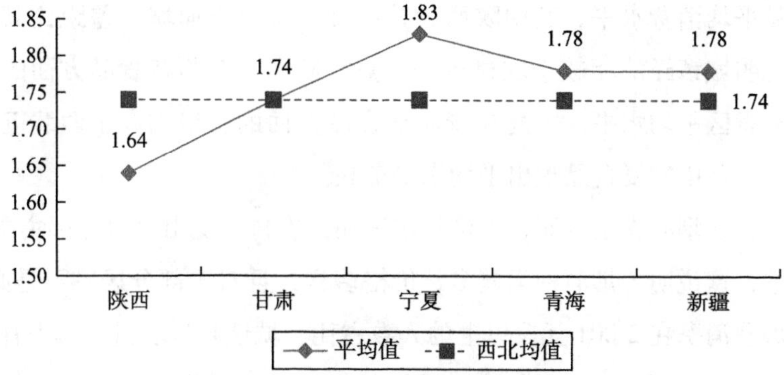

图 5-4　居民家庭烟酒方面消费的均值图

数据来源：根据本书项目组调查问卷数据计算而得。

从表 5-11 方差分析结果可知，居民家庭烟酒类消费的离差平方总和为 1 974.887，不同省份可解释的变差为 8.877，抽样误差引起的变差为 1 966.010，由此可得整体检验的 F 值为 2.243，概率 P 值为 0.062，大于显著性水平 0.05，因此不拒绝原假设，说明不同省份对烟酒类消费影响不显著。

表 5-11　ANOVA 方差分析（烟酒）

项目	平方和	df	均方	F	显著性
组间	8.877	4	2.219	2.243	0.062
组内	1 966.010	1 987	0.989		
总计	1 974.887	1 991			

第四节　本章小结

本章主要分析了各省区及城乡食品烟酒类家庭月均支出的状况及差异，得出以下结论：

第一，在食品支出方面，城镇的食品支出主要集中在 501 ~1 500 元，农村食品支出主要集中在 1 000 元及以下，在支出大于等于 2 001 元的对比中，城镇的人数占比高于农村人数占比，城镇的食品消费平均水平要高于农村的食品平均消费水平，其中陕西、甘肃食品支出方面城乡差距比其他三地大，也说明城镇经济相较于农村更好一点。陕西、新疆在食品方面的支出低于西北五省区平均水平，宁夏和青海在食品方面的支出均高于西北五省区的平均水平，其中宁夏食品支出平均水平最高。

第二，在烟酒支出方面，无论是城镇还是农村，支出大部分都集中在500元及以下，这说明了烟酒种类繁多，价格多样，且对于部分居民不是必需品。此外，烟酒消费在2 001元及以上的人数占比，城镇超过农村，其中甘肃、宁夏在烟酒支出方面城乡差异较大，城镇的烟酒消费平均水平要高于农村的烟酒平均消费水平。陕西在烟酒方面的支出低于西北五省区平均水平，宁夏、青海、新疆在烟酒方面的支出高于五省区的平均水平，其中宁夏烟酒支出平均水平最高。

第六章
丝绸之路沿线区域居民衣着类消费状况

衣着类消费是我国居民日常生活中不可或缺的组成部分，衣着类包括服装、鞋类及相关配件等。随着我国经济快速增长，居民收入水平显著提升，居民消费观念也日益发生变化，对衣着的消费种类和档次要求逐渐提高，衣着类消费在满足人们基本要求的同时趋向时尚化、职业化、个性化等。

第一节　整体状况分析

一、描述性统计分析

由图 6-1 可以看出，在被调查的家庭中，65.8%的居民家庭每年用于衣着方面的支出在 501～2 000 元，13.3%的居民人均衣着支出不超过 500 元，14.6%的居民人均支出在 2 001～5 000 元，只有 6.3%的居民衣着支出高于 5 000 元，我国西北地区居民家庭 2016 年在衣着方面的人均消费为 1 155.9 元，低于全国水平（1 202.7 元），而在丝绸之路沿线区域中，低于东北三省(1 441.8 元)，高于西南四省市区（925.1 元），居于中间水平。衣着类消费在八大类消费中排名第 6 位，排名相对比较靠后，消费支出较低。

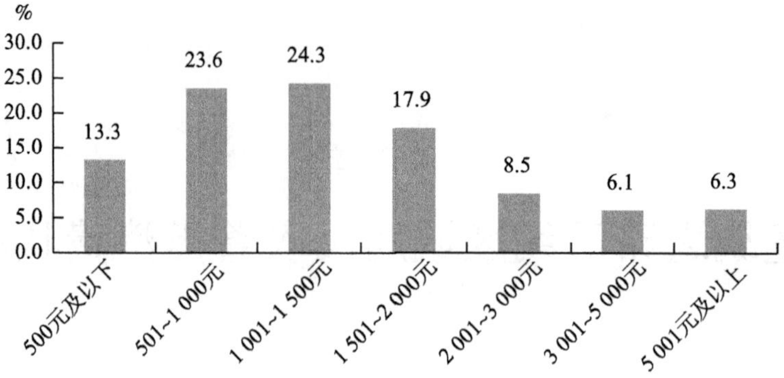

图 6-1　家庭每月衣着支出

数据来源：根据本书项目组调查问卷数据计算而得。

二、分城乡状况分析

由表 6-1 可知，被调查家庭中，城镇居民家庭平均每年衣着支出在 501~2 000 元占比 65.9%，其中消费在 1 001 ~1 500 元所占的比例最大（25.40%）。仅有 48.4%的农村居民衣着类的支出超过 1 000 元。2016 年，全国城镇居民在衣着方面的消费为 1 739 元，西北地区为 1 795.1 元，西北地区衣着消费水平略高于全国水平。同期，我国西北地区农村居民在衣着方面的消费（602.4 元）略高于全国水平（575.4 元），但远低于城镇水平，城乡差距明显。

表 6-1　分城乡居民家庭衣着支出表

项目	500 元及以下/%	501~1 000 元/%	1 001~1 500 元/%	1 501~2 000 元/%	2 001~3 000 元/%	3 001~5 000 元/%	5 001 元及以上/%	卡方检验（P 值）
总计	(266)	(471)	(485)	(356)	(170)	(121)	(125)	107.541 (0.000)
城镇	9.70	20.40	25.40	20.10	9.20	7.10	8.10	
农村	21.20	30.50	22.00	13.10	7.10	3.80	2.40	

总的来说，2016 年西北地区城镇居民在衣着方面的人均消费支出是农村的 2.98 倍。通过对调查数据的处理，其卡方检验值为 107.541，概率 P 值为 0.000，表明城乡居民家庭在衣着支出方面有显著差异。

第二节　区域状况分析

一、区域状况分析

2016 年西北五省区居民家庭衣着类平均消费为 1 155.9 元，青海、宁夏和新疆略高于西北五省区平均水平，陕西和甘肃低于其平均水平。根据调查数据，新疆的衣着支出主要分布在 501～2 000 元，其占比高达 71.6%。统计数据显示，2016 年，新疆在衣着方面的人均消费支出为 1 271.6 元，相对西北五省区的其他省区来说，表现出较强的优势。宁夏 63%的居民家庭衣着类消费在 501～2 000 元，相对较低，5 001 元及以上的消费占比高于其他几省区，为 8.5%，明显高于新疆的 4.3%。陕西在衣着方面支出 500 元及以下的占比为 17.6%，低消费人群明显多于其他四省区，而支出在 501～1 500 元的家庭占大部分，累计占比 52.6%，统计数据显示，陕西在衣着方面的人均消费支出为 1 024.1 元，低于西北地区的平均水平，说明陕西在衣着消费方面还应进一步提升。

根据卡方检验结果，不同省份的居民家庭在衣着类消费之间的差异是显著的（P=0.000<0.05），即五省区居民在衣着类消费支出方面有明显的差异（见表 6-2）。

表 6-2　西北五省区家庭每月在衣着方面的支出及范围比例

省区	500 元及以下/%	501～1 000 元/%	1 001～1 500 元/%	1 501～2 000 元/%	2 001～3 000 元/%	3 001～5 000 元/%	5 001 元及以上/%	卡方检验（P 值）
总计	（266）	（471）	（485）	（356）	（170）	（121）	（125）	70.137（0.000）
陕西	17.6	25.7	26.9	13.0	5.7	5.1	6.1	
甘肃	12.5	20.9	23.8	22.7	8.9	6.9	4.2	
宁夏	11.6	23.2	27.6	12.2	11.0	6.0	8.5	
青海	12.1	24.7	21.4	16.7	9.5	7.5	8.1	
新疆	11.2	23.0	21.6	27.0	8.6	4.3	4.3	

数据来源：根据本书项目组调查问卷数据计算而得。

二、分城乡状况分析

由表 6-3 可以看出，总的来说，西北五省区的城乡居民在衣着方面的支出差异最显著的为宁夏，其次为甘肃，均通过显著性检验。宁夏的城镇衣着消费主要集中在 1 001~1 500 元，占所调查的户数的 28. 3%；甘肃主要集中在 1501~2 000 元，占比为 27. 4%，说明城镇居民家庭每年在衣着方面的支出相对较高。对于农村居民而言，宁夏与甘肃的家庭每年人均衣着方面的支出主要在 501~1 000 元，宁夏在所调查的农村家庭中人均衣着支出高于 5 000 元的户数为零，说明农村居民在衣着方面高消费的家庭较少，主要集中在低层次的消费。

总体而言，城镇居民家庭每年人均衣着方面的支出结构相对比较均衡，农村居民家庭每年人均衣着消费相对较低，高水平的消费人群较少。城镇居民家庭衣着消费比农村居民高，城镇居民家庭生活质量相对更高。

表 6-3　城乡居民的衣着支出

省区		500 元及以下/%	501~1 000 元/%	1 001~1 500 元/%	1 501~2 000 元/%	2 001~3 000 元/%	3 001~5 000 元/%	5 001 元及以上/%	卡方检验（P 值）
陕西	总计	(87)	(127)	(133)	(64)	(28)	(25)	(30)	27. 517 (0. 000)
	城镇	13. 7	22. 6	28. 9	16. 1	5. 4	6. 3	7. 1	
	农村	25. 9	32. 3	22. 8	6. 3	6. 3	2. 5	3. 8	
甘肃	总计	(56)	(94)	(107)	(102)	(40)	(31)	(19)	30. 355 (0. 000)
	城镇	7. 3	17. 2	25. 2	27. 4	10. 2	7. 7	5. 1	
	农村	20. 6	26. 9	21. 7	15. 4	6. 9	5. 7	2. 9	
宁夏	总计	(37)	(74)	(88)	(39)	(35)	(19)	(27)	38. 912 (0. 000)
	城镇	6. 3	19. 7	28. 3	13. 9	12. 6	7. 2	12. 1	
	农村	24	31. 3	26	8. 3	7. 3	3. 1	0	
青海	总计	(55)	(112)	(97)	(76)	(43)	(34)	(37)	15. 939 (0. 014)
	城镇	10. 4	23	23	15. 6	8. 9	8. 6	10. 4	
	农村	16. 4	28. 9	17. 2	19. 5	10. 9	4. 7	2. 3	
新疆	总计	(31)	(64)	(60)	(75)	(24)	(12)	(12)	24. 724 (0. 000)
	城镇	8. 9	17. 8	20. 8	30. 7	10. 9	5. 4	5. 4	
	农村	17. 1	36. 8	23. 7	17. 1	2. 6	1. 3	1. 3	

数据来源：根据本书项目组调查问卷数据计算而得。

第三节　区域差异分析

关于西北五省区居民家庭衣着类消费的差异，本研究采用单因子方差分析的方法，目的在于检验各组的平均数与总平均数间的差异是否达到统计学上的显著水平。

表 6-4　居民家庭衣着类支出的描述性统计量表

省区	样本量	平均值	标准偏差	标准错误	平均值 95%置信区间	
					下限值	上限值
陕西	494	3. 03	1. 658	0. 075	2. 88	3. 17
甘肃	449	3. 32	1. 578	0. 074	3. 18	3. 47
宁夏	319	3. 39	1. 732	0. 097	3. 20	3. 59
青海	454	3. 42	1. 757	0. 082	3. 26	3. 58
新疆	278	3. 29	1. 515	0. 091	3. 11	3. 47
西北	1 994	3. 28	1. 662	0. 037	3. 21	3. 35

数据来源：根据本书项目组调查问卷数据计算而得。

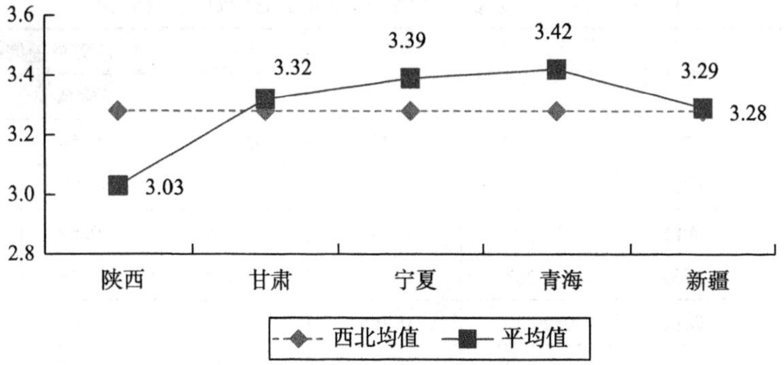

图 6-2　居民家庭衣着方面消费的均值图

数据来源：根据本书项目组调查问卷数据计算而得。

从图 6-2 中可以明显看出，在西北五省区居民衣着类方面支出中，青海消费最高，陕西在衣着方面消费最低，甘肃、新疆接近平均数。从表6-4中可以看出，西北五省区衣着类消费均值为3.28，95%置信区间为（3.21，3.35），西北五省区中陕西均值为3.03，95%置信区间为（2.88，3.17），远低于西北五省区平均水平，甘肃、宁夏、青海和新疆均高于西北五省区的平均值。

表6-5　ANOVA方差分析（衣着）

项目	平方和	df	均方	F	显著性
组间	45.074	4	11.269	4.105	0.003
组内	5 459.893	1 989	2.745		
总计	5 504.967	1 993			

由表6-5可知，居民家庭衣着类消费的离差平方总和为5 504.967，如果仅仅考虑不同省份单个因素的影响，则在衣着类消费总变差中，不同省份可解释的变差为45.074，抽样误差引起的变差为5 459.893，最终所得的衣着类消费的整体检验F值等于4.105，对应的P值为0.003，即P<0.05，所以应拒绝原假设，表示五个不同省份在衣着类消费方面均有显著性差异。但不能得出各省份两两之间的差异情况，因此进行多重比较，可以得知是哪些省份配对组别间的差异达到显著。具体Games-Howell检验结果见表6-6。

表6-6　居民家庭衣着类消费Games-Howell检验结果

省份（I）	组别（J）	平均差（I-J）	标准误	显著性	95%置信区间	
					下限值	上限值
陕西	甘肃	-0.295*	0.105	0.042	-0.58	-0.01
	宁夏	-0.367*	0.122	0.024	-.70	-0.03
	青海	-0.390*	0.111	0.004	-0.69	-0.09
	新疆	-0.263	0.118	0.167	-0.58	0.06
甘肃	陕西	0.295*	0.105	0.042	0.01	0.58
	宁夏	-0.072	0.122	0.977	-0.41	0.26
	青海	-0.096	0.111	0.911	-0.40	0.21
	新疆	0.032	0.117	0.999	-0.29	0.35

续表

省份（I）	组别（J）	平均差（I-J）	标准误	显著性	95%置信区间	
					下限值	上限值
宁夏	陕西	0.367*	0.122	0.024	0.03	0.70
	甘肃	0.072	0.122	0.977	-0.26	0.41
	青海	-0.024	0.127	1.000	-0.37	0.32
	新疆	0.104	0.133	0.936	-0.26	0.47
青海	陕西	0.390*	0.111	0.004	0.09	0.69
	甘肃	0.096	0.111	0.911	-0.21	0.40
	宁夏	0.024	0.127	1.000	-0.32	0.37
	新疆	0.127	0.123	0.838	-0.21	0.46
新疆	陕西	0.263	0.118	0.167	-0.06	0.58
	甘肃	-0.032	0.117	0.999	-0.35	0.29
	宁夏	-0.104	0.133	0.936	-0.47	0.26
	青海	-0.127	0.123	0.838	-0.46	0.21

注：*表示均值差的显著性水平为0.05。

数据来源：根据本书项目组调查问卷数据计算而得。

从表6-6中的“平均差（I-J）”可以看出，在显著水平为0.05的条件下，在Games-Howell检验中，陕西与甘肃、宁夏、青海有显著性差异，概率P值分别为0.042、0.024和0.004，陕西与新疆没有显著差异（概率P值为0.167）。在其他四个省份中，甘肃与宁夏、青海和新疆均没有显著性差异（概率P值均大于0.05）。宁夏与青海、新疆同样P值大于显著水平0.05，无显著差异。青海与新疆也无显著差异。

第四节　本章小结

本章主要分析了西北五省区居民的衣着类消费状况和其区域差异。其分析结果总结如下：

衣着类的人均年支出主要集中在1 001~1 500元，属于中等消费水平。由于不同省份经济与文化的差异，导致衣着类消费的城乡差异和地区差异都较为明显。城镇的衣着支出相对大于农村居民的支出，受收入等因素的影响，农村居民衣着类消费仍处在实用型层次上，时尚品牌等价位较高的衣着走进寻常百姓家庭仍需时日。

第七章
丝绸之路沿线区域居民居住类消费状况

随着收入的不断增加，居民在满足一定的衣食消费水平的基础上，对住房的需求越来越旺盛。我国居住方式主要分为自有房和租赁房两种，与居住有关的支出，既包括房租、水、电、燃料、物业管理等方面的支出，也包括自有住房折算租金。受自建房土地、原材料成本和房租价格过高等因素影响，居住类消费在居民总消费中的比重越来越高，在一定程度上加大了居民经济负担。

第一节　整体状况分析

一、描述性统计分析

（一）丝路沿线区域居民家庭住房情况

由图 7-1 可知，在被调查的家庭中，自有房所占的比例为 78.3%，租房所占的比例为 21.7%，自有房比例是租房的 3.61 倍。由此可知，丝绸之路沿线省份居民家庭居住条件总体较为理想。

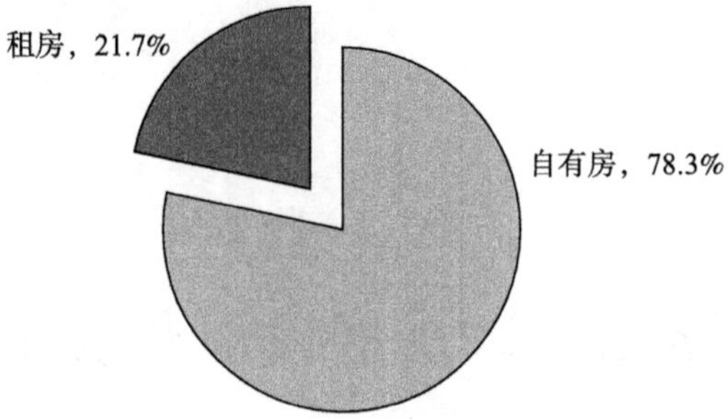

图 7-1　丝路沿线区域居民家庭租房及自有房占比

数据来源：根据本书项目组调查问卷数据计算而得。

（二）丝路沿线区域居民家庭住房面积

由图 7-2 可知，在被调查的家庭中，家庭住房面积主要集中在 81~120 平方米，其占比为 49.2%，大约一半的家庭住房条件较为优越。小于 81 平方米的人数占比 23.1%，高于 120 平方米的占比为 27.6%，大面积居住条件的居民家庭数高于小面积家庭数。由此得出，居民家庭在住房方面处在较为理想的状态。

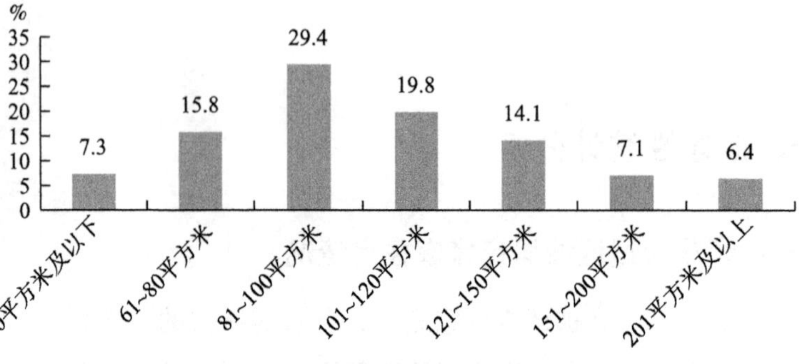

图 7-2　丝路沿线区域居民家庭住房面积占比

数据来源：根据本书项目组调查问卷数据计算而得。

（三）丝路沿线区域居民家庭每月房租

由图 7-3 可知，在被调查的家庭中，自有房的居民占比最多，无房租的占比为 76.7%，房租 501~1 000 元的占比为 8.2%，高于 1 500 元的占比较小，仅为3.6%，高房租情况相对较少，这与地区经济发展水平、城镇化水平和人口流动性等因素密切相关。

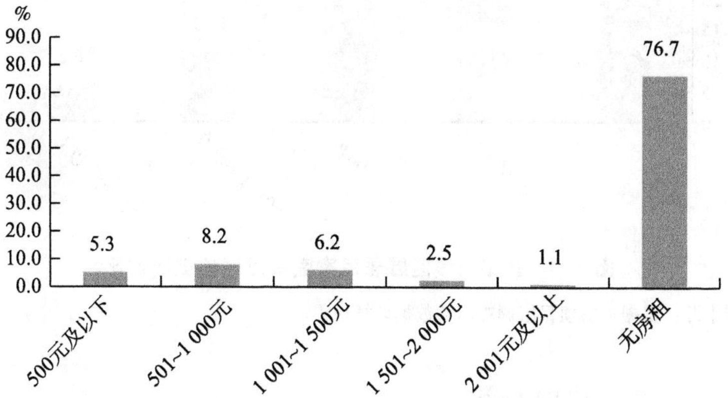

图7-3　丝路沿线区域家庭每月房租占比

数据来源：根据本书项目组调查问卷数据计算而得。

（四）丝路沿线区域居民家庭每月在居住方面的支出

由图7-4可知，在被调查的家庭中，居民每月居住支出在301~500元的人数最多，占比为32.8%；300元及以下的达到26.1%；800元以上的人数最少，占比为17.7%。家庭居住主要花销来自水电费、煤气费、物业费、取暖费等，说明居民家庭在居住方面的日常支出是相对比较少的。在丝绸之路沿线区域，2016年，我国西北地区居民家庭在居住方面的人均消费为2 595.04元，同时低于东北三省（3 037.3元）和西南四省市区（2 679.9元）两个地区，说明西北地区相对于其他地区来说，其在居住方面的消费较低，居民基本生活费用支出压力较小。

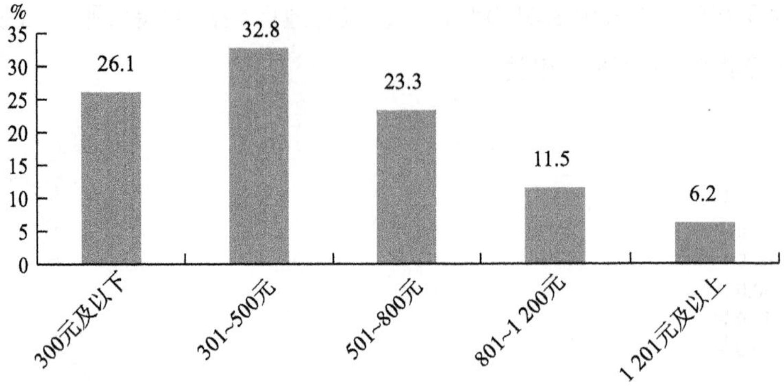

图 7-4　丝路沿线区域居民家庭每月居住支出占比

数据来源：根据本书项目组调查问卷数据计算而得。

二、分城乡状况分析

由表7-1可知，城镇居民的支出主要集中在301~500元，人数占比为35.2%。农村居民的支出主要集中在300元及以下，由于农村居民居住主要是自有房，并且大部分的居民不用缴纳物业费和取暖费等相关费用，只有平常的水、电、煤气费的支出，所以相对来说，农村居民居住方面的日常支出较小。2016年，西北地区城镇居民在居住方面的消费为3 711.6元，农村为1 625.8元，城镇居民在居住方面的人均消费支出是农村的2.28倍。从调查数据卡方检验结果可以看出，在居住方面城乡间存在显著性差异（P<0.05），城镇居民每月居住方面的支出显著高于农村居民。

表 7-1　分城乡每月居住方面支出

项目	300元及以下/%	301~500元/%	501~800元/%	801~1 200元/%	1 201元及以上/%	卡方检验（P值）
总计	（532）	（706）	（500）	（268）	（149）	172.024（0.000）
城镇	17.1	35.2	24.7	15	8.1	
农村	42.9	27	19.7	6.3	4.1	

第二节　区域状况分析

一、区域状况分析

由表 7-2 可以看出，所调查的样本中，居住支出金额主要集中在 301～500 元。超过 500 元的居住支出占比例最大的是宁夏，占总样本的 46.7%，同时，宁夏在 2016 年居住方面人均消费支出为 2 741.7 元，高于西北地区的居住支出 146.66 元。新疆的家庭居民住房支出超过 500 元的占比最小，仅为 34.8%，2016 年新疆居住支出水平为 2 492.9 元，低于西北地区居住平均支出 102.4 元，在西北地区的居住支出中排名最后。同时，由卡方检验结果可以看出，不同省份居民家庭每月在居住方面的支出存在显著性差异（P=0.000<0.05）。

表 7-2　居民家庭每月在居住方面的支出及范围比例

省区	300 元及以下/%	301～500 元/%	501～800 元/%	801～1 200 元/%	1 201 元及以上/%	卡方检验（P 值）
总计	(520)	(655)	(465)	(230)	(124)	50.958 (0.000)
陕西	27.3	36.0	22.9	9.3	4.5	
甘肃	28.1	30.1	22.9	15.1	3.8	
宁夏	21.0	32.3	29.2	10.3	7.2	
青海	24.4	30.6	23.1	10.8	11.0	
新疆	29.1	36.0	18.3	12.2	4.3	

数据来源：根据本书项目组调查问卷数据计算而得。

二、分城乡状况分析

西北五省区在居住方面城乡差异比较明显（见表 7-3）。陕西、甘肃、宁夏与青海城乡间差异显著，陕西差异性最大，其卡方检验值为 56.569（P=0.000<0.05），城镇的居住支出在 301～500 元的占比最大，农村的居住支出

主要在 300 元及以下。2016 年，陕西的城镇居民在居住方面的支出为 3 681.5 元，是农村在居住方面支出（2 026.5 元）的 1.81 倍。相对来说，农村长期居住自有房，主要的居住支出是水、电、煤气费，无物业费之类的支出，并且城镇水、电、煤气及物业管理费相对较高，增加了城镇居民的消费支出，使城乡差异显著。西北五省区中，新疆居住方面的消费城乡间不存在显著性差异（P = 0.237>0.05）。

表 7-3　分城乡在居住方面的支出

省区		300 元及以下/%	301～500 元/%	501～800 元/%	801～1 200 元/%	1 201 元及以上/%	卡方检验（P 值）
陕西	总计	(135)	(178)	(113)	(46)	(22)	56.569 (0.000)
	城镇	17.6	39.3	25	12.2	6	
	农村	48.1	29.1	18.4	3.2	1.3	
甘肃	总计	(126)	(135)	(103)	(68)	(17)	38.539 (0.000)
	城镇	17.9	33.2	26.3	19	3.6	
	农村	44	25.1	17.7	9.1	4	
宁夏	总计	(67)	(103)	(93)	(33)	(23)	18.162 (0.001)
	城镇	15.2	33.2	30.5	13	8.1	
	农村	34.4	30.2	26	4.2	5.2	
青海	总计	(111)	(139)	(105)	(49)	(50)	40.349 (0.000)
	城镇	16.9	34	23.3	13.2	12.6	
	农村	43.8	21.9	22.7	4.7	7	
新疆	总计	(81)	(100)	(51)	(34)	(12)	5.533 (0.237)
	城镇	25.2	37.6	19.8	12.9	4.5	
	农村	39.5	31.6	14.5	10.5	3.9	

数据来源：根据本书项目组调查问卷数据计算而得。

第三节　区域差异分析

由表 7-4 与图 7-5 可以看出，陕西、甘肃、新疆在居住方面的支出低于总平均值，宁夏和青海在居住方面支出的平均值高于总平均值，其中，青海的消费均值最高，为2.53，新疆的消费均值最低，为2.27。西北五省区居住支出的总平均数为2.39，总体均值95%置信区间为（2.34，2.44），通过各省区的置信区间可以看出，陕西为（2.18，2.37），低于西北五省区的区间范围，而青海为（2.42，2.65），高于西北五省区的区间范围。

表7-4 居住支出的描述性统计量表

省区	样本量	平均值	标准偏差	标准错误	平均值95%置信区间	
					下限值	上限值
陕西	494	2.28	1.096	0.049	2.18	2.37
甘肃	449	2.37	1.152	0.054	2.26	2.47
宁夏	319	2.50	1.146	0.064	2.38	2.63
青海	454	2.53	1.272	0.060	2.42	2.65
新疆	278	2.27	1.134	0.068	2.13	2.40
西北	1 994	2.39	1.168	0.026	2.34	2.44

数据来源：根据本书项目组调查问卷数据计算而得。

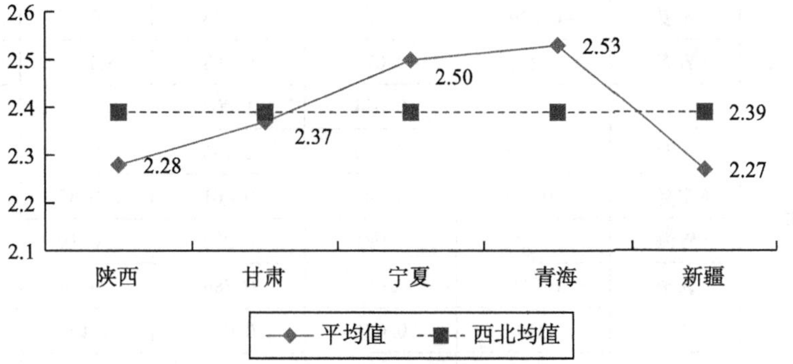

图7-5 居住方面消费的均值图

数据来源：根据本书项目组调查问卷数据计算而得。

由表7-5可以看到，如果仅考虑省份单个因素的影响，则居住支出的总变差为2 718.227，不同省份可解释的变差为24.521，抽样误差引起的变差为2 693.706，最终所得出的F统计量为4.526，其对应的概率P值为0.001，达到显著水平，表示不同省份居住支出存在显著性差异。

表 7-5　ANOVA 方差分析（居住）

项目	平方和	df	均方	F	显著性
组间	24.521	4	6.130	4.526	0.001
组内	2 693.706	1 989	1.354		
总计	2 718.227	1 993			

对五个省区进行多重比较检验，从表 7-6 中的“平均差（I-J）”可以看出，在 Games-Howell 检验中，陕西与甘肃、新疆均没有显著性差异，陕西与宁夏、青海均有显著性差异（概率 P 值分别为 0.038 和 0.008），两个群体平均数差异值分别为-0.229 和-0.258。但甘肃与宁夏、青海、新疆均没有显著性差异，同样，宁夏与青海和新疆也无显著性差异。不过青海和新疆在居住方面的支出有显著差异（概率 P 值为 0.027），其平均差为 0.267。

表 7-6　居住支出 Games-Howell 检验结果

省份（I）	组别（J）	平均差（I-J）	标准误	显著性	95%置信区间	
					下限值	上限值
陕西	甘肃	-0.090	0.073	0.736	-0.29	0.11
	宁夏	-0.229*	0.081	0.038	-0.45	-0.01
	青海	-0.258*	0.077	0.008	-0.47	-0.05
	新疆	0.009	0.084	1.000	-0.22	0.24
甘肃	陕西	0.090	0.073	0.736	-0.11	0.29
	宁夏	-0.139	0.084	0.461	-0.37	0.09
	青海	-0.168	0.081	0.230	-0.39	0.05
	新疆	0.099	0.087	0.786	-0.14	0.34
宁夏	陕西	0.229*	0.081	0.038	0.01	0.45
	甘肃	0.139	0.084	0.461	-0.09	0.37
	青海	-0.028	0.088	0.998	-0.27	0.21
	新疆	0.239	0.094	0.081	-0.02	0.49
青海	陕西	0.258*	0.077	0.008	0.05	0.47
	甘肃	0.168	0.081	0.230	-0.05	0.39
	宁夏	0.028	0.088	0.998	-0.21	0.27
	新疆	0.267*	0.091	0.027	0.02	0.51

续表

省份（I）	组别（J）	平均差（I-J）	标准误	显著性	95%置信区间	
					下限值	上限值
新疆	陕西	-0.009	0.084	1.000	-0.24	0.22
	甘肃	-0.099	0.087	0.786	-0.34	0.14
	宁夏	-0.239	0.094	0.081	-0.49	0.02
	青海	-0.267*	0.091	0.027	-0.51	-0.02

注：*表示均值差的显著性水平为0.05。

第四节　本章小结

本章主要对西北五省区的居住类消费状况和区域差异进行了分析，主要结论如下：

第一，居民家庭住房条件比较理想。自有房所占的比例为78.3%，租房所占的比例为21.7%，大面积居住条件的居民家庭占比较高。西北五省区居民的居住方面的支出基本不超过500元。

第二，居民在居住类消费中存在城乡差异、地区差异。分城乡状况来看，除新疆外，西北五省区居住方面城乡差异比较明显。其中城镇居民在居住类的消费中支出较高，农村消费较低，如果不考虑自有房居民，对租房居民而言，其住房支出相对较大，除了付房租之外，还有物业费、水电费相关费用发生，并且费用相对较高。城镇居民在居住方面的支出超过西北地区总水平，农村居民居住支出较低。不同省份居民家庭每月在居住方面的支出存在显著性差异。

第八章
丝绸之路沿线区域居民生活用品及服务类消费状况

生活用品及服务类消费是指居民在各种生活品（包括耐用品、床上用品、日用杂货、装饰品等）、设备用品加工修理方面以及在家政服务、专用月嫂、幼儿护理、清洁服务等满足家庭需求的各种服务业方面的消费。随着居民生活水平的提高，社会分工精细，各种耐用家电产品逐渐普及，家政服务已经成为许多家庭日常生活中的必然需求。

第一节　整体状况分析

一、描述性统计分析

（一）居民家庭家用电器拥有情况分析

随着居民收入水平的日益提高，以及“家电下乡”等国家政策的实施，家用电器在居民家庭中的普及率也越来越高。如图 8-1 所示，电视机是家用电器中普及率最高的，受访居民家庭中有 92.3%的家庭都拥有电视，可见电视已经成为大多数家庭的必备电器，也说明人们对电视的需求非常大。除此之外，在受访家庭中，拥有冰箱和洗衣机的家庭也占很大一部分，其占比分别为 88.4%和 89.0%。相对来说，拥有空调和微波炉的家庭所占比例不大，在受访家庭中，其占比均不到一半，普及率不高。

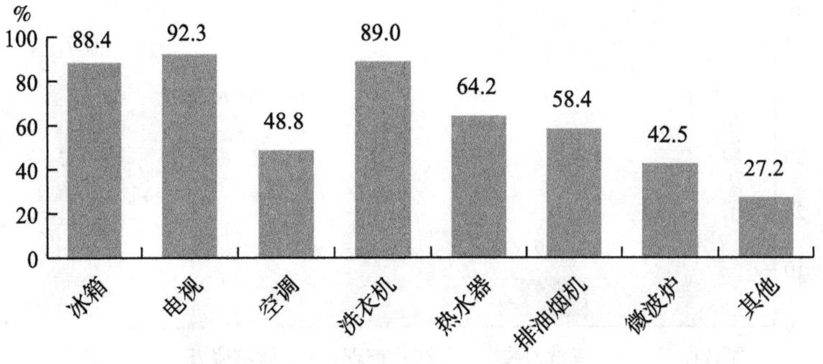

图 8-1　居民家庭家用电器拥有情况

数据来源：根据本书项目组调查问卷数据计算而得。

（二）居民家庭选择的家庭服务项目

随着我国经济的快速发展，居民生活水平的不断提高，伴随而来的生活节奏加快，人口老龄化程度加深和社会分工日益精细化，家政服务已成为许多居民家庭生活的必然需求。我国家庭服务业近年来已有较快的发展，行业规模不断扩大，服务领域不断拓宽，为居民家庭服务类需求提供了保障，全国家庭服务业企业现在有近 50 万家，家庭服务业蓬勃发展。

由图 8-2 可知，在西北五省区受访家庭中，有 36. 6%的家庭选择家政服务，有 35. 6%的家庭选择清洁服务，仅有 14. 2%的家庭选择幼儿护理，8. 7%的家庭选择月嫂服务。一方面，由于月嫂和幼儿护理属于新兴行业，人们的经济水平、生活理念还不能够接受，传统习惯是这类服务由自己家庭成员或亲戚来完成；另一方面，由于月嫂和幼儿护理等服务需要有一定的专业知识，导致这方面从业人员数量不多，质量也有待提高。

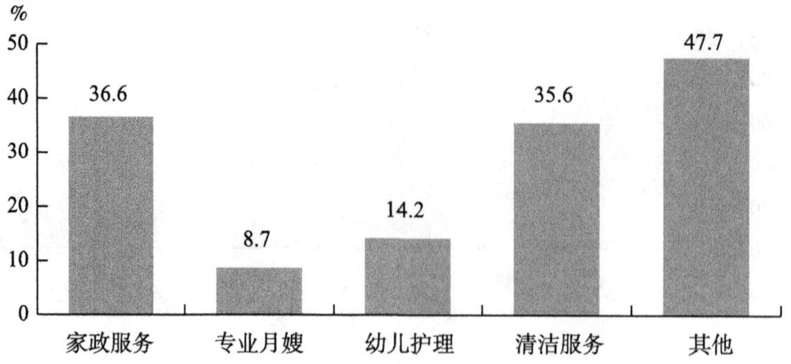

图 8-2　居民家庭选择的家庭服务项目

数据来源：根据本书项目组调查问卷数据计算而得。

（三）居民家庭每月在家庭服务方面的支出

居民家庭的消费水平在不断提高，与此同时消费结构也在不断地改善，但在家庭服务方面的消费还有待提高。从调查数据来看，我国居民用于生活用品及服务类的消费相对较低。在受访家庭中，居民家庭每月在家庭服务方面的支出大多不超过 300 元，其中，家庭服务消费 100 元以下的家庭占 36.5%，而家庭服务消费 1 001 元及以上的家庭只占 8.4%（见图 8-3）。家庭服务消费一方面受到居民经济状况的影响，另一方面还受行业发展水平与层次影响。当前，我国家庭服务行业还处于起步阶段，面临着服务质量、产业规模、社会需求多样化等一系列问题，在一定程度上影响着居民消费。

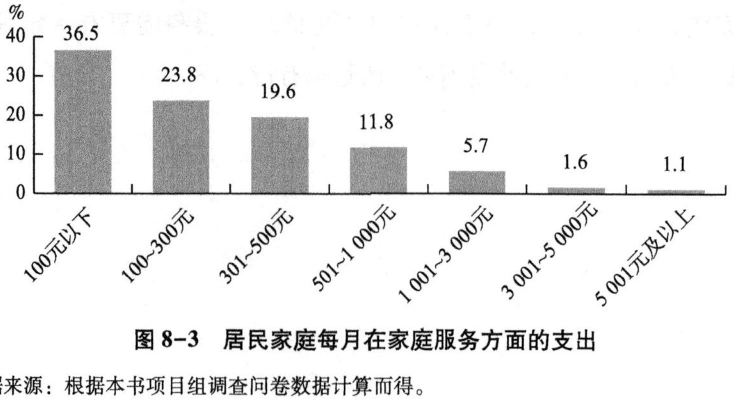

图 8-3　居民家庭每月在家庭服务方面的支出

数据来源：根据本书项目组调查问卷数据计算而得。

（四）居民家庭平均每月在生活用品方面的支出

由图 8-4 可知，生活用品支出主要是床上用品、装饰品、生活基本用具等日用品。在受访家庭中，消费在 101～500 元的家庭所占比例最高，达到 56.5%。由此可知，居民家庭在生活用品方面的消费大多不超过 500 元，其消费较低，消费潜力较大。

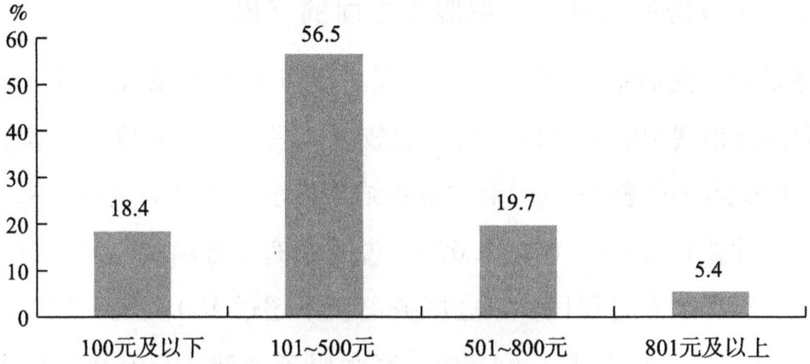

图 8-4　居民家庭每月生活用品支出占比

数据来源：根据本书项目组调查问卷数据计算而得。

二、分城乡状况分析

（一）城乡居民拥有家用电器状况分析

从总体上来看，受访居民家庭普及率较高的家用电器是电视、冰箱和洗衣机，相对来说，空调、微波炉和其他家用电器拥有量较小。我国城乡经济发展水平相差较大，导致城乡家用电器拥有情况也存在一定的差异，虽然国家实施了“家电下乡”等惠民政策，但整体来看，城镇家用电器拥有量还是远大于农村。根据受访家庭情况，无论城镇还是农村，电视、冰箱和洗衣机普及率都比较高，其占比均达到 80%以上；城镇居民家庭拥有空调和微波炉的占比也超过了 50%，而农村居民家庭除冰箱、电视、洗衣机外，其余家电拥有量占比均不到 50%，可见农村家庭家用电器消费结构有待优化，消费层次还有待提高（见表 8-1）。

表 8-1　城乡居民家庭拥有的家用电器占比情况

项目	冰箱/%	电视/%	空调/%	洗衣机/%	热水器/%	排油烟机/%	微波炉/%	其他/%
总计	(1 762)	(1 840)	(974)	(1 775)	(1 281)	(1 165)	(848)	(543)
城镇	92.1	93.4	56.4	91.2	72.9	70.6	52.0	28.7
农村	80.3	89.9	32.7	84.4	45.7	32.2	22.1	24.2

数据来源：根据本书项目组调查问卷数据计算而得。

（二）城乡居民每月在家庭服务方面的支出

总体来看，受访居民家庭每月在家庭服务方面的支出大多不超过 300 元，家庭服务消费 100 元及以下的占比较大，只有极少数家庭的家庭服务消费超过 1 000 元（见表 8-2）。卡方检验结果显示，城乡居民在家庭服务消费上存在显著性差异（$P=0.000<0.05$），说明家庭服务消费与城乡有关，城镇居民消费明显高于农村居民。家庭服务消费不超过 100 元的家庭中，城镇占比为 32.7%，而农村占比为 44.7%；家庭服务消费 1 001 元及以上的家庭中，城镇占比为 10.2%，而农村仅为 4.3%。同时，结合宏观数据，2016 年我国西北五省区城镇居民在生活用品及服务方面的支出为 1 361.6 元，农村仅为 489 元，城镇是农村的 2.8 倍。可见在家庭服务方面，城乡居民消费差异很大，农村居民家庭服务消费相对较少。

表 8-2　城乡居民每月在家庭服务方面的支出

项目	100 元及以下/%	101~300 元/%	301~500 元/%	501~1 000 元/%	1 001~3 000 元/%	3 001~5 000 元/%	5 001 元及以上	卡方检验（P 值）
总计	(728)	(474)	(391)	(235)	(113)	(32)	(21)	42.946 (0.000)
城镇	32.7	23.4	21.00	12.6	6.8	2.1	1.3	
农村	44.7	24.5	16.60	10.0	3.2	0.6	0.5	

数据来源：根据本书项目组调查问卷数据计算而得。

（三）城乡居民每月在生活用品方面的支出

由表 8-3 可知，在受访家庭中，城乡家庭平均每月用于购买生活用品的支出主要集中在 101~500 元，均超过了 50%；城镇居民家庭生活用品消费在

100 元及下的占比为 14.70%，而农村为 26.40%；消费在 501~800 元的居民家庭城镇占比为 22.30%，而农村仅占 14.2%；消费超过 801 元以上的家庭，城乡占比都比较小，仅为 5%左右。生活用品作为每户家庭的必要支出，虽然涉及的种类和范围较多，但是价格普遍较低，所以城镇和农村居民家庭在生活用品方面支出都比较少。卡方检验结果显示（P = 0.000 < 0.05），城乡居民在生活用品方面支出存在显著性差异，相对来说，城镇居民在生活用品方面的支出明显高于农村。

表 8-3　城乡居民每月在生活用品方面的支出

项目	100 元及以下/%	101~500 元/%	501~800 元/%	801 元及以上/%	卡方检验（P 值）
总计	(367)	(1 126)	(393)	(108)	47.217 (0.000)
城镇	14.70	57.50	22.30	5.60	
农村	26.40	54.30	14.20	5.10	

数据来源：根据本书项目组调查问卷数据计算而得。

第二节　区域状况分析

一、区域状况分析

（一）家庭服务支出

由表 8-4 可以看出，各省区受访居民家庭的家庭服务消费大多不超过 300 元，且卡方检验结果显示，P=0.000<0.05，说明不同省份居民家庭在家庭服务方面的支出存在显著的差异性。在受访家庭中，陕西（8.9%）、甘肃（4.7%）和新疆（7.2%）服务消费 1 001 元及以上的居民家庭占比均低于 10%，家庭服务消费不超过 500 元的居民家庭占比分别为 82%、82.7%和 81.3%，均超过了 80%，可见，这三个省区的居民家庭在家庭服务方面的支出相比其余两省区较低，新疆家庭服务消费 100 元及以下的家庭占比甚至达

到 43.5%。宁夏和青海居民家庭服务消费 3 001 元及以上的家庭占比分别为 3.8%和 1.3%，家庭服务消费不超过 300 元的家庭占比分别为 59.5%和 60.3%。同时从宏观数据来看，2016 年宁夏居民在生活用品及服务方面的人均消费为924.6 元，青海为873.8 元，可见宁夏居民家庭在生活用品及服务方面的支出相对较高，在西北五省区中占一定优势。

表 8-4 西北五省区居民家庭每月在家庭服务方面的支出及范围比例

省区	100 元及以下/%	101~300 元/%	301~500 元/%	501~1 000 元/%	1 001~3000 元/%	3 001~5 000 元/%	5 001 元及以上/%	卡方检验（P 值）
总计	（728）	（474）	（391）	（235）	（113）	（32）	（21）	81.249（0.000）
陕西	38.9	23.7	19.4	9.1	4.7	3.2	1.0	
甘肃	33.0	25.2	24.5	12.7	3.3	0.7	0.7	
宁夏	28.8	30.7	15.7	14.4	6.6	2.5	1.3	
青海	38.5	21.8	17.0	12.1	9.3	0.9	0.4	
新疆	43.5	16.9	20.9	11.5	4.3	0.4	2.5	

数据来源：根据本书项目组调查问卷数据计算而得。

（二）生活用品支出

由表 8-5 可以看出，大部分省份居民每月购买生活用品支出都在 101~500 元，支出在 801 元及以上的家庭较少，各地均不到 10%。

由卡方检验结果（P=0.000<0.05）可以看出，各省区居民在生活用品方面的消费存在显著差异。具体来看，宁夏的生活用品支出最高，超过 500 元的占比为 34.2%。生活用品本身不属于日常消耗品，大多比较耐用，所以其支出费用的大小主要由商品的价格和需求量来决定。甘肃居民用于生活用品方面的支出在 101~500 元的家庭占比高达 62.4%，801 元及以上的家庭却仅占 3.3%，可见甘肃居民在生活用品方面的消费明显低于其余四省区。2016 年甘肃居民生活用品及服务人均消费为 803 元，在西北五省区中位居末尾，进一步证实了甘肃在生活用品方面的消费较低，发展空间较大。

表 8-5　西北五省区居民家庭每月在生活用品方面的支出及范围比例

省区	100 元及以下/%	101~500 元/%	501~800 元/%	801 元及以上/%	卡方检验（P 值）
总计	(367)	(1 126)	(393)	(108)	50.180 (0.000)
陕西	23.1	56.5	16.4	4.0	
甘肃	18.0	62.4	16.3	3.3	
宁夏	12.2	53.6	24.5	9.7	
青海	15.9	54.0	24.0	6.2	
新疆	21.9	54.3	18.7	5.0	

数据来源：根据本书项目组调查问卷数据计算而得。

二、分城乡状况分析

（一）城乡家庭服务支出

整体来看，各省区城乡受访居民家庭在家庭服务方面的支出大多集中在 300 元及以下，但城镇占比均低于农村，而家庭服务消费 1 001 元及以上的农村家庭占比均低于城镇，可见农村家庭服务消费整体比城镇低（见表 8-6）。卡方检验结果显示，只有甘肃（$P=0<0.05$）城乡家庭服务消费具有显著差异，其余四省区城乡间家庭服务消费差异性并不显著。具体来看，甘肃受访居民中，农村家庭每月在家庭服务方面的支出 100 元及以下的占比达到 47.4%，远高于城镇家庭占比（23.7%），而家庭服务支出在其他范围的家庭占比，城镇均高于农村，可见甘肃在家庭服务支出方面城乡差异明显，且城镇远高于农村。

表 8-6　城乡居民每月在家庭服务方面的支出

省区		100 元及以下/%	101~300 元/%	301~500 元/%	501~1 000 元/%	1 001~3 000 元/%	3 001~5 000 元/%	5 001 元及以上/%	卡方检验（P 值）
陕西	总计	(192)	(117)	(96)	(45)	(23)	(16)	(5)	12.083 (0.060)
	城镇	34.8	22.9	21.1	10.4	5.7	3.9	1.2	
	农村	47.5	25.3	15.8	6.3	2.5	1.9	0.6	

续表

省区		100元及以下/%	101~300元/%	301~500元/%	501~1 000元/%	1 001~3 000元/%	3 001~5 000元/%	5 001元及以上/%	卡方检验（P值）
甘肃	总计	(148)	(113)	(110)	(57)	(15)	(3)	(3)	28.530 (0.000)
	城镇	23.7	27	29.2	14.6	4	0.7	0.7	
	农村	47.4	22.3	17.1	9.7	2.3	0.6	0.6	
宁夏	总计	(92)	(98)	(50)	(46)	(21)	(8)	(4)	11.232 (0.081)
	城镇	24.7	30.5	16.6	15.2	8.1	3.6	1.3	
	农村	38.5	31.3	13.5	12.5	3.1	0	1	
青海	总计	(175)	(99)	(77)	(55)	(42)	(4)	(2)	4.835 (0.565)
	城镇	38	21.8	16.6	11.3	10.4	1.2	0.6	
	农村	39.8	21.9	18	14.1	6.3	0	0	
新疆	总计	(121)	(47)	(58)	(32)	(12)	(1)	(7)	10.161 (0.118)
	城镇	41.6	14.4	21.8	12.9	5.4	0.5	3.5	
	农村	48.7	23.7	18.4	7.9	1.3	0	0	

数据来源：根据本书项目组调查问卷数据计算而得。

（二）城乡生活用品支出

由表8-7可知，陕西城镇的生活用品支出主要集中在101~500元，其所占比例为62.2%，但是农村生活用品支出100元及以下的占比为37.7%，101~500元的占比为44.3%，占比相对较高。由于农村的物价本身相对便宜，并且农村居民选取生活用品时主要以耐用品为主，所以支出也就相对于城镇较小。对城乡居民生活用品消费方面差异性进行检验，卡方检验结果显示，陕西、宁夏卡方检验值分别为28.536、18.359，概率P值均为0.000，说明陕西、宁夏城乡居民生活用品消费方面存在显著差异。青海（P=0.258>0.05）和甘肃（P=0.051>0.05）城乡家庭在生活用品支出上未通过显著性检验，说明甘肃和青海居民在生活用品方面的消费城乡之间不存在显著性差异。新疆卡方检验概率为P=0.046，近似等于0.05，可以认为没有显著性差异。

表 8-7　城乡居民每月在生活用品方面的支出

省区		100 元及以下/%	101~500 元/%	501~800 元/%	801~1 200 元/%	卡方检验（P 值）
陕西	总计	(114)	(279)	(81)	(20)	28.536（0.000）
	城镇	16.4	62.2	17.9	3.6	
	农村	37.3	44.3	13.3	5.1	
甘肃	总计	(81)	(280)	(73)	(15)	7.760（0.051）
	城镇	14.2	64.2	18.2	3.3	
	农村	24	59.4	13.1	3.4	
宁夏	总计	(39)	(171)	(78)	(31)	18.359（0.000）
	城镇	9.9	48.9	30.5	10.8	
	农村	17.7	64.6	10.4	7.3	
青海	总计	(72)	(245)	(109)	(28)	4.036（0.258）
	城镇	14.7	53.1	26.4	5.8	
	农村	18.8	56.3	18	7	
新疆	总计	(61)	(151)	(52)	(14)	7.991（0.046）
	城镇	17.8	56.9	19.3	5.9	
	农村	32.9	47.4	17.1	2.6	

数据来源：根据本书项目组调查问卷数据计算而得。

第三节　区域差异分析

一、居民家庭服务类消费差异分析

通过居民家庭在家庭服务方面的支出层次来分析丝绸之路沿线西北五省区的居民家庭差异情况。

表 8-8 居民家庭服务类支出的描述性统计量表

省区	样本量	平均值	标准偏差	标准误	平均值 95%置信区间	
					下限值	上限值
陕西	494	2.31	1.431	0.064	2.18	2.43
甘肃	449	2.33	1.246	0.059	2.21	2.45
宁夏	319	2.52	1.438	0.081	2.36	2.68
青海	454	2.36	1.413	0.066	2.23	2.49
新疆	278	2.27	1.454	0.087	2.10	2.44
西北	1 994	2.35	1.392	0.031	2.29	2.41

数据来源：根据本书项目组调查问卷数据计算而得。

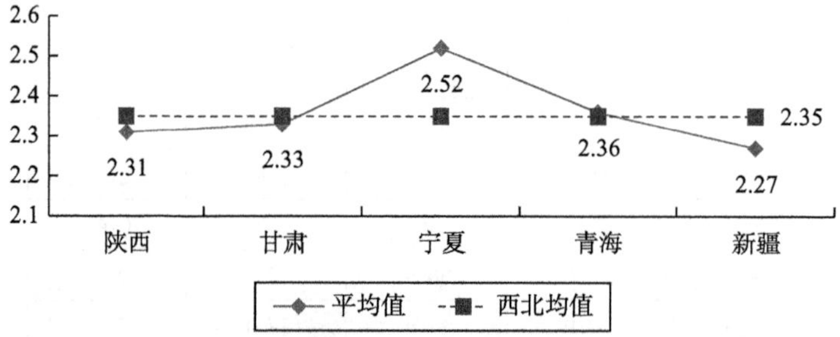

图 8-5 居民家庭服务方面消费的均值图

数据来源：根据本书项目组调查问卷数据计算而得。

由表 8-8 可知，在家庭服务支出方面，西北五省区总平均数为 2.35，平均值 95%的置信区间为（2.29，2.41），通过各组“均值的 95%置信区间”的估计值可以看出，宁夏为（2.36，2.68），区间范围略高于西北平均水平。只有宁夏、青海在家庭服务类方面的支出高于西北五省区平均值，其余三省区在家庭服务类方面的支出均低于西北五省区平均值，其中宁夏在家庭服务方面的支出最高，其平均值达到 2.52，高于西北五省区平均值（2.35），新疆在家庭服务方面的支出最低。其他三个省份支出接近平均水平，差异较小，这点可以通过图 8-5 得到印证。

表 8-9　ANOVA 方差分析（家庭服务）

项目	平方和	df	均方	F	显著性
组间	11.657	4	2.914	1.505	0.198
组内	3 852.083	1 989	1.937		
总计	3 863.740	1 993			

由表 8-9 可知，家庭服务消费总变差为 3 863.740，不同省份可解释的变差为 11.657，抽样误差引起的变差为 3 852.083，所得的 F 值为 1.505，对应的概率 P 值为 0.198。在显著性水平为 0.05 时，没有理由拒绝原假设，故认为不同省份对家庭服务消费影响不显著。①

二、居民家庭生活用品类消费差异分析

通过居民家庭生活用品类支出层次（床上用品、锅碗、洗涤用品、化妆品、剃须刀等）来分析丝绸之路沿线西北五省区的居民家庭差异情况。

表 8-10　居民家庭生活用品类支出的描述性统计量表

省区	样本量	平均值	标准偏差	标准错误	平均值 95%置信区间	
					下限值	上限值
陕西	494	2.01	0.747	0.034	1.95	2.08
甘肃	449	2.05	0.689	0.033	1.99	2.11
宁夏	319	2.32	0.811	0.045	2.23	2.41
青海	454	2.20	0.778	0.036	2.13	2.28
新疆	278	2.07	0.778	0.047	1.98	2.16
西北	1 994	2.12	0.764	0.017	2.09	2.15

数据来源：根据本书项目组调查问卷数据计算而得。

① 此结论与前面分析的西北五省区在家庭服务消费方面的差异性分析结论略有不同。可能是由于选项赋值带来的误差，使得在此取显著性水平为 0.05 时不显著。

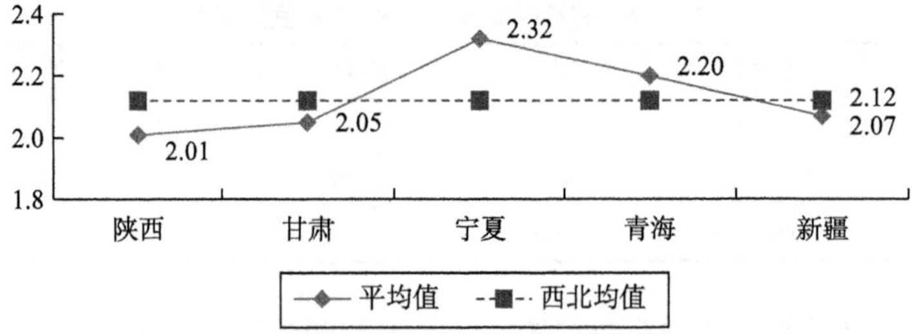

图 8-6　居民家庭生活用品方面消费的均值图

数据来源：根据本书项目组调查问卷数据计算而得。

从表 8-10 与图 8-6 可以看出，居民家庭生活用品消费总平均数为 2.12，宁夏的生活用品消费均值最高，达到 2.32，可见宁夏居民在生活用品方面的消费比较高。陕西（2.01）、甘肃（2.05）和新疆（2.07）生活用品消费的均值都低于平均水平。总均值的 95%置信区间为（2.09，2.15），通过各组“均值的 95%置信区间”的估计值可以看出，陕西（1.95，2.08）低于总体范围，而宁夏（2.23，2.41）远高于总体估计范围。

表 8-11　ANOVA 方差分析（生活用品）

项目	平方和	df	均方	F	显著性
组间	24.134	4	6.034	10.541	0.000
组内	1138.496	1989	0.572		
总计	1162.630	1993			

从表 8-11 方差分析结果可以看出，F 统计量为 10.541，对应的概率 P 值近似为 0，小于显著性水平 0.05，应拒绝原假设，认为不同省份对生活用品支出影响显著。但需进行多重比较后才能得知哪些配对组别间的差异达到显著。

表 8-12　居民家庭生活用品支出 Games-Howell 检验结果

省份（I）	组别（J）	平均差（I-J）	标准错误	显著性	95%置信区间	
					下限值	上限值
陕西	甘肃	-0.035	0.047	0.946	-0.16	0.09
	宁夏	-0.302*	0.056	0.000	-0.46	-0.15
	青海	-0.191*	0.050	0.001	-0.33	-0.06
	新疆	-0.054	0.058	0.880	-0.21	0.10
甘肃	陕西	0.035	0.047	0.946	-0.09	0.16
	宁夏	-0.268*	0.056	0.000	-0.42	-0.11
	青海	-0.156*	0.049	0.013	-0.29	-0.02
	新疆	-0.019	0.057	0.997	-0.18	0.14
宁夏	陕西	0.302*	0.056	0.000	0.15	0.46
	甘肃	0.268*	0.056	0.000	0.11	0.42
	青海	0.112	0.058	0.308	-0.05	0.27
	新疆	0.248*	0.065	0.001	0.07	0.43
青海	陕西	0.191*	0.050	0.001	0.06	0.33
	甘肃	0.156*	0.049	0.013	0.02	0.29
	宁夏	-0.112	0.058	0.308	-0.27	0.05
	新疆	0.137	0.059	0.145	-0.03	0.30
新疆	陕西	0.054	0.058	0.880	-0.10	0.21
	甘肃	0.019	0.057	0.997	-0.14	0.18
	宁夏	-0.248*	0.065	0.001	-0.43	-0.07
	青海	-0.137	0.059	0.145	-0.30	0.03

注：*表示均值差的显著性水平为 0.05。

数据来源：根据本书项目组调查问卷数据计算而得。

表 8-12 反映了各省份两两之间的生活用品消费均值检验结果，宁夏家庭生活用品消费高于其他四省区，并且显著高于陕西、甘肃和新疆，“平均差（I-J）”分别为 0.302、0.268 和 0.248，可见宁夏与陕西在生活用品消费方面的差异最大。陕西生活用品消费与其他四省区的平均差值均小于 0，说明陕西生活用品消费低于其他四省区，根据显著性检验结果可以看出，在显著性水平为 0.05 时，陕西与宁夏、青海生活用品消费的差异显著，但陕西、甘肃

和新疆两两之间的生活用品消费差异均不显著，宁夏和青海的生活用品消费差异也不显著。

第四节 本章小结

本章主要通过受访居民家庭在生活用品及服务类方面的消费情况，对各省以及城乡之间的消费差异进行比较，主要结论如下：

在家庭设备用品方面，总体来看，城乡居民家庭设备用品消费水平较高，且城镇家庭的消费高于农村家庭，尤其是在微波炉、空调等家电的消费中占比远大于农村家庭占比，农村大部分家庭在家用电器产品消费中，其占比、产品结构、层次方面均落后于城镇。国家对农村实施的“家电下乡”等政策，在很大程度上促进了农村家庭的家电消费，但受经济发展、收入水平等因素影响，农村家庭当前在家庭设备用品方面的消费还有待进一步优化提高。

在家庭服务方面，受访居民的消费普遍偏低，选择家政服务和清洁服务的家庭相对较多，而只有极少数家庭选择月嫂和幼儿护理服务等较高层次的服务。从城乡差异来看，城镇在家庭服务方面的支出显著高于农村。从省际层面看，宁夏在家庭服务方面的支出显著高于其他四省区，优势较为明显；新疆在这方面的支出最低。

在生活用品方面，受访居民中大部分居民家庭消费相对较低。城镇居民在生活用品方面的支出显著高于农村，各省居民在生活用品方面消费差异显著，宁夏、青海居民用于生活用品的消费显著高于陕西、甘肃和新疆。

第九章
丝绸之路沿线区域居民交通通信类消费状况

随着社会的发展，快速便捷的交通和迅猛发展的通信产业极大地影响着人们的生活，交通和通信越来越成为反映居民生活水平的重要指标。根据2016年全国消费数据来看，交通通信类消费在八大类中仅次于食品类和居住类，排在第3位，作为发展型消费已经超过生存型的衣着类消费，排名相对靠前，说明交通通信消费水平不断提高。近年来，我国加大了城乡基础设施建设的力度，极大地改善了城乡交通环境，扩大了通信基础设施覆盖率，全面提升了通信事业发展水平，改变和影响了居民生活。

第一节　整体状况分析

一、描述性统计分析

（一）居民家庭拥有的交通工具

随着人们生活水平的不断提高，曾经作为奢侈品的小轿车开始走入寻常百姓家庭，小轿车成为居民家庭消费的一大重要内容。小轿车的拥有率不断攀升，达到52.2%，远高于自行车、摩托车、电动车的拥有率。自行车早已不再是出行的最优交通工具，而是作为一种环保者和骑行爱好者的休闲选择。自行车与摩托车和电动车的拥有率基本居于同一水平，仅为38%左右（见图9-1）。

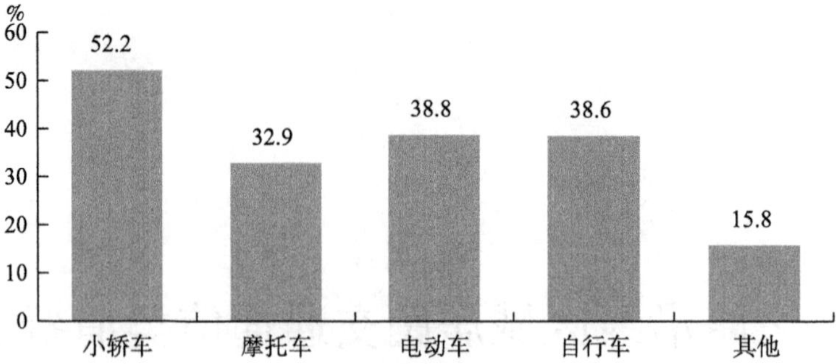

图 9-1　居民家庭交通工具拥有情况

数据来源：根据本书项目组调查问卷数据计算而得。

（二）居民家庭每月在交通方面的支出

燃料费、维修费、车辆保险费是小轿车的衍生消费，伴随着小轿车自有率的提高，居民家庭在这方面的支出增加。自有交通工具消费是交通方面的重要支出项目，但是火车、高铁、飞机等公共交通工具方面的支出也不容忽视。由图 9-2 可以看出，居民在交通方面的支出呈右偏分布，即低消费人群较多，高消费人群较少。81.8%的居民家庭消费在 1 000 元及以下，月消费在 1 001 元及以上的居民家庭明显偏少。

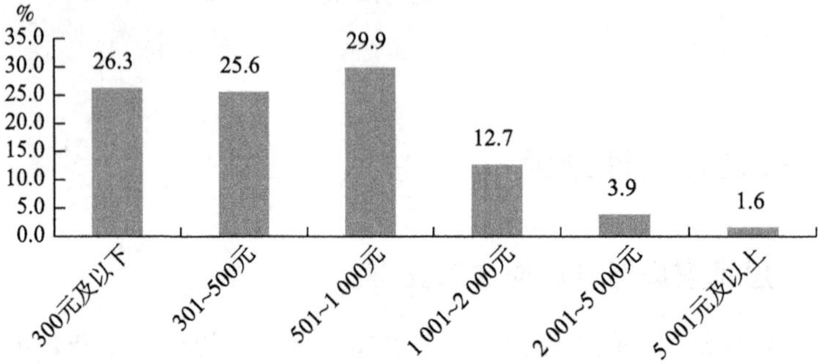

图 9-2　居民家庭每月在交通方面的支出

数据来源：根据本书项目组调查问卷数据计算而得。

（三）居民家庭拥有移动和固定电话部数

智能手机开启了新的全民通信时代，体现在移动和固定电话部数上。由图 9-3 可以看到，居民家庭只拥有 1 部电话的占比仅为 6.4%，而拥有电话部数在 3 部及以上的家庭占比累计高达 76.8%，这一数据契合信息时代人手一部电话的时代特征。在互联网时代，手机不仅是便捷的通信工具，更是人际网络的重要载体。

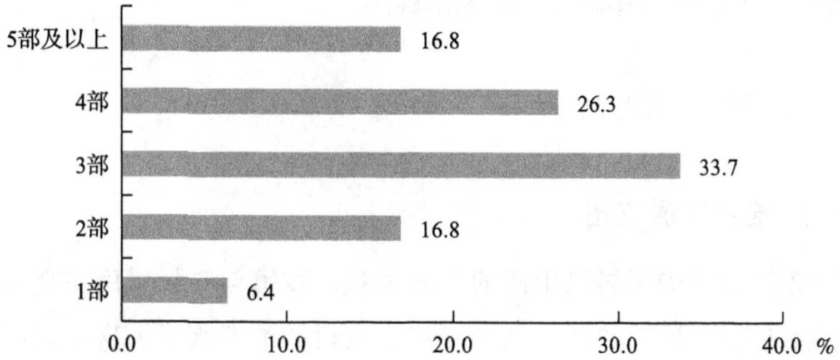

图 9-3　居民家庭拥有电话部数占比

数据来源：根据本书项目组调查问卷数据计算而得。

（四）居民家庭每月平均通信费用

通信方面的消费不是单一的话费支出，随着 4G 及更高级网络技术的发展，网络使用费也是一笔可观的支出。目前，上网费、邮费、电话费、手机费为通信消费的主要支出项目。信息时代数据载入需要高网速，无论是宽带费、无线网还是流量费，居民家庭在这方面的支出都在增加。快递业的空前发展，更是缩小了地域的差异，网上购物和行李邮寄费用低廉，这使得居民的邮费支出明显增加。居民家庭通信费用分布呈现出近似正态分布的特征，以 201~300 元最多，占比达到 33.9%，100 元及以下与 501 元及以上的占比分别仅为 11.6%和 9.7%，可见，居民在通信方面的消费水平较接近（见图 9-4）。

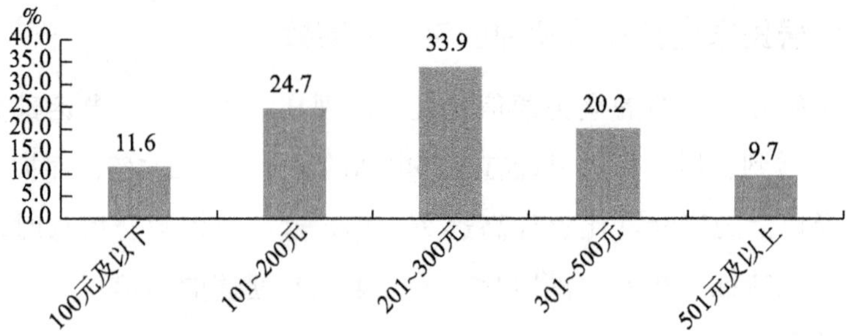

图 9-4　居民家庭每月平均通信费用

数据来源：根据本书项目组调查问卷数据计算而得。

二、分城乡状况分析

（一）城乡交通支出

城乡差距大是中国居民生活的普遍现状，城镇与农村居民在交通方面的支出有显著差异，城镇的消费水平要高于农村的消费水平，这一点可以从卡方检验结果看出（P=0.000<0.05）。从全国数据来看，西北地区 2016 年城镇交通通信人均消费为 3 001.7 元，略低于全国水平的 3 173.9 元，呈现出一定的劣势状态，西北五省区作为内陆城市，正需要借助“丝绸之路经济带”来推动当地经济发展。而从同期农村交通通信数据来看，我国西北地区农村居民在交通通信方面的消费为 1 299.5 元，低于全国水平（1 539.9 元），西北地区城镇化还在不断推进中。从表 9-1 可以看出，城镇与农村在交通支出上存在巨大差异。交通消费在 501～1 000 元的城镇居民家庭占比最大，为 34.60%，1 001 元及以上累计达到 20.9%。农村居民家庭则呈现出交通消费占比随着支出的增加单调递减的趋势，消费在 300 元及以下的居民家庭最多，占比达到 39.80%，而 1 001 元及以上累计占比仅为 12.3%，可见农村的交通消费还停留在较低水平，说明人口流动性较低。

表 9-1　分城乡居民家庭每月在交通方面的支出

项目	300 元及以下/%	301～500 元/%	501～1 000 元/%	1 001～2 000 元/%	2 001～5 000 元/%	5 001 元及以上/%	卡方检验（P 值）
总计	（524）	（511）	（596）	（254）	（77）	（32）	116. 588（0. 000）
城镇	20. 00	24. 50	34. 60	14. 80	4. 30	1. 80	
农村	39. 80	28. 10	19. 70	8. 40	2. 80	1. 10	

数据来源：根据本书项目组调查问卷数据计算而得。

（二）城乡通信支出

就通信支出而言，由卡方检验结果（P＝0. 000<0. 05）可知，城镇与农村居民家庭存在显著性差异。城镇居民家庭通信消费近似呈现正态分布，以 201～300 元最多，达到 34. 90%，300 元以上累计达到 33. 6%。农村居民家庭通信费用以 300 元及以下为主体，达到 78. 1%，300 元以上家庭占比明显较低，农村在通信方面消费还需进一步提升。

表 9-2　分城乡居民家庭每月平均通信费用

项目	100 元及以下/%	101～200 元/%	201～300 元/%	301～500 元/%	501 元及以上/%	卡方检验（P 值）
总计	（231）	（492）	（675）	（403）	（193）	59. 304（0. 000）
城镇	8. 70	22. 80	34. 90	22. 10	11. 50	
农村	17. 70	28. 80	31. 60	16. 10	5. 80	

数据来源：根据本书项目组调查问卷数据计算而得。

第二节　区域状况分析

一、区域状况分析

（一）交通支出

从表 9-3 数据来看，各省份交通支出 1 000 元及以下的居民家庭占主体地位，这一特征与整体数据的分布特征相契合。宁夏的居民家庭交通支出水平略高于其他地区，501~1 000 元的占比达到 33.9%，1 001 元及以上占比的达到 22.3%。陕西、甘肃 1 000 元及以下的累计占比分别达到 85.3%、84.6%，在五省区中处于较低水平。统计数据显示，2016 年宁夏城镇居民家庭交通通信消费为 3 896.5 元，农村为 1 509.6 元，在五省区中居于首位，甚至超过全国平均水平，发展势头较猛，其次是新疆和青海，陕西和甘肃消费较低。由卡方检验值（$P=0.045<0.05$）可知，各省区在交通方面支出存在较为明显的区域差异。

表 9-3　居民家庭每月在交通方面的支出及范围比例

省区	300 元及以下/%	301~500 元/%	501~1 000 元/%	1 001~2 000 元/%	2 001~5 000 元/%	5 001 元及以上/%	卡方检验（P 值）
总计	(524)	(511)	(596)	(254)	(77)	(32)	31.840（0.045）
陕西	29.6	25.9	29.8	11.7	1.8	1.2	
甘肃	27.8	27.4	29.4	11.4	2.9	1.1	
宁夏	21.3	22.6	33.9	13.8	6.0	2.5	
青海	25.3	27.3	26.2	13.7	5.3	2.2	
新疆	25.2	23.0	32.4	14.0	4.3	1.1	

数据来源：根据本书项目组调查问卷数据计算而得。

（二）通信支出

由西北五省区通信费用的卡方检验结果（$P=0.001<0.05$）可知，西北五省区在通信消费方面存在显著性差异。各省区居民家庭通信消费近似呈正态分布，201~300 元占比最多，中等消费人群较多，消费水平较为集中，甘肃最高，达到 40.5%，新疆相对较低，占比为 28.8%。宁夏的高消费人群比其他省份多，501 元及以上累计占比达到 11.9%。新疆低消费人群占比较多，200 元及以下累计占比达到 45.7%，301 元及以上占比仅为 25.5%。宁夏居民家庭在通信支出方面同样表现出优势，甘肃有待进一步发展（见表 9-4）。

表 9-4　居民家庭每月平均通信费用及范围比例

省区	100 元及以下/%	101~200 元/%	201~300 元/%	301~500 元/%	501 元及以上/%	卡方检验（P 值）
总计	(231)	(492)	(675)	(403)	(193)	41.113 (0.001)
陕西	10.7	25.7	33.4	20.0	10.1	
甘肃	9.4	20.9	40.5	21.8	7.3	
宁夏	9.4	26.6	34.2	17.9	11.9	
青海	11.9	24.4	30.6	23.6	9.5	
新疆	18.7	27.0	28.8	15.1	10.4	

数据来源：根据本书项目组调查问卷数据计算而得。

二、分城乡状况分析

（一）城乡居民家庭交通支出

根据卡方检验结果可知，各省区城乡居民家庭交通支出均有显著性差异（P 值均小于 0.05）。城镇居民家庭消费每月在 501~1 000 元最多，消费水平较高。农村居民家庭消费在 300 元及以下最多，随着交通支出的增长，消费人群逐渐减少，当消费达到 1 001 元及以上时，占比出现明显的下降趋势，这一特征在各省表现都较为明显。可见，农村与城镇消费特征不同，在交通方面的消费支出存在较大差异（见表 9-5）。

表 9-5　分城乡居民家庭每月在交通方面的支出

省区		300 元及以下/%	301~500 元/%	501~1 000 元/%	1 001~2 000 元/%	2 001~5 000 元/%	5 001 元及以上/%	卡方检验（P 值）
陕西	总计	(146)	(128)	(147)	(58)	(9)	(6)	24.367 (0.000)
	城镇	24.4	24.4	33.9	14.6	1.5	1.2	
	农村	40.5	29.1	20.9	5.7	2.5	1.3	
甘肃	总计	(125)	(123)	(132)	(51)	(13)	(5)	49.147 (0.000)
	城镇	20.8	25.5	38.3	13.9	1.5	0	
	农村	38.9	30.3	15.4	7.4	5.1	2.9	

续表

省区		300元及以下/%	301~500元/%	501~1 000元/%	1 001~2 000元/%	2 001~5 000元/%	5 001元及以上/%	卡方检验(P值)
宁夏	总计	(68)	(72)	(108)	(44)	(19)	(8)	41.768 (0.000)
	城镇	12.6	22.4	36.8	16.6	8.1	3.6	
	农村	41.7	22.9	27.1	7.3	1	0	
青海	总计	(115)	(124)	(119)	(62)	(24)	(10)	32.495 (0.000)
	城镇	19	27.3	30.7	13.8	6.1	3.1	
	农村	41.4	27.3	14.8	13.3	3.1	0	
新疆	总计	(70)	(64)	(90)	(39)	(12)	(3)	14.602 (0.012)
	城镇	21.3	20.8	34.7	15.8	5.9	1.5	
	农村	35.5	28.9	26.3	9.2	0	0	

数据来源：根据本书项目组调查问卷数据计算而得。

（二）城乡居民家庭通信支出

由表9-6可以看出，各省城乡居民家庭通信消费都近似服从正态分布，均值主要集中在201~300元，但其分散度有很大的差异。甘肃和宁夏城镇发展状态良好，中等和高消费人群较多，新疆农村的低消费人群较多，有待进一步提高。从城乡角度看，城镇低消费人群较少，而农村低消费人群较多，城镇的高消费人群多于农村。西北五省区的卡方检验值均存在显著性差异（P值均小于0.05），说明各省区城乡居民在通信方面消费有显著差异。对比交通消费数据可以发现，城乡在通信方面消费的差异要小于交通。

表9-6　分城乡居民家庭每月平均通信费用

省区		100元及以下/%	101~200元/%	201~300元/%	301~500元/%	501元及以上/%	卡方检验(P值)
陕西	总计	(53)	(127)	(165)	(99)	(50)	18.456 (0.001)
	城镇	7.7	24.1	33	23.5	11.6	
	农村	17.1	29.1	34.2	12.7	7	
甘肃	总计	(42)	(94)	(182)	(98)	(33)	18.118 (0.001)
	城镇	6.6	16.4	44.5	24.1	8.4	
	农村	13.7	28	34.3	18.3	5.7	

续表

省区		100元及以下/%	101~200元/%	201~300元/%	301~500元/%	501元及以上/%	卡方检验（P值）
宁夏	总计	(30)	(85)	(109)	(57)	(38)	13.060（0.011）
	城镇	6.3	25.1	34.5	20.2	13.9	
	农村	16.7	30.2	33.3	12.5	7.3	
青海	总计	(54)	(111)	(139)	(107)	(43)	16.383（0.003）
	城镇	8.6	23.6	31	25.8	11	
	农村	20.3	26.6	29.7	18	5.5	
新疆	总计	(52)	(75)	(80)	(42)	(29)	12.789（0.012）
	城镇	16.3	25.2	31.7	13.4	13.4	
	农村	25	31.6	21.1	19.7	2.6	

数据来源：根据本书项目组调查问卷数据计算而得。

第三节　区域差异分析

一、居民家庭交通类消费差异分析

由表9-7、图9-5可以看出，西北五省区居民家庭每年交通消费总平均数为2.47，宁夏居民家庭交通消费支出最高，达到2.68，远高于其他四省区，表现出很强的优势，陕西居民家庭在交通方面的支出最低，仅为2.34，青海、新疆接近于总平均值，青海、新疆交通消费支出与宁夏相比还有一定差距，但远高于陕西与甘肃。总均值95%的置信区间为（2.42，2.52），通过各组“均值的95%置信区间”的估计值可以看出，陕西（2.24，2.44）低于西北地区均值，宁夏（2.54，2.82）高于西北地区均值。

表 9-7　居民家庭交通方面支出的描述性统计量表

省区	样本量	平均值	标准偏差	标准错误	平均值 95%置信区间	
					下限值	上限值
陕西	494	2.34	1.144	0.051	2.24	2.44
甘肃	449	2.37	1.153	0.054	2.27	2.48
宁夏	319	2.68	1.258	0.070	2.54	2.82
青海	454	2.53	1.270	0.060	2.41	2.65
新疆	278	2.53	1.195	0.072	2.38	2.67
西北	1 994	2.47	1.206	0.027	2.42	2.52

数据来源：根据本书项目组调查问卷数据计算而得。

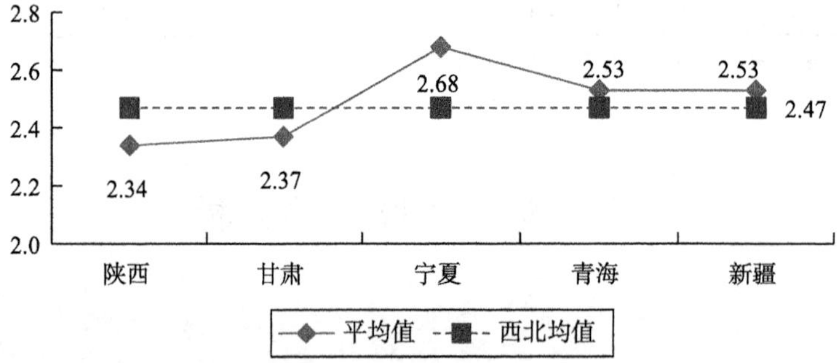

图 9-5　居民家庭交通方面消费的均值图

数据来源：根据本书项目组调查问卷数据计算而得。

从交通方面支出的描述性统计量表能初步看出五个省份的差异，但是并不能确定该差异是否显著，需要进一步进行方差分析来确定。由表 9-8 可知，在交通方面，整体检验的 F 值为 5.019（$P=0.001<0.05$），表明五个省份在交通类消费方面差异显著。总体上讲，不同地区对交通消费有显著影响，至于是哪些配对组别间的差异达到显著，需要进行多重比较方能得知。

表 9-8　ANOVA 方差分析表（交通）

项目	平方和	df	均方	F	显著性
组间	28.969	4	7.242	5.019	0.001
组内	2 869.844	1 989	1.443		
总计	2 898.813	1 993			

从表 9-9 中的“平均差（I-J）”可以看出，在交通消费方面宁夏显著高于陕西和甘肃，两个群体平均数差异值分别为 0.340 和 0.306。如果显著性水平为 0.05，则宁夏与陕西和甘肃有显著差异（P 值分别为 0.001 和 0.005，均小于 0.05），但宁夏与其他两个省份交通消费无显著差异。总之，宁夏在交通方面的消费要显著高于陕西和甘肃，陕西作为古丝绸之路的起点省份，交通方面的消费有待进一步提高。

表 9-9　居民家庭交通方面 Tukey HSD 检验结果

省份（I）	组别（J）	平均差（I-J）	标准误	显著性	95%置信区间	
					下限值	上限值
陕西	甘肃	-0.034	0.078	0.993	-0.25	0.18
	宁夏	-0.340*	0.086	0.001	-0.58	-0.10
	青海	-0.189	0.078	0.112	-0.40	0.02
	新疆	-0.185	0.090	0.240	-0.43	0.06
甘肃	陕西	0.034	0.078	0.993	-0.18	0.25
	宁夏	-0.306*	0.088	0.005	-0.55	-0.07
	青海	-0.154	0.080	0.301	-0.37	0.06
	新疆	-0.151	0.092	0.467	-0.40	0.10
宁夏	陕西	0.340*	0.086	0.001	0.10	0.58
	甘肃	0.306*	0.088	0.005	0.07	0.55
	青海	0.152	0.088	0.417	-0.09	0.39
	新疆	0.155	0.099	0.515	-0.11	0.42
青海	陕西	0.189	0.078	0.112	-0.02	0.40
	甘肃	0.154	0.080	0.301	-0.06	0.37
	宁夏	-0.152	0.088	0.417	-0.39	0.09
	新疆	0.003	0.091	1.000	-0.25	0.25
新疆	陕西	0.185	0.090	0.240	-0.06	0.43
	甘肃	0.151	0.092	0.467	-0.10	0.40
	宁夏	-0.155	0.099	0.515	-0.42	0.11
	青海	-0.003	0.091	1.000	-0.25	0.25

注：* 表示均值差的显著性水平为 0.05。

数据来源：根据本书项目组调查问卷数据计算而得。

二、居民家庭通信类消费差异分析

从表9-10和图9-6可以看出，西北五省区居民家庭通信方面总平均数为2.92，陕西、甘肃、宁夏、青海的居民家庭通信消费支出差异较小，略高于西北五省区平均水平，新疆的居民家庭通信消费支出明显较低，远低于西北地区平均水平。

表9-10 居民家庭通信方面支出的描述性统计量表

省区	样本量	平均值	标准偏差	标准错误	平均值95%置信区间	
					下限值	上限值
陕西	494	2.93	1.136	0.051	2.83	3.03
甘肃	449	2.97	1.047	0.049	2.87	3.07
宁夏	319	2.96	1.140	0.064	2.84	3.09
青海	454	2.94	1.155	0.054	2.84	3.05
新疆	278	2.72	1.229	0.074	2.57	2.86
西北	1 994	2.92	1.137	0.025	2.87	2.97

数据来源：根据本书项目组调查问卷数据计算而得。

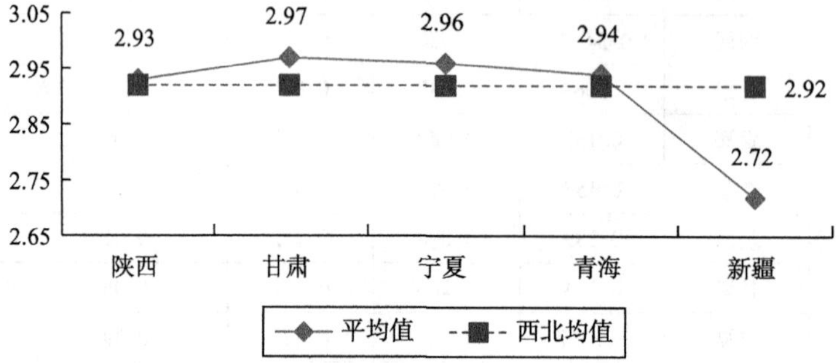

图9-6 居民家庭通信方面消费的均值图

数据来源：根据本书项目组调查问卷数据计算而得。

从表9-11方差分析结果可知，在居民家庭通信方面，整体检验的F值为2.621，概率P值为0.033，达到显著水平（P=0.033<0.05），表示五个省份居民家庭在通信类消费方面存在显著性差异，至于是哪些配对组别间的差异达到显著，需进行多重比较方能得知。

表 9-11　ANOVA 方差分析表（通信）

项目	平方和	df	均方	F	显著性
组间	13.513	4	3.378	2.621	0.033
组内	2 563.833	1 989	1.289		
总计	2 577.347	1 993			

从表 9-12 中的“平均差（I-J）”可以看出，在居民家庭通信消费方面甘肃与新疆存在显著差异，两个群体平均数差异值为 0.253。如果显著性水平为 0.05，则甘肃与新疆存在显著差异（P 值为 0.037<0.05）。同时可以看到新疆居民家庭通信消费虽然较低，但与其他三个省份差异不显著，只有甘肃居民家庭通信方面的消费显著高于新疆，新疆的通信类消费有待提高。

表 9-12　居民家庭通信方面 Games-Howell 检验结果

省份（I）	组别（J）	平均差（I-J）	标准错误	显著性	95%置信区间	
					下限值	上限值
陕西	甘肃	-0.038	0.071	0.984	-0.23	0.16
	宁夏	-0.031	0.082	0.995	-0.25	0.19
	青海	-0.012	0.074	1.000	-0.22	0.19
	新疆	0.215	0.090	0.117	-0.03	0.46
甘肃	陕西	0.038	0.071	0.984	-0.16	0.23
	宁夏	0.006	0.081	1.000	-0.21	0.23
	青海	0.026	0.073	0.997	-0.17	0.23
	新疆	0.253*	0.089	0.037	0.01	0.50
宁夏	陕西	0.031	0.082	0.995	-0.19	0.25
	甘肃	-0.006	0.081	1.000	-0.23	0.21
	青海	0.020	0.084	0.999	-0.21	0.25
	新疆	0.247	0.098	0.086	-0.02	0.51
青海	陕西	0.012	0.074	1.000	-0.19	0.22
	甘肃	-0.026	0.073	0.997	-0.23	0.17
	宁夏	-0.020	0.084	0.999	-0.25	0.21
	新疆	0.227	0.092	0.097	-0.02	0.48

续表

省份（I）	组别（J）	平均差（I-J）	标准错误	显著性	95%置信区间	
					下限值	上限值
新疆	陕西	-0.215	0.090	0.117	-0.46	0.03
	甘肃	-0.253*	0.089	0.037	-0.50	-0.01
	宁夏	-0.247	0.098	0.086	-0.51	0.02
	青海	-0.227	0.092	0.097	-0.48	0.02

注：*表示均值差的显著性水平为 0.05。

数据来源：根据本书项目组调查问卷数据计算而得。

第四节 本章小结

本章主要基于受访居民家庭在交通信息类方面的消费情况，对各省以及城乡之间的消费差异进行比较，主要结论如下：

小轿车逐渐成为居民家庭拥有率最高的交通工具，拥有率达到 52.2%，81.8%的居民家庭交通消费在 1 000 元及以下；居民家庭拥有移动和固定电话部数在 3 部及以上的高达 76.8%，居民家庭通信支出主要集中在 201~300 元的人数最多，达到 33.9%。城乡发展不均衡和地区发展不均衡问题在交通通信类消费中较为突出。城镇与农村的交通消费差异较大，城镇与农村的通信消费差异相对较小。宁夏居民家庭在交通方面的消费明显高于陕西和甘肃，陕西作为丝绸之路的起点省份，居民家庭交通方面的消费需要进一步提升。甘肃居民家庭在通信方面的消费明显高于新疆，新疆居民家庭的通信类消费有待提高。

第十章 丝绸之路沿线区域居民教育文化娱乐类消费状况

随着我国经济的不断发展，居民生活质量显著提高，物质生活已经不能满足人民的生活需求，越来越多的人开始注重精神文化生活，教育文化娱乐作为精神文化生活的一部分，对于国民素质的提高以及我国经济的发展具有非常重要的作用。教育文化娱乐类消费主要包括教育和文化娱乐方面的消费。其中，教育包括学费、培训费、购买教材及教辅参考书费、学杂费以及赞助费等；文化娱乐消费指人们享受文化、娱乐商品获得精神愉悦的一类消费，具体表现为消费者观赏广播电视节目，欣赏电影、音乐、戏曲、舞蹈等文艺作品，阅读图书、报刊等文艺作品，使用游戏、游艺、娱乐器械获得感官享受或精神愉悦等的消费。

第一节 整体状况分析

一、描述性统计分析

（一）居民家庭每年在教育方面的支出

教育不仅能够提升居民自身素养，同时具备生产性价值和消费性价值，地区经济发展水平、消费观念、对教育的重视程度等因素对西部欠发达地区的教育支出影响较大。如图 10-1 所示，居民家庭每年用于教育方面的支出较低，教育支出不超过 1 000 元的占比达 43.0%，其中在 500 元及以下的家庭占比为20.2%，在501~1 000元的家庭占比最大，为22.8%；家庭教育支出7 001~10 000元的家庭占比最少，只占受访家庭的8.5%。2016年我国西北地区居民家庭在教育文化娱乐方面的人均消费为1 619.8元，低于全国水平（1 915.3元）。由此可见，西北地区居民家庭的教育支出相对较少。

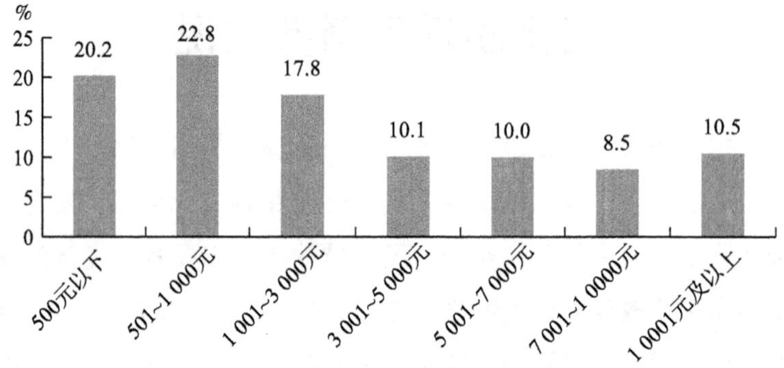

图 10-1　居民家庭每年在教育方面的支出

数据来源：根据本书项目组调查问卷数据计算而得。

（二）居民家庭主要的文化娱乐方式

随着时代的发展和进步，居民对文化娱乐的需求越来越大，文化娱乐方式越来越多样化。电影、电视、电脑以及手机等电子产品的出现，为居民文化娱乐提供了更加方便、快捷的途径。如图10-2所示，电影电视是居民主要选择的文化娱乐方式，其占比高达66.7%。上网是大众普遍接受和偏爱的娱乐方式，由于其具有消费方式易操作、消费支出易控制、消费群体易寻找等优势，成为一种大家易于接受并方便的娱乐方式。手机、电脑网络的普及为丰富居民业余文化生活提供了方便，同时也提高了居民文化消费水平。通过网络进行文化娱乐消费的居民家庭占比达到55.5%，运动健身占比为50.4%，均超过受访家庭的一半。会所/沙龙/棋牌所占比例最小，仅为15.7%。

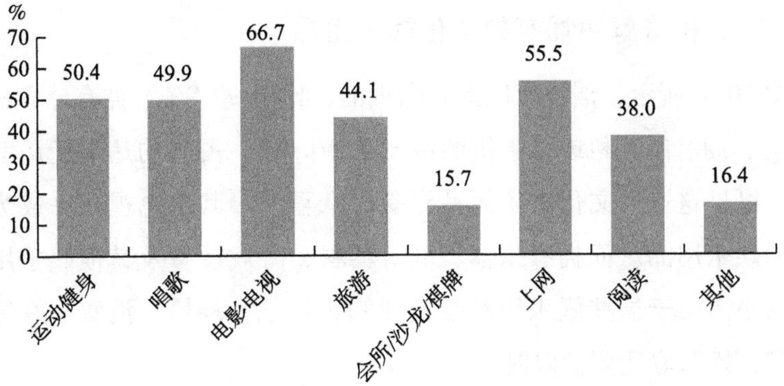

图 10-2　居民家庭经常参加的文娱方式

数据来源：根据本书项目组调查问卷数据计算而得。

（三）居民家庭每年在文化娱乐方面的支出

由图 10-3 可知，每年用于文化娱乐的支出在 1 000 元以下的家庭占比最大，其占比为 42. 2%；文化娱乐消费在 1 001~3 000 元的家庭占比为 33. 5%，只有 7. 5%的受访家庭每年在文化娱乐方面的消费达到 5 001 元及以上。2016 年我国西北地区居民文化娱乐消费为 596. 5 元，而全国居民文化娱乐消费为 800 元，可见西北地区居民家庭文化娱乐支出相对比较少。文化娱乐消费不同于物质消费，它不仅受经济的影响，也受文化环境、文化产业、文化产品和社会文化意识的影响，西北地区居民家庭应当加大文化娱乐支出的力度。

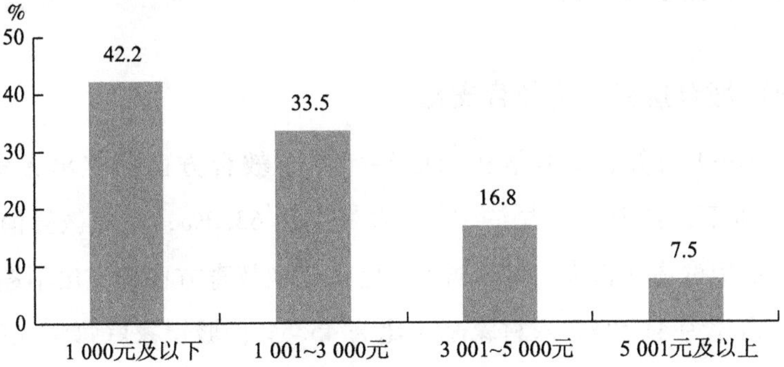

图 10-3　居民家庭每年在文娱方面的支出

数据来源：根据本书项目组调查问卷数据计算而得。

（四）居民家庭中拥有的文化娱乐用品

如图 10-4 所示，居民家庭拥有电视的占比为 90.9%、拥有计算机的占比为 68.4%、拥有照相机或摄影机的占比为 50.0%，占比均达到受访家庭总数的一半，可见这三种文化娱乐用品深受大众喜爱，其中电视几乎成为每个家庭必备的娱乐用品。而拥有乐器、健身器材、游戏设备及其他娱乐用品的家庭占比较小。由于这些娱乐用品受专业知识技能、环境、消费嗜好等因素影响，走进百姓家庭还要假以时日。

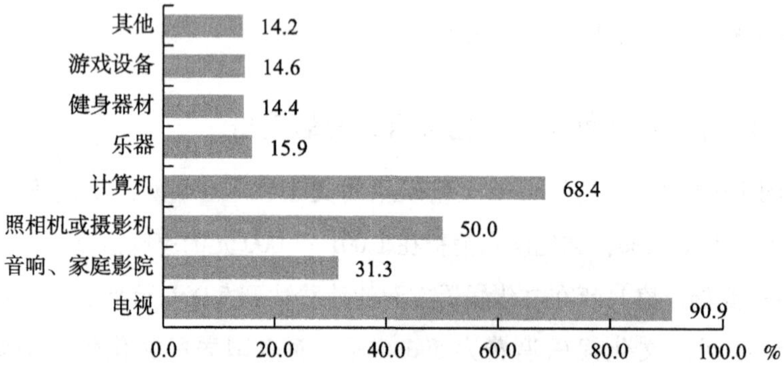

图 10-4 居民家庭拥有的文化娱乐用品

数据来源：根据本书项目组调查问卷数据计算而得。

二、分城乡状况分析

（一）城乡居民家庭教育支出

由表 10-1 可知，城乡居民家庭每年用于教育方面的支出大多集中在 3 000元及以下，其中城镇占 59.8%，农村高达 63.0%；家庭教育消费 1 000 元及以下的家庭占比最大，城镇居民家庭每年在教育方面的支出不超过 1 000 元的家庭占比为 41.9%，农村家庭占比为 45.5%；城镇家庭每年在教育方面的支出超过 7 000 元的家庭占比为 19.3%，而农村家庭占比为 18.5%，可见农村家庭受其收入水平、教育资源以及受教育意识的影响，在教育方面的支出相对城镇家庭少。根据卡方检验结果，概率 $P=0.047<0.05$，说明城乡居民家

庭每年在教育方面的消费存在显著的差异性。2016 年我国西北地区城镇居民家庭每年教育文化娱乐类的人均消费为 2 393. 9 元，农村居民家庭的教育文教娱乐人均消费只有 942. 7 元。城镇居民的教育文化娱乐人均消费是农村居民的 2. 54 倍，可见在教育文化娱乐方面，城乡差异较大。城镇很多家庭的教育支出不仅局限于学校，他们用于教育的消费可能还包括参加各种培训的费用，购买参考书等的费用，而农村在课外教育方面的消费较少。

表 10-1　分城乡居民家庭每年在教育方面的支出

项目	500 元及以下/%	501～1 000 元/%	1 001～3 000 元/%	3 001～5 000 元/%	5 001～7 000 元/%	7 001～10 000 元/%	10 001 元及以上/%	卡方检验（P 值）
总计	（403）	（455）	（355）	（202）	（200）	（170）	（209）	12. 775（0. 047）
城镇	18. 7	23. 2	17. 9	10. 0	10. 9	9. 3	10. 0	
农村	23. 5	22. 0	17. 5	10. 4	8. 1	7. 0	11. 5	

数据来源：根据本书项目组调查问卷数据计算而得。

（二）城乡居民家庭文化娱乐支出

由表 10-2 可知，城乡居民家庭每年用于文化娱乐的支出 3 000 元及以下的占比最多，城镇为 70. 3%，农村为 87. 2%；5 001 元及以上的家庭占比最少，城镇为 9. 6%，农村为 2. 8%，可见居民文化娱乐消费整体较低。城镇居民家庭每年用于文化娱乐方面的消费 1 001～3 000 元的家庭占比最大，为 36. 4%，农村家庭每年用于文化娱乐方面的消费 1 000 元及以下的家庭占比最大，为 60%。卡方检验结果显示，P＝0. 000<0. 05，说明城镇与农村每年在文化娱乐方面的支出存在显著性差异。2016 年我国西北地区城镇居民文化娱乐消费为 1 075. 04 元，而农村仅为 175. 27 元，城镇居民文化娱乐消费是农村的 6. 13 倍，说明农村家庭每年在文化娱乐方面的消费远低于城镇。

表 10-2　分城乡居民家庭每年在文化娱乐方面的支出

项目	1 000 元及以下/%	1 001~3 000 元/%	3 001~5 000 元/%	5 001 元及以上/%	卡方检验（P 值）
总计	（842）	（668）	（335）	（149）	133.188（0.000）
城镇	33.9	36.4	20.0	9.6	
农村	60.0	27.2	10.0	2.8	

数据来源：根据本书项目组调查问卷数据计算而得。

居民消费水平的提升不仅表现为量的增长，更多体现在消费结构的不断优化上，通过比较城乡居民在文化娱乐方面的消费可以看出，城镇居民更注重精神方面的追求，而农村居民依然停留在以物质为主的消费状态。

第二节　区域状况分析

一、区域状况分析

（一）教育支出

如表 10-3 所示，整体来看，所有省份家庭在教育方面消费集中在3 000 元及以下，家庭每年在教育方面的支出 501~1 000 元的占比最多，500 元及以下的家庭占比次之，可见居民家庭在教育方面的支出整体较低，还有待提高。陕西受访家庭每年在教育方面的支出 500 元及以下和 501~1 000 元的家庭占比最大，均为 19.4%，但家庭每年在教育方面的支出超过3 000 元的占比也达到 46.4%。卡方检验结果显示，$P=0.01<0.05$，说明不同省份居民家庭在教育方面的消费有显著差异。2016 年陕西教育文化娱乐消费为1 785.2 元，高于西北地区其余四省区，可见陕西居民家庭对教育较为重视，在教育方面的支出较高。新疆有一半受访居民家庭每年在教育方面的支出都不超过1 000 元，而家庭每年用于教育的支出在 3 001 元及以上的家庭占比（30.9%）较小。新疆 2016 年教育文化娱乐消费为 1 471.2 元，在西北五省区中，位居

末尾，可见新疆家庭在教育方面消费较低，一方面受其经济的影响，另一方面也反映出新疆居民家庭对教育的重视程度不够。

表 10-3　居民家庭每年在教育方面的支出情况

省区	500 元及以下/%	501～1 000 元/%	1 001～3 000 元/%	3 001～5 000 元/%	5 001～7 000 元/%	7 001～10 000 元/%	10 001 元及以上	卡方检验（P 值）
总计	(403)	(455)	(355)	(202)	(200)	(170)	(209)	42.914 (0.010)
陕西	19.4	19.4	14.8	12.3	13.4	8.1	12.6	
甘肃	20.9	22.9	19.2	9.4	6.7	10.0	10.9	
宁夏	16.9	24.5	22.3	10.3	7.2	8.5	10.3	
青海	20.7	22.9	15.9	9.7	12.1	8.6	10.1	
新疆	23.4	26.6	19.1	7.9	9.4	6.8	6.8	

数据来源：根据本书项目组调查问卷数据计算而得。

（二）文化娱乐支出

如表 10-4 所示，整体来看，所有省份居民家庭每年在文娱方面支出 1 000元及以下的家庭最多，其中陕西、甘肃、青海分别达到 45.1%、42.5%、46.0%；1 001～3 000 元的家庭次之，基本上都在 30%左右；3 001～5 000 元差异较大，陕西、甘肃、青海分别为 13.8%、15.1%和 13.4%，而宁夏、新疆分别达到 25.1%和 20.9%；5 001 元及以上的家庭占比最少，但差异较大，甘肃为 4.7%，而新疆达到 11.2%。可见居民家庭在文化娱乐方面消费普遍较低，并且差异较大。由卡方检验结果（$P=0.000<0.05$）可以看出，不同省份家庭每年在文娱方面的支出存在显著性差异。

表 10-4 居民家庭每年在文娱方面的支出及范围比例

省区	1 000 元及以下/%	1 001～3 000 元/%	3 001～5 000 元/%	5 001 元及以上/%	卡方检验（P 值）
总计	（842）	（668）	（335）	（149）	47.592（0.000）
陕西	45.1	33.8	13.8	7.3	
甘肃	42.5	37.6	15.1	4.7	
宁夏	34.2	31.0	25.1	9.7	
青海	46.0	33.9	13.4	6.6	
新疆	39.6	28.4	20.9	11.2	

数据来源：根据本书项目组调查问卷数据计算而得。

二、分城乡状况分析

（一）城乡居民家庭教育支出

如表 10-5 所示，各省区城乡居民家庭教育方面的支出 3 000 及以下占比较大，累计占比均超过 60%。在 3 001～10 000 元的占比相对较少，部分省份 10 001元以上的支出占比较高。相对而言，陕西城镇居民家庭教育支出各段占比比较均衡。除新疆外，各省份 500 元及以下占比农村均高于城镇。

卡方检验结果显示，陕西（P＝0.081＞0.05）、宁夏（P＝0.19＞0.05）、青海（P＝0.351＞0.05）城镇与农村居民家庭在教育方面的支出无显著性差异，甘肃（P＝0.006＜0.05）和新疆（P＝0.006＜0.05）城乡居民家庭在教育方面的消费存在显著差异。新疆居民家庭每年教育方面的支出在 1 000 元及以下的，城镇家庭占 45.1%，农村家庭占比高达 63.1%，而在教育支出 7 001 元及以上的家庭中，城镇家庭占 16.3%，农村家庭仅占 6.5%。2016 年新疆城镇居民家庭教育文化娱乐消费为 2 404.9 元，农村仅为 716.4 元，城镇文教娱乐消费是农村的 3.36 倍，可见新疆城镇家庭在教育方面的支出远高于农村家庭。

表 10-5　分城乡居民家庭每年在教育方面的支出

省区		500元及以下/%	501~1 000元/%	1 001~3 000元/%	3 001~5 000元/%	5 001~7 000元/%	7 001~10 000元/%	10 001元及以上/%	卡方检验（P值）
陕西	总计	(96)	(96)	(73)	(61)	(66)	(40)	(62)	11. 234 (0. 081)
	城镇	17. 3	19	13. 4	12. 5	15. 8	9. 5	12. 5	
	农村	24. 1	20. 3	17. 7	12	8. 2	5. 1	12. 7	
甘肃	总计	(94)	(103)	(86)	(42)	(30)	(45)	(49)	18. 062 (0. 006)
	城镇	18. 6	27	21. 2	7. 7	5. 5	11. 7	8. 4	
	农村	24. 6	16. 6	16	12	8. 6	7. 4	14. 9	
宁夏	总计	(54)	(78)	(71)	(33)	(23)	(27)	(33)	8. 726 (0. 190)
	城镇	14. 8	25. 6	22. 4	10. 3	9	6. 7	11. 2	
	农村	21. 9	21. 9	21. 9	10. 4	3. 1	12. 5	8. 3	
青海	总计	(94)	(104)	(72)	(44)	(55)	(39)	(46)	6. 690 (0. 351)
	城镇	19	24. 5	14. 7	10. 1	13. 2	9. 2	9. 2	
	农村	25	18. 8	18. 8	8. 6	9. 4	7. 0	12. 5	
新疆	总计	(65)	(74)	(53)	(22)	(26)	(19)	(19)	17. 970 (0. 006)
	城镇	24. 8	20. 3	21. 3	8. 4	8. 9	8. 4	7. 9	
	农村	19. 7	43. 4	13. 2	6. 6	10. 5	2. 6	3. 9	

数据来源：根据本书项目组调查问卷数据计算而得。

（二）城乡居民家庭文化娱乐支出

如表 10-6 所示，各省区城乡居民家庭每年文化娱乐方面的支出在 1 000 元及以下的占比最多，但城乡差异较大，城镇占比均在 30%左右，而农村占比均高于 55%；1 001~3 000 元的占比次之，城乡差距较小；在 3 001 元及以上的区间，城乡差异较大，其中宁夏城镇占比 45. 3%，而农村仅为 10. 4%。可见城乡居民家庭在文化娱乐方面的支出整体比较低，且城乡差距较大。根据卡方检验结果，所有城乡差异检验的概率 P 值均小于 0. 05，说明各省区城乡居民家庭每年在文化娱乐方面的支出均存在显著性差异。其中宁夏卡方值（41. 750）最大，说明宁夏城乡之间差异最显著，甘肃（38. 844）次之，相对来说，新疆（14. 772）城乡差异相对最小。

具体来看，宁夏城镇家庭每年在文化娱乐方面的支出 3 001~5 000 元的占比最大，为32.7%，而农村家庭每年在文化娱乐方面的支出1 000元及以下的家庭占比最大，高达55.2%，超过宁夏农村受访家庭的一半，此外，仅有10.4%的农村家庭每年用于文化娱乐的支出达到3 001元及以上，可见宁夏城镇家庭在文化娱乐方面的支出远高于农村家庭。新疆城镇居民家庭文化娱乐支出1 000元及以下的占比为33.7%，农村为55.3%，而文化娱乐消费5 001元及以上的家庭，城镇为14.4%，农村仅为2.6%，城乡之间差异显著，主要体现为高水平消费上的差距。

表10-6　分城乡居民家庭每年在文化娱乐方面的支出

省区		1 000元及以下/%	1 001~3 000元/%	3 001~5 000元/%	5 001元及以上/%	卡方检验（P值）
陕西	总计	（223）	（167）	（68）	（36）	36.759（0.000）
	城镇	36.3	37.2	17	9.5	
	农村	63.9	26.6	7	2.5	
甘肃	总计	（191）	（169）	（68）	（21）	38.844（0.000）
	城镇	31.0	44.9	19	5.1	
	农村	60.6	26.3	9.1	4	
宁夏	总计	（109）	（99）	（80）	（31）	41.750（0.000）
	城镇	25.1	29.6	32.7	12.6	
	农村	55.2	34.4	7.3	3.1	
青海	总计	（209）	（154）	（61）	（30）	20.416（0.000）
	城镇	40.2	37.7	13.5	8.6	
	农村	60.9	24.2	13.3	1.6	
新疆	总计	（110）	（79）	（58）	（31）	14.772（0.002）
	城镇	33.7	29.2	22.8	14.4	
	农村	55.3	26.3	15.8	2.6	

数据来源：根据本书项目组调查问卷数据计算而得。

第三节　区域差异分析

一、居民家庭教育类消费差异分析

由表 10-7 和图 10-5 可知，西北五省区在教育方面支出平均数为 3.34，陕西居民家庭教育消费平均值为 3.55，高于西北地区平均值，且明显高于其余四省区，新疆的平均值为 3.01，说明新疆在教育文化方面还有待提高，甘肃、宁夏和青海教育消费平均数相差不大，可见陕西在教育方面投入比较高，而新疆重视程度不够。

表 10-7　居民家庭教育方面支出的描述性统计量表

省区	样本量	平均值	标准偏差	标准错误	平均值 95%置信区间	
					下限值	上限值
陕西	494	3.55	2.017	0.091	3.37	3.73
甘肃	449	3.32	1.996	0.094	3.13	3.50
宁夏	319	3.33	1.906	0.107	3.12	3.54
青海	454	3.36	1.978	0.093	3.18	3.54
新疆	278	3.01	1.837	0.110	2.79	3.23
西北	1 994	3.34	1.966	0.044	3.26	3.43

数据来源：根据本书项目组调查问卷数据计算而得。

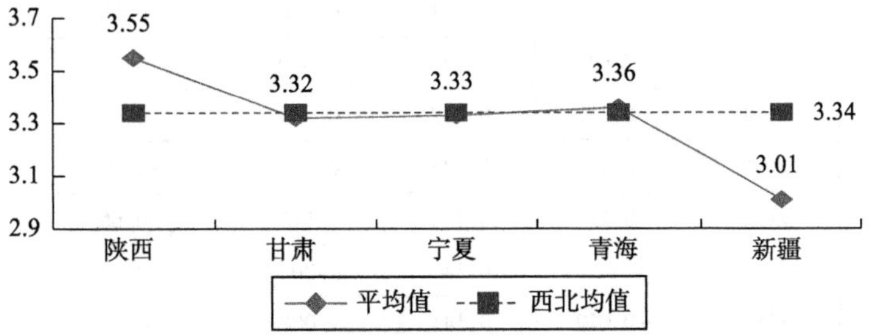

图 10-5　居民家庭教育方面消费均值图

数据来源：根据本书项目组调查问卷数据计算而得。

由表10-8方差分析结果可知，在教育方面，整体检验的F值为3.434，对应的概率P值为0.008，小于显著性水平0.05（P=0.008<0.05），拒绝原假设，认为不同省份家庭在教育方面的支出存在显著性差异。进行多重比较后才能得知哪些配对组别间的差异达到显著，哪些不显著。

表10-8 ANOVA方差分析表（教育）

项目	平方和	df	均方	F	显著性
组间	52.859	4	13.215	3.434	0.008
组内	7 653.446	1 989	3.848		
总计	7 706.305	1 993			

由表10-9的"平均差（I-J）"和"显著性"两列可知，在教育消费方面，西北地区只有陕西和新疆差异显著，其余三省区两两之间均不显著。具体来看，陕西显著高于新疆，其平均差为0.542。虽然陕西与其他四省区的平均差都为正数，说明陕西在教育方面的消费高于其他四省区，但由显著性可知，陕西与甘肃、宁夏和青海的差异性并不显著。

表10-9 居民家庭教育方面Games-Howell检验结果

省份（I）	组别（J）	平均差（I-J）	标准错误	显著性	95%置信区间	
					下限值	上限值
陕西	甘肃	0.236	0.131	0.370	-0.12	0.59
	宁夏	0.220	0.140	0.515	-0.16	0.60
	青海	0.194	0.130	0.568	-0.16	0.55
	新疆	0.542*	0.143	0.002	0.15	0.93
甘肃	陕西	-0.236	0.131	0.370	-0.59	0.12
	宁夏	-0.016	0.142	1.000	-0.41	0.37
	青海	-0.043	0.132	0.998	-0.40	0.32
	新疆	0.305	0.145	0.218	-0.09	0.70
宁夏	陕西	-0.220	0.140	0.515	-0.60	0.16
	甘肃	0.016	0.142	1.000	-0.37	0.41
	青海	-0.027	0.141	1.000	-0.41	0.36
	新疆	0.321	0.153	0.223	-0.10	0.74

续表

省份（I）	组别（J）	平均差（I-J）	标准错误	显著性	95%置信区间	
					下限值	上限值
青海	陕西	-0.194	0.130	0.568	-0.55	0.16
	甘肃	0.043	0.132	0.998	-0.32	0.40
	宁夏	0.027	0.141	1.000	-0.36	0.41
	新疆	0.348	0.144	0.112	-0.05	0.74
新疆	陕西	-0.542*	0.143	0.002	-0.93	-0.15
	甘肃	-0.305	0.145	0.218	-0.70	0.09
	宁夏	-0.321	0.153	0.223	-0.74	0.10
	青海	-0.348	0.144	0.112	-0.74	0.05

注：* 表示均值差的显著性水平为 0.05。
数据来源：根据本书项目组调查问卷数据计算而得。

二、居民家庭文化娱乐类消费差异分析

由表 10-10、图 10-6 可知，宁夏和新疆居民家庭每年在文化娱乐方面的支出比较大，其平均值分别为 2.10 和 2.04，远大于西北五省区平均值 1.90。陕西（1.83）、甘肃（1.82）和青海（1.81）的平均值均低于总平均值，可见这三个省份在文化娱乐方面的消费相对比较低，还有很大的提升空间。

表 10-10　居民家庭文化娱乐方面支出的描述性统计量表

省区	样本量	平均值	标准偏差	标准错误	平均值 95%置信区间	
					下限值	上限值
陕西	494	1.83	0.924	0.042	1.75	1.91
甘肃	449	1.82	0.856	0.040	1.74	1.90
宁夏	319	2.10	0.987	0.055	1.99	2.21
青海	454	1.81	0.907	0.043	1.72	1.89
新疆	278	2.04	1.026	0.062	1.91	2.16
西北	1 994	1.90	0.937	0.021	1.85	1.94

数据来源：根据本书项目组调查问卷数据计算而得。

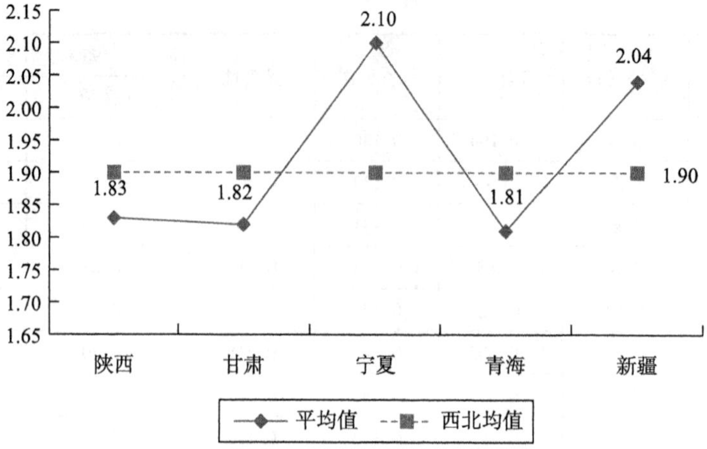

图 10-6　居民家庭文化娱乐方面消费均值图

数据来源：根据本书项目组调查问卷数据计算而得。

由表 10-11 方差分析结果可知，在居民家庭文化娱乐方面，F 统计量为 7.928，对应的概率 P 值近似为 0，小于显著性水平 0.05，不能接受原假设，说明不同省份家庭在文化娱乐方面的支出存在显著性差异，进行多重比较后才能得知哪些配对组别间的差异达到显著。

表 10-11　ANOVA 方差分析表（文化娱乐）

项目	平方和	df	均方	F	显著性
组间	27.482	4	6.871	7.928	0.000
组内	1 723.611	1 989	0.867		
总计	1 751.094	1 993			

由表 10-12 的“平均差（I-J）”和“显著性”列可知，在居民家庭文化娱乐方面，宁夏显著高于陕西、甘肃和青海，其平均数差异值分别为 0.271、0.284、0.297。虽然宁夏也高于新疆，但宁夏与新疆的差异性并不显著。此外，新疆与陕西、甘肃和青海的平均值差异也达到显著水平，且新疆与这三个省的平均差均大于零，可见新疆在文化娱乐方面的支出高于陕西、青海和甘肃。宁夏和新疆在文化娱乐方面无显著差异，陕西、青海和甘肃在居民家庭文化娱乐方面差异也不显著，即它们之间不存在显著性差异。

表 10-12　居民家庭文化娱乐方面 Games-Howell 检验结果

省份（I）	组别（J）	平均差（I-J）	标准错误	显著性	95%置信区间	
					下限值	上限值
陕西	甘肃	0.012	0.058	1.000	-0.15	0.17
	宁夏	-0.271*	0.069	0.001	-0.46	-0.08
	青海	0.026	0.060	0.993	-0.14	0.19
	新疆	-0.204*	0.074	0.049	-0.41	0.00
甘肃	陕西	-0.012	0.058	1.000	-0.17	0.15
	宁夏	-0.284*	0.068	0.000	-0.47	-0.10
	青海	0.013	0.059	0.999	-0.15	0.17
	新疆	-0.216*	0.074	0.028	-0.42	-0.01
宁夏	陕西	0.271*	0.069	0.001	0.08	0.46
	甘肃	0.284*	0.068	0.000	0.10	0.47
	青海	0.297*	0.070	0.000	0.11	0.49
	新疆	0.067	0.083	0.926	-0.16	0.29
青海	陕西	-0.026	0.060	0.993	-0.19	0.14
	甘肃	-0.013	0.059	0.999	-0.17	0.15
	宁夏	-0.297*	0.070	0.000	-0.49	-0.11
	新疆	-0.230*	0.075	0.019	-0.43	-0.02
新疆	陕西	0.204*	0.074	0.049	0.00	0.41
	甘肃	0.216*	0.074	0.028	0.01	0.42
	宁夏	-0.067	0.083	0.926	-0.29	0.16
	青海	0.230*	0.075	0.019	0.02	0.43

注：*表示均值差的显著性水平为 0.05。

数据来源：根据本书项目组调查问卷数据计算而得。

第四节　本章小结

本章主要研究居民家庭在教育文化娱乐方面的消费情况，分别从各省份以及城乡之间的差异进行比较，主要结论如下：

在教育方面，大部分受访居民家庭每年在教育方面的支出较少，不超过3 000元。整体来看，农村家庭因受其经济发展、教育资源以及受教育意识的影响，在教育方面的支出比城镇少。从省际层面看，不同省份家庭在教育方面的支出存在显著的差异，陕西遥遥领先，甘肃、宁夏和青海相差不大，新疆在教育方面的支出比较少，其中新疆和陕西差异显著。各省份城乡之间的差异性也各不相同，陕西、宁夏和青海城乡之间并没有显著的差异，甘肃农村家庭比城镇家庭每年在教育方面的支出更大，新疆城镇家庭每年在教育方面的支出远大于农村家庭。

在文化娱乐方面，居民家庭的消费普遍偏低，大部分家庭文化娱乐用品相对集中在电视、电脑等方面，而使用乐器、健身器材等娱乐用品的家庭不多，居民参与的文娱活动也多以电影电视、上网形式为主。整体来看，城镇家庭在文化娱乐方面的支出远高于农村，农村有50%以上的家庭每年在文化娱乐方面的支出都不超过1 000元，城乡差异显著。从省际层面看，不同省份在文化娱乐方面的消费存在显著差异，宁夏和新疆远高于其他三省，且差异显著。根据各省的城乡差异来看，各省份城镇家庭在文化娱乐方面的支出均大于农村，宁夏城乡之间差异最显著，甘肃次之，相对来说，新疆城乡差异最小。

第十一章
丝绸之路沿线区域居民医疗保健类消费状况

医疗保健类消费是民生问题中的一项重要内容，是居民生活质量提高的基本需求，是关系人民群众健康的一大重要问题。随着我国居民收入水平不断提高，居民的健康观念也进一步得到改观和提升，因此，医疗保健消费需求也随之增长。医疗保健类消费是指居民家庭用于医疗和保健的药品、用品以及服务的总支出，包括医疗器具、药品、门诊和住院总费用、医疗服务等。

第一节　整体状况分析

一、描述性统计分析

（一）居民家庭每年在医疗保健方面的支出

医疗保健支出是居民消费支出的一个重要组成部分，主要包括医疗费用及医疗器械药品费用。具体到个人就是医疗费、手术费、药费和住院费等。居民家庭对医疗保健方面的投入增加能够反映居民对自身健康有更高的要求，同时也能够说明居民对自身健康管理投资的意识增强。

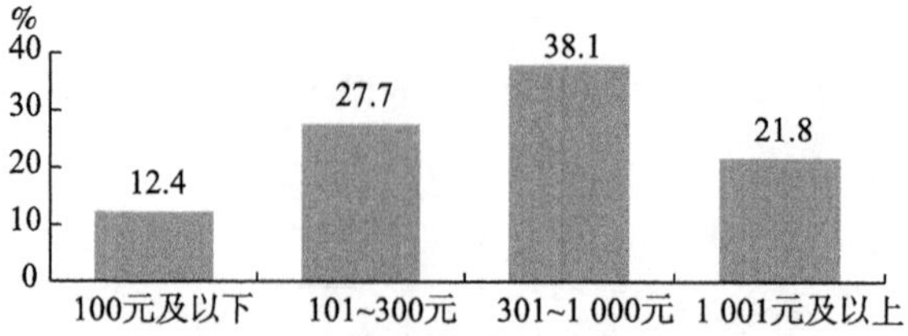

图 11-1　居民家庭每年在医疗保健方面的支出

数据来源：根据本书项目组调查问卷数据计算而得。

从图 11-1 可以看出，居民家庭在医疗保健方面的年均支出在 301～1 000 元的占比较大，为 38. 1%；消费在 1 001 元及以上的居民家庭占比为 21. 8%，在 100 元及以下消费占比最小（12. 4%）。2016 年西北地区居民家庭医疗保健方面消费为 1 392. 2 元，略高于 2016 年全国医疗保健消费水平（1 307. 5 元）。说明西北地区居民家庭在医疗保健方面总体消费水平基本与全国持平。

（二）居民家庭成员每年在医院门诊或住院的总费用

从图 11-2 可以看出，居民家庭每年在医院门诊或住院的总费用在 501～1 000 元以及 1 001～2 000 元的占比基本持平，分别占被调查居民家庭的 27. 3%和 26. 3%，消费支出在 2 001 元及以上的家庭占比也达到 24. 9%，说明居民家庭对自身健康的重视程度在不断提高。

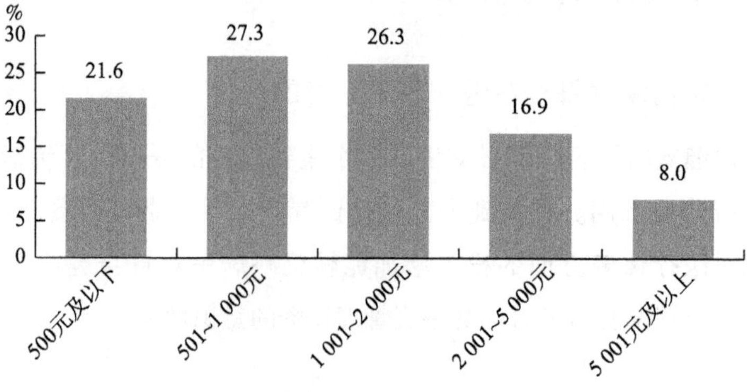

图 11-2　居民家庭每年在医院门诊或住院的总费用

数据来源：根据本书项目组调查问卷数据计算而得。

二、分城乡状况分析

（一）城乡居民家庭医疗保健支出

从表 11-1 可以看出，被调查的城镇居民家庭中，每年医疗保健支出在 301~1 000 元的最多，占比为 41.1%，而农村居民家庭的医疗保健支出主要集中在 101~300 元，其占比为 31.8%，城乡差距较大。医疗保健支出在 100 元及以下的低消费范围内，城镇居民家庭仅占 8.8%，而农村居民家庭占比高达 20.2%，同时在 1 001 元及以上的高消费范围内，城镇居民家庭占比为 24.2%，而农村居民家庭仅占 16.6%。说明城镇居民每年在医疗保健上的消费水平明显高于农村。由卡方检验结果可以看出，检验的卡方值为 73.047，概率 P=0.000<0.05，说明西北五省区城乡居民在医疗保健方面的支出存在显著性差异。

表 11-1　西北五省区分城乡居民家庭每年在医疗保健方面的支出

项目	100 元及以下/%	101~300 元/%	301~1 000 元/%	1 001 元及以上/%	卡方检验（P 值）
总计	(248)	(552)	(759)	(435)	73.047 (0.000)
城镇	8.8	25.8	41.1	24.2	
农村	20.2	31.8	31.4	16.6	

数据来源：根据本书项目组调查问卷数据计算而得。

（二）城乡居民家庭医院门诊或住院支出

由表 11-2 可知，城镇居民家庭每年的医院门诊或住院费用主要集中在 1 001~2 000 元，而农村主要集中在 501~1 000 元。居民家庭消费在 500 元及以下农村的占比明显高于城镇，而在 5 001 元及以上，城镇居民家庭的消费占比略高于农村。由卡方检验可以看出，检验的卡方值为 22.340，概率 P=0.000<0.05，说明西北五省区城乡居民家庭在医院门诊或住院的总费用的支出方面存在较为显著的差异。

表 11-2　西北五省区分城乡居民家庭每年在医院门诊或住院的总费用

项目	500 元及以下/%	501~1 000 元/%	1 001~2 000 元/%	2 001~5 000 元/%	5 001 元及以上/%	卡方检验（P 值）
总计	（30）	（45）	（524）	（336）	（159）	22.340（0.000）
城镇	19.5	26.1	28.7	17.4	8.3	
农村	26.1	30.0	21.0	15.6	7.3	

数据来源：根据本书项目组调查问卷数据计算而得。

第二节　区域状况分析

一、区域状况分析

（一）居民家庭医疗保健支出

近年来，西北五省区全民医保已逐渐形成完整的体系，这不仅在提升全体居民健康水平，而且在分担医疗保健费用负担方面发挥了重要作用，西北五省区居民家庭对医疗保健的认识不仅仅停留在有病才医的阶段，同时在医疗保健消费方面有了更多的投入。

表 11-3　西北五省区居民家庭每年在医疗保健方面的支出及范围比例

省区	100 元及以下/%	101~300 元/%	301~1 000 元/%	1 001 元及以上/%	卡方检验（P 值）
总计	（248）	（552）	（759）	（435）	34.682（0.001）
陕西	15.2	26.9	38.5	19.4	
甘肃	11.6	24.5	43.0	20.9	
宁夏	10.3	31.0	34.2	24.5	
青海	9.9	30.2	32.8	27.1	
新疆	15.5	26.3	42.4	15.8	

数据来源：根据本书项目组调查问卷数据计算而得。

从表 11-3 可以看出，西北五省区居民家庭每年在医疗保健方面的支出主要集中在 301~1 000 元。在 100 元及以下的低消费水平，新疆占比最大，而在1 001 及以上的高消费水平，宁夏和青海占比较高，分别达到 24.5%、27.1%。从 2016 年全国统计数据看，西北五省区在医疗保健方面的消费水平为1 392.24元。其中新疆为 1 333.2 元，低于西北总体水平；而青海、宁夏分别为1 503.9 元、1 473.2 元，高于西北总体水平。由卡方检验的结果可以看出，卡方检验值为 34.682，概率 $P=0.001<0.05$，说明西北五省区居民家庭每年在医疗保健方面的支出存在显著性差异。

（二）居民家庭医院门诊或住院支出

由于西北五省区的居民生活条件、医疗环境等方面的差异，居民家庭在医院门诊或住院费用支出上存在一定的差距。由表 11-4 可以看出，西北五省区居民家庭每年在医院门诊或住院的支出水平主要集中在 2 000 元及以下，其中陕西的累计占比最高，达到 81.1%。居民支出水平在 5 001 元及以上的高消费家庭，宁夏和青海占比较高，分别为 9.1%和 9.7%，而新疆占比较低，为 5.4%。由此说明，西北五省区居民家庭在医院门诊或住院的支出水平差异相对较大。从卡方检验结果来看，整体卡方检验值为 27.274，概率 $P=0.039<0.05$，达到显著水平，表明西北五省区居民家庭在医院门诊或住院费用方面的支出存在较为显著的差异。

表 11-4　西北五省区居民家庭每年在医院门诊或住院方面的支出及范围比例

省区	500 元及以下/%	501~1 000 元/%	1 001~2 000 元/%	2 001~5 000 元/%	5 001 元及以上/%	卡方检验（P 值）
总计	（430）	（545）	（524）	（336）	（159）	27.274（0.039）
陕西	26.3	27.9	26.9	12.3	6.5	
甘肃	18.3	28.5	27.2	17.4	8.7	
宁夏	17.9	27.3	27.6	18.2	9.1	
青海	21.8	26.9	23.1	18.5	9.7	
新疆	22.3	25.2	27.3	19.8	5.4	

数据来源：根据本书项目组调查问卷数据计算而得。

二、分城乡状况分析

（一）城乡居民家庭医疗保健支出

由表 11-5 可以看出，除新疆外，其他各省区城乡居民家庭每年在医疗保健方面支出差异明显。陕西城镇居民家庭保健消费在 300 元及以下的比例明显低于农村居民，而在 300 元以上，城镇居民家庭保健消费水平明显高于农村水平。从卡方检验结果看，卡方值为 23.906（P=0.000<0.05），说明陕西城乡居民家庭在医疗保健方面支出存在显著差异。同样可以看出，甘肃、宁夏以及青海城乡居民家庭在医疗保健支出方面均存在显著差异。新疆城镇和农村居民家庭在不同分段中占比差异较小，由卡方检验得出，卡方值为 5.617，概率 P=0.132>0.05，没有通过显著性检验，说明新疆城乡居民家庭在医疗保健方面的消费没有显著性差异。

表 11-5　西北五省区分城乡居民家庭每年在医疗保健方面的支出及范围比例

省区		100 元及以下/%	101~300 元/%	301~1 000 元/%	1 001 元及以上/%	卡方检验（P 值）
陕西	总计	(75)	(133)	(190)	(96)	23.906 (0.000)
	城镇	10.7	24.7	43.2	21.4	
	农村	24.7	31.6	28.5	15.2	
甘肃	总计	(52)	(110)	(193)	(94)	25.929 (0.000)
	城镇	5.5	26.6	46.4	21.5	
	农村	21.1	21.1	37.7	20	
宁夏	总计	(33)	(99)	(109)	(78)	10.203 (0.017)
	城镇	7.6	29.6	34.5	28.3	
	农村	16.7	34.4	33.3	15.6	
青海	总计	(45)	(137)	(149)	(123)	30.452 (0.000)
	城镇	7.4	24.8	37.1	30.7	
	农村	16.4	43.8	21.9	18	

续表

省区		100元及以下/%	101~300元/%	301~1 000元/%	1 001元及以上/%	卡方检验（P值）
新疆	总计	(43)	(73)	(118)	(44)	5.617 (0.132)
	城镇	13.9	23.8	44.6	17.8	
	农村	19.7	32.9	36.8	10.5	

数据来源：根据本书项目组调查问卷数据计算而得。

（二）城乡居民家庭医院门诊或住院支出

表11-6为西北五省区分城乡居民家庭每年在医院门诊或住院方面支出及范围比例。根据表中的卡方检验值，陕西和甘肃均通过了显著性检验，卡方值分别为18.612、13.489，其对应的概率值均小于0.05，说明陕西、甘肃两省城乡居民家庭在医院门诊或住院方面的支出存在显著性差异。陕西城镇居民家庭医院门诊或住院消费主要集中在1 001~2 000元，占比为30.4%，而农村主要集中在500元及以下的低消费水平，城乡差异较大。而从宁夏、青海以及新疆的卡方检验值来看，其均未达到显著性水平0.05，并且从医院门诊或住院费用的支出占比来说，其城乡之间的绝对差值较小，说明这三个省区的城乡居民家庭在医院门诊或住院费用上差异较小。青海、新疆城乡差距更小，城乡之间表现出很强的一致性。

表11-6　西北五省区分城乡居民家庭每年在医院门诊或住院方面的支出及范围比例

省区		500元及以下/%	501~1 000元/%	1 001~2 000元/%	2 001~5 000元/%	5 001元及以上/%	卡方检验（P值）
陕西	总计	(130)	(138)	(133)	(61)	(32)	18.612 (0.001)
	城镇	21.1	28	30.4	14.3	6.3	
	农村	37.3	27.8	19.6	8.2	7	
甘肃	总计	(82)	(128)	(122)	(78)	(39)	13.489 (0.009)
	城镇	15.7	26.6	32.5	15.3	9.9	
	农村	22.3	31.4	18.9	20.6	6.9	

续表

省区		500元及以下/%	501~1 000元/%	1 001~2 000元/%	2 001~5 000元/%	5 001元及以上/%	卡方检验(P值)
宁夏	总计	(57)	(87)	(88)	(58)	(29)	6.396 (0.171)
	城镇	16.6	24.2	29.1	20.6	9.4	
	农村	20.8	34.4	24	12.5	8.3	
青海	总计	(99)	(122)	(105)	(84)	(44)	1.084 (0.897)
	城镇	20.9	26.4	23.9	19	9.8	
	农村	24.2	28.1	21.1	17.2	9.4	
新疆	总计	(62)	(70)	(76)	(55)	(15)	1.364 (0.850)
	城镇	22.8	23.8	28.2	19.3	5.9	
	农村	21.1	28.9	25	21.1	3.9	

数据来源：根据本书项目组调查问卷数据计算而得。

第三节　区域差异分析

一、居民家庭医疗保健类消费差异分析

由表11-7和图11-3可以看出，西北地区居民家庭医疗保健方面支出平均数为2.71，陕西（2.62）和新疆（2.59）居民家庭在医疗保健方面的支出均值低于平均值，甘肃、宁夏和青海则高于平均值，青海的支出水平较高，宁夏与甘肃的支出水平持平。从总均值95%置信区间（2.65，2.73）来看，新疆、陕西均值均不在区间范围内。

表11-7　居民家庭医疗保健方面支出的描述性统计量表

省区	样本量	平均值	标准偏差	标准错误	平均值95%置信区间	
					下限值	上限值
陕西	494	2.62	0.964	0.043	2.54	2.71
甘肃	449	2.73	0.921	0.043	2.65	2.82

续表

省区	样本量	平均值	标准偏差	标准错误	平均值 95%置信区间	
					下限值	上限值
宁夏	319	2. 73	0. 947	0. 053	2. 62	2. 83
青海	454	2. 77	0. 958	0. 045	2. 68	2. 86
新疆	278	2. 59	0. 934	0. 056	2. 48	2. 70
西北	1 994	2. 71	0. 948	0. 021	2. 65	2. 73

数据来源：根据本书项目组调查问卷数据计算而得。

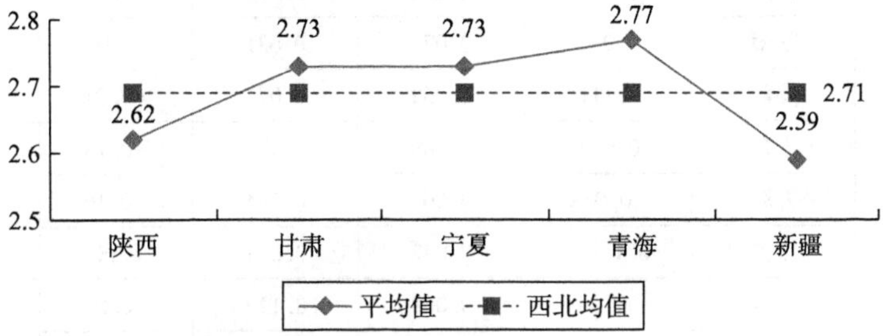

图 11-3 居民家庭医疗保健方面消费的均值图

数据来源：根据本书项目组调查问卷数据计算而得。

由表 11-8 可知，在医疗保健方面，整体检验的 F 值为 2. 661，概率 P＝0. 031<0. 05，表明五个省份居民家庭在医疗保健类消费方面有显著性差异，省份与医疗保健消费之间具有相关性。需进行多重比较才能得知是哪些配对组别间的差异达到显著。

表 11-8 ANOVA 方差分析表（医疗保健）

项目	平方和	df	均方	F	显著性
组间	9. 532	4	2. 383	2. 661	0. 031
组内	1 781. 018	1 989	0. 895		
总计	1 790. 550	1 993			

表 11-9 显示了两两省份居民家庭在医疗保健消费方面的差异性。从 LSD 检验结果中可以看出，在显著性水平为 0. 05 的情况下，陕西与青海有显著性差异（概率 P 值为 0. 015），但与甘肃、宁夏和新疆均无显著性差异（概率 P 值分别

为 0. 071、0. 120 和 0. 621）。在其他四个省份相互对比中，仅有甘肃与新疆、青海与新疆有显著性差异，其相应两组之间的平均差分别为 0. 146 和 0. 185。

表 11-9 居民家庭在医疗保健方面 LSD 检验结果

省份（I）	组别（J）	平均差（I-J）	标准错误	显著性	95%置信区间	
					下限值	上限值
陕西	甘肃	-0. 111	0. 062	0. 071	-0. 23	0. 01
	宁夏	-0. 106	0. 068	0. 120	-0. 24	0. 03
	青海	-0. 149*	0. 062	0. 015	-0. 27	-0. 03
	新疆	0. 035	0. 071	0. 621	-. 10	0. 17
甘肃	陕西	0. 111	0. 062	0. 071	-0. 01	0. 23
	宁夏	0. 005	0. 069	0. 937	-0. 13	0. 14
	青海	-0. 038	0. 063	0. 544	-0. 16	0. 09
	新疆	0. 146*	0. 072	0. 043	0. 00	0. 29
宁夏	陕西	0. 106	0. 068	0. 120	-0. 03	0. 24
	甘肃	-0. 005	0. 069	0. 937	-0. 14	0. 13
	青海	-0. 044	0. 069	0. 528	-0. 18	0. 09
	新疆	0. 141	0. 078	0. 070	-0. 01	0. 29
青海	陕西	0. 149*	0. 062	0. 015	0. 03	0. 27
	甘肃	0. 038	0. 063	0. 544	-0. 09	0. 16
	宁夏	0. 044	0. 069	0. 528	-0. 09	0. 18
	新疆	0. 185*	0. 072	0. 010	0. 04	0. 33
新疆	陕西	-. 035	0. 071	0. 621	-0. 17	0. 10
	甘肃	-0. 146*	0. 072	0. 043	-0. 29	0. 00
	宁夏	-0. 141	0. 078	0. 070	-0. 29	0. 01
	青海	-0. 185*	0. 072	0. 010	-0. 33	-0. 04

注：* 表示均值差的显著性水平为 0. 05。

数据来源：根据本书项目组调查问卷数据计算而得。

二、居民家庭医药费支出差异分析

由表 11-10 和图 11-4 可以看出，西北五省区居民家庭医药费方面支出的总平均数为 2. 62，与医疗保健方面的支出相似，陕西在医药费方面的支出平均水平在五省区中最低，其值为 2.45，远低于西北五省区的平均水平，而宁夏、甘肃居民家庭的医药费支出平均水平较高，均达到 2.70 及以上。

表 11-10 居民家庭医药费支出的描述性统计量表

省区	样本量	平均值	标准偏差	标准错误	平均值 95%置信区间	
					下限值	上限值
陕西	494	2.45	1.188	0.053	2.34	2.55
甘肃	449	2.70	1.203	0.057	2.59	2.81
宁夏	319	2.73	1.211	0.068	2.60	2.87
青海	454	2.67	1.269	0.060	2.56	2.79
新疆	278	2.61	1.187	0.071	2.47	2.75
西北	1 994	2.62	1.217	0.027	2.57	2.68

数据来源：根据本书项目组调查问卷数据计算而得。

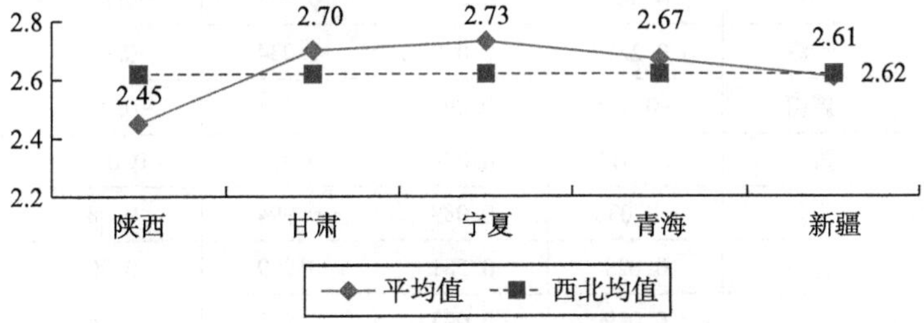

图 11-4 居民家庭医药费方面消费的均值图

数据来源：根据本书项目组调查问卷数据计算而得。

由表 11-11 可知，就医药费而言，整体检验的 F 值为 3.875，概率 P = 0.004<0.05，表明五个省份居民家庭在医药费消费方面均存在显著性差异，说明总体来说，省份与医药费之间存在相关性。需进行多重比较才能得知是哪些配对组别间的差异达到显著。

表 11-11 ANOVA 方差分析表（医药费）

项目	平方和	df	均方	F	显著性
组间	22.846	4	5.712	3.875	0.004
组内	2 931.305	1 989	1.474		
总计	2 954.151	1 993			

表 11-12 显示了两两省份居民家庭在医药费支出方面的差异性。可以看出，陕西和新疆之间的概率 P 值（0.395）大于显著性水平（0.05），所以陕西和新疆居民家庭在医药费方面并没有显著差异，与甘肃、宁夏和青海均有显著差异（概率 P 值分别为 0.014、0.009 和 0.034），且陕西在医药费方面的支出水平显著低于这三个省份。新疆与其他四个省份之间的概率 P 值均大于显著性水平（0.05），所以新疆与任何省份居民家庭之间的医药费消费水平都没有显著差异。

表 11-12　居民家庭在医药费方面的 Tukey HSD 检验结果

省份（I）	组别（J）	平均差（I-J）	标准错误	显著性	95%置信区间	
					下限值	上限值
陕西	甘肃	-0.250*	0.079	0.014	-0.47	-0.03
	宁夏	-0.286*	0.087	0.009	-0.52	-0.05
	青海	-0.227*	0.079	0.034	-0.44	-0.01
	新疆	-0.161	0.091	0.395	-0.41	0.09
甘肃	陕西	0.250*	0.079	0.014	0.03	0.47
	宁夏	-0.036	0.089	0.994	-0.28	0.21
	青海	0.023	0.081	0.999	-0.20	0.24
	新疆	0.089	0.093	0.872	-0.16	0.34
宁夏	陕西	0.286*	0.087	0.009	0.05	0.52
	甘肃	0.036	0.089	0.994	-0.21	0.28
	青海	0.060	0.089	0.963	-0.18	0.30
	新疆	0.126	0.100	0.715	-0.15	0.40
青海	陕西	0.227*	0.079	0.034	0.01	0.44
	甘肃	-0.023	0.081	0.999	-0.24	0.20
	宁夏	-0.060	0.089	0.963	-0.30	0.18
	新疆	0.066	0.092	0.953	-0.19	0.32
新疆	陕西	0.161	0.091	0.395	-0.09	0.41
	甘肃	-0.089	0.093	0.872	-0.34	0.16
	宁夏	-0.126	0.100	0.715	-0.40	0.15
	青海	-0.066	0.092	0.953	-0.32	0.19

注：* 表示均值差的显著性水平为 0.05。

数据来源：根据本书项目组调查问卷数据计算而得。

第四节　本章小结

本章节主要分析了西北五省区居民家庭在医疗保健和医院门诊或住院总费用等方面的消费状况及城乡之间、省域之间的差异，主要结论如下：

第一，居民家庭每年在医疗保健方面的支出平均水平在 301 ~1 000 元，居民家庭每年在医院门诊或住院的总费用水平在 501 ~2 000 元。从消费支出可以看出，居民家庭对医疗保健类的需求越来越重视。

第二，在医疗保健类消费方面，城乡之间、省域之间居民家庭整体均存在显著性差异。对陕西、甘肃来说，医疗保健类消费城乡之间差异显著；对于青海、宁夏来说，医疗保健支出城乡差异显著，而药费及住院费等城乡差异不显著；新疆两者均无显著性差异。

第十二章 丝绸之路沿线区域居民其他用品及服务类消费状况

其他用品及服务类消费是指无法归入前七类支出中的其他用品及服务，主要是满足居民生活享受的消费，如美容美发、首饰、洗浴等支出。居民家庭的生活水平不同，其他方面的支出水平也不同。

第一节 整体状况分析

一、描述性统计分析

由图 12-1 可知，在被调查的家庭中，家庭成员每年其他用品及服务类支出集中分布在 500 元及以下，其占比为 72. 1%。2016 年，西北地区的居民家庭在其他用品及服务方面的消费支出为 330. 52 元，在西北、西南和东北地区中位于第二，但西北地区其他用品及服务类消费水平低于全国水平（406. 3 元），说明西北地区在这方面还应进一步提升。

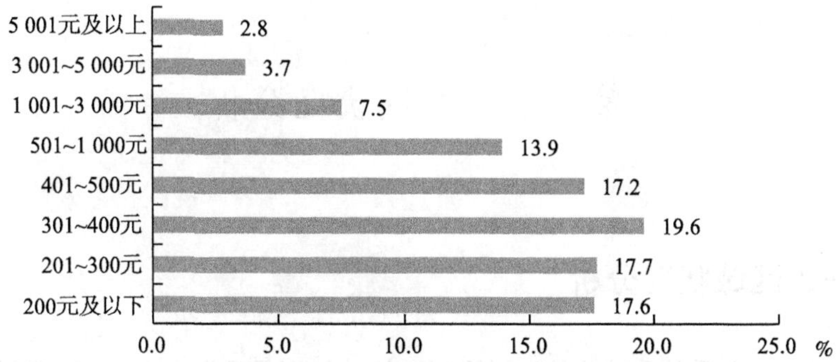

图 12-1　居民家庭每年在其他用品及服务类方面的支出

数据来源：根据本书项目组调查问卷数据计算而得。

二、分城乡状况分析

由表 12-1 可知，城镇居民家庭的其他用品及服务类消费高于农村居民家庭，城镇家庭成员人均每年的其他用品及服务支出在 301～400 元占比最大，农村家庭成员人均每年的其他用品及服务支出主要集中在 200 元及以下。2016 年西北地区的城镇居民家庭在其他用品及服务方面支出为 526.38 元，农村居民为 161 元，城镇是农村的 3.27 倍，城乡差距较大。由于农村居民的消费主要以日常生活必需品为主，而城镇居民消费倾向享受型，日常消费中，首饰、美容美发之类的消费与农村居民相比较为普遍。卡方检验值为 133.665，概率 P 值小于 0.05，表明城乡在其他用品及服务方面的消费存在显著性差异。

表 12-1　城乡居民家庭在其他用品及服务方面的支出

项目	200 元及以下/%	201～300 元/%	301～400 元/%	401～500 元/%	501～1 000 元/%	1 001～3 000 元/%	3 001～5 000 元/%	5 001 元及以上/%	卡方检验（P 值）
总计	（351）	（352）	（390）	（342）	（278）	（150）	（74）	（56）	133.665（0.000）
城镇	12.4	15.7	20.2	18.7	15.4	9.8	4.8	3.2	
农村	28.9	22.0	18.1	13.9	10.9	2.7	1.4	2.1	

数据来源：根据本书项目组调查问卷数据计算而得。

第二节　区域状况分析

一、区域状况分析

由表 12-2 可以看出，各省居民家庭的其他用品及服务类支出主要集中在 500 元及以下，占比均达到 65%以上，陕西、新疆占比更高，分别达 74.3%、74.8%，宁夏较低，占比为 65.8%。2016 年西北地区居民家庭的其他用品及服务支出为 330.52 元，宁夏居民家庭在 2016 年的其他用品及服务支出为 384.1 元，高于西北地区的平均水平，说明宁夏居民家庭在其他用品及服务方面消费水平较高。卡方检验值为 50.817，其概率 P=0.005<0.05，说明不同地区居民家庭其他用品及服务类消费存在显著性差异。

表 12-2　居民家庭其他用品及服务支出及范围比例

省区	200 元及以下/%	201~300 元/%	301~400 元/%	401~500 元/%	501~1 000 元/%	1 001~3 000 元/%	3 001~5 000 元/%	5 001 元及以上/%	卡方检验（P 值）
总计	（351）	（352）	（390）	（342）	（278）	（150）	（74）	（56）	50.817（0.005）
陕西	19.0	18.0	21.9	15.4	11.7	8.5	3.8	1.6	
甘肃	14.5	15.6	20.7	22.3	13.8	6.7	3.3	3.1	
宁夏	14.7	13.8	19.7	17.6	16.0	7.8	4.7	5.6	
青海	17.9	21.4	16.3	15.5	14.6	7.9	4.0	2.4	
新疆	23.0	18.7	18.7	14.4	14.7	6.1	2.5	1.8	

数据来源：根据本书项目组调查问卷数据计算而得。

二、分城乡状况分析

由表 12-3 可知，西北五省区在其他用品及服务方面的支出在城乡之间均存在显著性差异，甘肃差异性较大，卡方检验值为 41.204（P=0.000），甘肃城镇居民的其他用品及服务支出主要集中在 401~500 元，而甘肃农村居民支出情况主要集中在200元及以下。在2016年，甘肃城镇居民在其他用品及服务方面的消费为479.9元，农村居民支出为120.9元，城镇是农村的3.97倍。被调查的农村居民在其他用品及服务方面的消费超过1 000元的占比均未超过10%，尤其是新疆农村居民在5 001元及以上的支出为0，由此可以说明各地区农村居民家庭在其他用品及服务方面的消费较低，而城镇居民家庭每年在其他用品及服务方面的消费明显高于农村居民。

表12-3　城乡居民家庭在其他用品及服务方面的支出

省区		200元及以下/%	201～300元/%	301～400元/%	401～500元/%	501～1 000元/%	1 001～3 000元/%	3 001～5 000元/%	5 001元及以上/%	卡方检验（P值）
陕西	总计	(94)	(89)	(108)	(76)	(58)	(42)	(19)	(8)	37.315（0.000）
	城镇	13.7	15.2	22.9	17	13.4	11.3	4.8	1.8	
	农村	30.4	24.1	19.6	12	8.2	2.5	1.9	1.3	
甘肃	总计	(65)	(70)	(93)	(100)	(62)	(30)	(15)	(14)	41.204（0.000）
	城镇	8.8	12.8	21.9	27	13.9	9.1	4.7	1.8	
	农村	23.4	20	18.9	14.9	13.7	2.9	1.1	5.1	
宁夏	总计	(47)	(44)	(63)	(56)	(51)	(25)	(15)	(18)	40.692（0.000）
	城镇	9	12.1	16.6	19.7	18.8	9.9	6.3	7.6	
	农村	28.1	17.7	27.1	12.5	9.4	3.1	1	1	
青海	总计	(81)	(97)	(74)	(70)	(66)	(36)	(18)	(11)	35.165（0.000）
	城镇	13.2	19.1	17.8	15.4	15.7	10.5	5.2	3.1	
	农村	29.7	27.3	12.5	15.6	11.7	1.6	0.8	0.8	
新疆	总计	(64)	(52)	(52)	(40)	(41)	(17)	(7)	(5)	17.002（0.017）
	城镇	17.3	18.8	21.3	14.4	16.3	6.9	2.5	2.5	
	农村	38.2	18.4	11.8	14.5	10.5	3.9	2.6	0.0	

数据来源：根据本书项目组调查问卷数据计算而得。

第三节　区域差异分析

对于被调查居民家庭在其他用品及服务方面支出的差异，本研究采用单因子方差分析方法，检验各省份的平均数与总平均数间差异的显著性水平。从表 12-4 和图 12-2 可以看出，西北五省区平均数为 3.44，宁夏最高，其平均值为 3.77，明显高于总平均值，新疆最低，为 3.17，差异较大，陕西（3.32）、青海（3.39）、甘肃（3.54）与总平均值相近。

表 12-4　居民家庭其他用品及服务方面支出的描述性统计量表

省区	样本量	平均值	标准偏差	标准错误	平均值 95%置信区间	
					下限值	上限值
陕西	494	3.32	1.804	0.081	3.16	3.48
甘肃	449	3.54	1.771	0.084	3.38	3.71
宁夏	319	3.77	1.958	0.110	3.55	3.98
青海	453	3.39	1.865	0.088	3.22	3.57
新疆	278	3.17	1.797	0.108	2.95	3.38
西北	1 993	3.44	1.843	0.041	3.36	3.52

数据来源：根据本书项目组调查问卷数据计算而得。

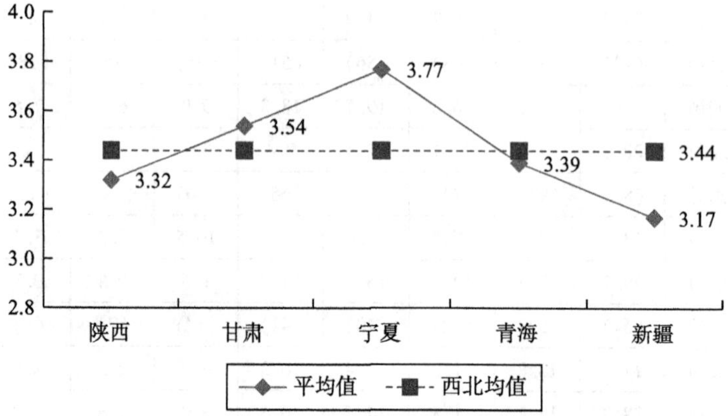

图 12-2　居民家庭其他用品及服务方面消费的均值图

数据来源：根据本书项目组调查问卷数据计算而得。

由表 12-5 可知，其他用品及服务方面整体检验的 F 值为 5.080，概率 P 值为 0.000，小于显著性水平，拒绝原假设，表明西北五省区居民家庭在其他用品及服务消费方面存在显著差异。

表 12-5　ANOVA 方差分析表（其他用品及服务）

项目	平方和	df	均方	F	显著性
组间	68.435	4	17.109	5.080	0.000
组内	6 695.786	1 988	3.368		
总计	6 764.221	1 992			

从表 12-6 中的“平均差（I-J）”可知，居民家庭在其他用品及服务方面的消费，陕西和宁夏存在显著性差异（P=0.006<0.05），两者之间的平均差为-0.450，但陕西与甘肃、青海、新疆均无显著性差异，其概率 P 值分别为 0.325、0.970、0.803。在其他四个省份之间，甘肃分别与其他省份均无显著性差异，但宁夏与青海、新疆都有显著差异，两个群体平均数差异值分别为 0.375 和 0.603。青海与新疆无显著差异，其概率 P 值大于显著性水平。

表 12-6　居民家庭其他用品及服务方面支出的 Tukey HSD 检验结果

省份（I）	组别（J）	平均差（I-J）	标准错误	显著性	95%置信区间	
					下限值	上限值
陕西	甘肃	-0.226	0.120	0.325	-0.55	0.10
	宁夏	-0.450*	0.132	0.006	-0.81	-0.09
	青海	-0.075	0.119	0.970	-0.40	0.25
	新疆	0.152	0.138	0.803	-0.22	0.53
甘肃	陕西	0.226	0.120	0.325	-0.10	0.55
	宁夏	-0.225	0.134	0.452	-0.59	0.14
	青海	0.150	0.122	0.733	-0.18	0.48
	新疆	0.378	0.140	0.055	0.00	0.76
宁夏	陕西	0.450*	0.132	0.006	0.09	0.81
	甘肃	0.225	0.134	0.452	-0.14	0.59
	青海	0.375*	0.134	0.042	0.01	0.74
	新疆	0.603*	0.151	0.001	0.19	1.01
青海	陕西	0.075	0.119	0.970	-0.25	0.40
	甘肃	-0.150	0.122	0.733	-0.48	0.18
	宁夏	-0.375*	0.134	0.042	-0.74	-0.01
	新疆	0.227	0.140	0.480	-0.15	0.61

续表

省份（I）	组别（J）	平均差（I-J）	标准错误	显著性	95%置信区间	
					下限值	上限值
新疆	陕西	-0.152	0.138	0.803	-0.53	0.22
	甘肃	-0.378	0.140	0.055	-0.76	0.00
	宁夏	-0.603*	0.151	0.001	-1.01	-0.19
	青海	-0.227	0.140	0.480	-0.61	0.15

注：*表示均值差的显著性水平为0.05。

数据来源：根据本书项目组调查问卷数据计算而得。

第四节　本章小结

本章主要分析被调查家庭中的其他用品及服务方面支出类的消费状况和区域差异，其主要结论如下：

第一，在该类中，居民家庭消费普遍较低，集中分布在500元及以下，其占比为72.1%，城镇居民家庭的其他用品及服务类消费高于农村居民家庭，城镇家庭成员人均每年的其他用品及服务支出在301~400元的占比最大，农村居民家庭人均每年在其他用品及服务类方面的支出主要集中在200元及以下。

第二，西北五省区居民家庭在其他用品及服务方面的支出在城乡之间均存在显著性差异，各省区居民家庭的其他用品及服务类支出主要集中在500元及以下，占比均达到65%以上，陕西、新疆占比更高，分别达到74.3%、74.8%，宁夏较低，占比为65.8%。省域之间存在显著性差异。

第十三章
丝绸之路沿线区域居民家庭消费影响因素分析

从某种角度来讲，对消费的影响主要可以归结为对消费需求的影响。根据经济学理论，需求是消费者在某一价格水平下愿意而且能够购买的商品或劳务的数量，必须同时满足购买欲望和购买能力两个条件，居民家庭消费主要取决于这两个条件。影响消费的因素很多，主要包括商品的价格、消费者的收入水平、消费者偏好和对未来的预期等。本书立足消费基本理论，基于家庭消费的微观视角，从居民家庭收入、家庭成员受教育程度、家庭规模、职业四个维度来分析它们对居民家庭不同消费类型的相应影响。

第一节　收入

收入是消费的来源和基础，在居民家庭消费中具有决定性作用。当居民收入较高时，其对生活质量的要求更高，从而对各种商品和服务的消费量相应变大，提高消费支出，换言之，居民收入水平的高低决定消费能力的高低。本节分别对收入对总消费和不同消费类别的影响进行交叉列联分析。

一、收入对总消费的影响

由表 13-1 可以看出，在所调查的居民家庭中，人均月收入在 1 000 元及以下的居民家庭，其消费主要集中在 500 元及以下，占比为 48.1%，消费在 3 001元及以上的居民仅占 2.1%，消费特征明显，即由于收入水平低，所以消费支出也相对较低；收入在 1 001~3 000 元的居民家庭，主要消费支出集中在

501~1 000 元，占 44.3%，可以看出消费水平随着收入增加而增加的趋势明显；收入在 5 001~10 000 元的居民家庭中，其消费支出在 2 001~3 000 元的最多，占比为 35.7%，500 元及以下的低消费占比降低至 3.3%，3 001 元及以上的高消费占比随收入缓慢增加；收入超过 10 000 元的居民家庭，其消费主要集中在 3 001 元及以上，消费支出明显上升，显示出高收入高消费的特征。可见，人均月收入的高低对居民家庭人均月消费的影响作用较大，随着收入的增加，居民的消费需求相应增加，居民的消费支出也会不断提高。同时，在收入对消费的一致性检验中，卡方值高达 944.761，相伴概率 $P=0.000<0.05$，说明收入对消费的影响显著。

表 13-1　收入与消费支出列联表

收入	500 元及以下/%	501~1 000 元/%	1 001~2 000 元/%	2 001~3 000 元/%	3 001 元及以上/%	卡方检验（P 值）
总计	(215)	(578)	(654)	(344)	(203)	944.761（0.000）
1000 元及以下	48.1	33.7	15	1.1	2.1	
1 001~3 000 元	14.1	44.3	34.5	5.8	1.2	
3 001~5 000 元	4.2	29.5	38.4	18.4	9.5	
5 001~10 000 元	3.3	13.8	34.8	35.7	12.4	
10 001 元及以上	1.5	2.9	16.2	24.3	55.1	

数据来源：根据本书项目组调查问卷数据计算而得。

二、收入对不同消费类别的影响

（一）收入对食品类消费的影响

由表 13-2 可以看出，家庭人均月收入在 1 000 元及以下的居民家庭中，每月食品支出在 500 元及以下占的比例最大，为 45.5%；人均月收入在 1 001~3 000 元时，每月食品支出集中在 501~1 000 元，随着收入的增加，居民家庭食品费用也不断增加；收入在 5 001~10 000 元的居民家庭中，食品支出仍主要集中在 501~1 000 元，但在 500 元及以下的支出占比降低至 9.8%，低消费占比逐渐降低；在 10 001 元及以上的高收入居民家庭中，食品消费支出在 2 001 元及以上的比例最大，为 32.4%。收入对食品消费的影响卡方检验值高达 310.025，伴随概率 P＝0.000<0.05，说明收入对食品消费影响显著。

表 13-2　收入与食品支出列联表

收入	500 元及以下/%	501～1 000 元/%	1 001～1 500 元/%	1 501～2 000 元/%	2 001 元及以上/%	卡方检验（P 值）
总计	（350）	（701）	（507）	（281）	（155）	
1 000 元及以下	45.5	33.2	11.8	7	2.7	310.025（0.000）
1 001～3 000 元	21.6	41	23.3	10.1	4.1	
3 001～5 000 元	13.9	36.2	28.6	15.8	5.5	
5 001～10 000 元	9.8	30.7	30.2	18.6	10.7	
10 001 元及以上	5.1	22.1	22.1	18.4	32.4	

数据来源：根据本书项目组调查问卷数据计算而得。

总的来说，西北五省区居民家庭不同人均收入下，每月食品支出在 501～1 000 元这个范围内所占比例较多，家庭成员每月人均收入处于 1 000 元及以下、10 001 元及以上这两个范围时，前者每月食品支出在 500 元及以下占比例较多，而后者多处于 2 001 元及以上。由此可见，家庭成员人均收入对家庭每月食品支出影响较大。

（二）收入对衣着类消费的影响

由表 13-3 可以看出，人均月收入为 1 000 元及以下的居民家庭中，其衣着类支出主要在 500 元及以下所占的比例最大，其次是 501～1 000 元，各占 31%和 29.4%，支出相对较低。收入在 1 001～3 000 元和 3 001～5 000 元的居民家庭中，衣着支出主要集中在 501～1 000 元，但收入在 3 001～5 000 元收入的家庭中，其 500 元及以下的支出比例有所降低，消费在1 501～2 000 元的支出比例有所上升，虽然主要支出范围相同，但其支出比例的分布却在不断变化。收入在 10 001 元及以上的家庭，其衣着消费支出在 5 001 元及以上的比例较高，由此可以说明收入的不同，使得在衣着方面的需求也在不断变化，收入越高，居民对衣着追求的档次和数量也相对越高，从而衣着方面的支出也逐渐变大。同时，对家庭人均月收入的不同水平对衣着消费支出影响进行显著性检验，卡方检验值为 251. 338，伴随概率P＝0. 000<0. 05，可以说明收入对衣着支出的影响显著。

表 13-3　收入与衣着支出列联表

收入	500 元及以下/%	501～1 000 元/%	1 001～1 500 元/%	1 501～2 000 元/%	2 001～3 000 元/%	3 001～5 000 元/%	5 001 元及以上/%	卡方检验（P 值）
总计	（266）	（471）	（485）	（356）	（170）	（121）	（125）	251. 338（0. 000）
1 000 元及以下	31	29. 4	19. 8	7. 5	8	2. 7	1. 6	
1 001～3 000 元	16. 6	27. 4	26	14. 7	7. 1	4. 4	3. 9	
3 001～5 000 元	10. 8	25. 4	24. 7	21. 6	7. 7	6. 1	3. 6	
5 001～10 000 元	7. 6	18. 3	26. 4	19. 8	10. 5	7. 6	9. 8	
10 001 元及以上	5. 9	7. 4	15. 4	20. 6	13. 2	12. 5	25	

数据来源：根据本书项目组调查问卷数据计算而得。

（三）收入对居住类消费的影响

由表 13-4 可以看出，人均月收入在 1 000 元及以下的低收入家庭，其居住支出在 300 元及以下所占的比例最大，为 47. 6%。除了人均月收入在 1 000 元以下的家庭外，其他不同人均收入家庭，居住支出主要在 301～500 元，较为稳定，不过收入越高的家庭，居住支出在 300 元及以下的低消费比例越低，1 201 元及以上的居住支出比例越高。同时对收入对居住支出影响进行显著性检验，卡方检验值为 184. 297，伴随概率 P＝0. 000<0. 05，说明收入对居住消费影响显著。可见，随着收入增加，居住方面支出趋于稳定，这是由于水电煤气费用、物业费、取暖费等费用与居住面积有关，随着收入的增加，人均居住面积稳定，因此居住方面的支出也趋于稳定。

表 13-4　收入与居住支出列联表

收入	300 元及以下/%	301~500 元/%	501~800 元/%	801~1 200 元/%	1 201 元及以上/%	卡方检验（P 值）
总计	(520)	(655)	(465)	(230)	(124)	184.297 (0.000)
1 000 元及以下	47.6	25.7	16.6	7	3.2	
1 001~3 000 元	32.9	35.3	21.6	5.7	4.6	
3 001~5 000 元	22.9	33	24.5	15	4.5	
5 001~10 000 元	18.8	33.8	26.4	13.6	7.4	
10 001 元及以上	6.6	28.7	24.3	18.4	22.1	

数据来源：根据本书项目组调查问卷数据计算而得。

（四）收入对家庭服务类消费的影响

由表 13-5 可以看出，家庭服务支出平均每月在 100 元及以下占较大比例，但是家庭人均收入增加，其在 100 元及以下所占的比例逐渐减小，人均月收入在 1 000 元及以下的居民家庭该段占比为 48.7%，收入在 10 001 元及以上的居民家庭该段占比降低至 25%，而支出在 5001 元及以上所占的比例达到 8.8%，说明不同收入对家庭服务支出有一定的影响。收入与家庭服务交互作用结果显示，卡方检验值为 279.554，伴随概率 $P=0.000<0.05$，说明收入对家庭服务支出的影响显著。总的来说，西北五省区居民家庭不同人均月收入下平均每月用于家庭服务的支出差异不大，由于家庭服务支出处于 100 元及以下的占比较高，说明不论高收入家庭还是低收入家庭，西北五省区居民家庭在家庭服务的消费上普遍较低。

表 13-5　收入与家庭服务支出列联表

收入	100 元及以下/%	101~300 元/%	301~500 元/%	501~1 000 元/%	1 001~3 000 元/%	3 001~5 000 元/%	5 001 元及以上/%	卡方检验（P 值）
总计	（728）	（474）	（391）	（235）	（113）	（32）	（21）	279. 554（0. 000）
1 000 元及以下	48. 7	27. 3	11. 8	8	2. 7	0. 5	1. 1	
1 001~3 000 元	45. 1	25. 6	16. 4	9	3. 2	0. 5	0. 2	
3 001~5 000 元	32	26	23. 8	11. 7	5. 3	0. 7	0. 6	
5 001~10 000 元	30. 7	20. 5	22. 1	16	8. 3	1. 9	0. 5	
10 001 元及以上	25	10. 3	14. 7	16. 2	14	11	8. 8	

数据来源：根据本书项目组调查问卷数据计算而得。

（五）收入对交通通信类消费的影响

随着我国交通基础设施建设的不断完善，形成了快速、便捷的交通网络，为百姓的出行提供了便利，为促进各地经济的快速发展发挥了重要作用。

由表 13-6 可知，随着居民收入的增加，交通消费 500 元及以下的居民家庭占比逐渐减小。人均月收入 1 000 元及以下的居民家庭中，有 51. 3%的居民家庭交通消费不超过 300 元，交通消费超过 1 000 元的家庭仅占 6. 9%。收入在1 001~3 000 元的居民家庭中，仅有 10. 5%的家庭交通消费在 1 001 元及以上。而收入在 5 001~10 000 元的居民家庭的交通支出在 301~1 000 元占比较大，达到 59. 3%，交通支出在 300 元及以下的家庭仅占 14%。收入10 001 元及以上的居民家庭中，交通支出在 501~2 000 元的家庭占 56. 6%，交通支出 2 001 元及以上的家庭达到 27. 2%，交通支出 300 元及以下的家庭仅占 7. 4%。从收入与交通支出的交互作用结果来看，卡方检验值达到 387. 916，概率 P=0. 000<0. 05，说明收入对交通消费的影响非常显著。可见收入的增加会促进交通消费的增加，而在交通方面的高消费，不仅与出行距离有关，也与对交通工具要求较高有关。

表 13-6　收入与交通支出列联表

收入	300 元及以下/%	301~500 元/%	501~1 000 元/%	1 001~2 000 元/%	2 001~5 000 元/%	5 001 元及以上/%	卡方检验（P 值）
总计	（524）	（511）	（596）	（254）	（77）	（32）	387.916（0.000）
1 000 元及以下	51.3	27.8	13.9	3.7	1.1	2.1	
1 001~3 000 元	37.5	27.6	24.6	7.1	2.7	0.7	
3 001~5 000 元	21.5	26.6	36.8	12.7	1.6	0.9	
5 001~10 000 元	14.0	26.0	33.3	19.5	6.2	1.0	
10 001 元及以上	7.4	8.8	28.7	27.9	16.9	10.3	

数据来源：根据本书项目组调查问卷数据计算而得。

如表 13-7 所示，人均月收入 1 000 元及以下的居民家庭中，有 56.1%的家庭通信消费不超过 200 元，通信消费 501 元及以上的家庭仅占 5.3%。而收入 10 001 元及以上的家庭中，通信消费 200 元及以下的家庭仅占 14.0%，通信消费 501 元及以上的家庭达到 34.6%。收入在5 001~10 000 元的家庭中，有 60.7%的居民家庭通信支出在 201~500 元。随着收入的增加，通信支出 300 元及以上的家庭占比也呈现出增加的趋势，说明收入的增加会促进居民的通信消费。同时，收入与通信费用交互作用显著性检验结果显示，卡方检验值达到 270.269，伴随概率 $P=0.000<0.05$，说明收入对通信消费有显著影响。

表 13-7　收入与通信支出列联表

收入	100 元及以下/%	101~200 元/%	201~300 元/%	301~500 元/%	501 元及以上/%	卡方检验（P 值）
总计	（231）	（492）	（675）	（403）	（193）	270.269（0.000）
1 000 元及以下	29.4	26.7	28.3	10.2	5.3	
1 001~3 000 元	13.8	33.2	33.2	14	5.8	
3 001~5 000 元	8.0	24.5	39.1	21.3	7.0	
5 001~10 000 元	8.8	17.4	31.9	28.8	13.1	
10 001 元及以上	4.4	9.6	23.5	27.9	34.6	

数据来源：根据本书项目组调查问卷数据计算而得。

（六）收入对教育文化娱乐类消费的影响

由表13-8可知，居民收入对教育消费的影响显著（P=0.000<0.05）。总体来看，居民收入与教育支出呈正相关，居民收入越高，在教育方面的消费越高。具体来看，随着收入的增加，教育支出500元及以下的家庭占比在减小。居民人均月收入在1 000元及以下时，其教育方面支出在1 000元及以下所占的比例最大，为56.7%，教育支出在1 001~7 000元的家庭占比为25.2%。收入在3 001~5 000元的家庭中，有40.6%的居民家庭教育支出在1 000元及以下，44.5%的居民家庭教育支出在1 001~7 000元。而在收入10 001元及以上的家庭中，教育支出在1 000元及以下的家庭占比仅有27.2%，支出在7 001元及以上的家庭占比达到37.5%，可见在高收入家庭中，低教育消费的人群较少，高教育消费人群相对更多。随着收入的增加，教育消费随之增加，作为发展型消费支出，教育消费的变化不仅受收入的影响，也与居民对教育的消费观念有很大关系。

表13-8　收入与教育支出列联表

收入	500元及以下/%	501~1 000元/%	1 001~3 000元/%	3 001~5 000元/%	5 001~7 000元/%	7 001~10 000元/%	10 001元及以上/%	卡方检验（P值）
总计	(403)	(455)	(355)	(202)	(200)	(170)	(209)	115.464（0.000）
1 000元及以下	33.7	23.0	12.3	7.0	5.9	2.7	15.5	
1 001~3 000元	23.1	24.9	15	10.1	10.4	8.5	8.0	
3 001~5 000元	18.8	21.8	23.2	10.4	10.9	7.9	7.0	
5 001~10 000元	15.5	23.8	16.0	11.0	10.2	10.7	12.9	
10 001元及以上	11.0	16.2	15.4	11.0	8.8	13.2	24.3	

数据来源：根据本书项目组调查问卷数据计算而得。

如表13-9所示，收入对文娱消费的影响显著（P=0.000<0.05），总体来看，收入与文娱支出呈正相关，居民收入水平越高，在文娱方面的支出越高。

具体来看，人均月收入 1 000 元及以下的居民家庭中，其文娱支出在1 000 元及以下的占比相对较高，达到 69.5%。收入 1 001~3 000 元的居民家庭中，文娱支出 1 000 元及以下的家庭占比高达 52.5%，文娱支出 5 001 元及以上的家庭占比只有 3.2%。而收入 5 001~10 000 元的居民家庭中，有 28.6%的家庭文娱支出在 1 000 元及以下，有 59.7%的家庭文娱支出在 1 001~5 000 元，文娱支出 5 001 元及以上的家庭占比也超过 10%，达到 11.7%。收入 10 001 元及以上的家庭中，文娱支出 5 001 元及以上的家庭占比甚至高达 33.8%，支出 1 000元及以下的家庭占比仅有 17.6%。可见，随着收入的增加，文娱消费增长迅速，高收入家庭在文娱方面的消费更高，文娱消费作为发展型消费与教育消费特征类似，在高收入人群中消费快速增长，就我国目前的现状，文娱消费有很大的发展空间。

表 13-9　收入与文娱支出列联表

收入	1 000 元及以下/%	1 001~3 000 元/%	3 001~5 000 元/%	5 001 元及以上/%	卡方检验（P 值）
总计	(842)	(668)	(335)	(149)	329.433 (0.000)
1 000 元及以下	69.5	18.7	7.5	4.3	
1 001~3 000 元	52.5	34.1	10.2	3.2	
3 001~5 000 元	39.6	39.3	17.1	4.1	
5 001~10 000 元	28.6	34.0	25.7	11.7	
10 001 元及以上	17.6	20.6	27.9	33.8	

数据来源：根据本书项目组调查问卷数据计算而得。

（七）收入对医疗保健类支出的影响

由表 13-10 可见，收入对医疗保健影响显著（P＝0.000<0.05）。具体来看，随着收入的增加，居民在医疗保健方面的消费 100 元及以下的家庭占比逐渐减小，而医疗保健消费 1 001 元及以上的家庭占比逐渐增加，说明收入与医疗保健消费呈正相关关系。人均月收入 1 000 元及以下的居民家庭中，医疗保健消费 300 元及以下的家庭占比达到 50.3%，消费 1 001 元及以上的家庭占

比仅 18. 2%。收入 3001~5 000 元的居民家庭中，医疗保健支出 300 元及以下的家庭占比为 40. 2%，而支出 301~1 000 元的家庭占比达到 41. 2%。收入 10 001元及以上的居民家庭中，医疗保健支出 300 元及以下的家庭仅占 25. 8%，而支出 1 001 元及以上的家庭占比高达 45. 6%。可见，随着收入的增加，居民在医疗保健方面的消费支出也在增加。在居民满足基本的生活消费之后，医疗保健方面的消费有较大的提升空间。

表 13-10　收入与医疗保健支出列联表

收入	100 元及以下/%	101~300 元/%	301~1 000 元/%	1 001 元及以上/%	卡方检验（P 值）
总计	（248）	（552）	（759）	（435）	104. 888（0. 000）
1 000 元及以下	26. 2	24. 1	31. 6	18. 2	
1 001~3 000 元	13. 8	32	35. 5	18. 7	
3 001~5 000 元	10. 4	29. 8	41. 2	18. 7	
5 001~10 000 元	10	22. 6	42. 4	25	
10 001 元及以上	5. 9	19. 9	28. 7	45. 6	

数据来源：根据本书项目组调查问卷数据计算而得。

第二节　家庭规模

家庭规模的大小一般通过家庭成员的数量来体现。国家政策、经济社会、社会环境、医疗水平、人们的思想观念等因素都在不同程度上影响了家庭规模的大小。消费水平与家庭规模的大小是密切相关的，一般来讲，以家庭为单位的总消费支出要比个体消费多，因为个体的消费支出只与自己相关，而家庭消费要考虑到整个家庭的需求。但是也有学者认为某些方面的人均支出会随着家庭人口数量的增多而变少。因此，家庭规模与消费之间有何种关系，还需进一步分析和讨论。

一、家庭规模对总消费的影响

一般来说，家庭消费状况会受到家庭规模大小的影响。从表 13-11 中可以可出，有 3 个人的家庭中，消费在 2 001~3 000 元、3 001 元及以上的占比分别为 21.0%、13.2%，而 2 人家庭在这两个区间比例分别为 15.6%、6.8%，在 4 人以上家庭中消费 3 001 元及以上的比例为 9.2%，4 人家庭在此区间占比为 8.2%。总体来说，随着家庭规模的扩大，家庭消费会有所增加。同时根据列联表交互作用检验结果（P=0.000<0.05），家庭规模与家庭消费之间的关系显著。此外，每个家庭消费水平还会受到经济水平、思想观念等其他因素的影响。

表 13-11　家庭规模与消费列联表

人数	500 元及以下/%	501~1 000 元/%	1 001~2 000 元/%	2 001~3 000 元/%	3 001 元及以上/%	卡方检验（P 值）
总计	(215)	(578)	(654)	(344)	(203)	80.903（0.000）
1 人	13.2	18.4	28.9	28.9	10.5	
2 人	7.5	27.2	42.9	15.6	6.8	
3 人	7	24.5	34.3	21.0	13.2	
4 人	10.4	33.9	31.5	16.1	8.2	
4 人以上	18.2	30.7	29.4	12.5	9.2	

数据来源：根据本书项目组调查问卷数据计算而得。

二、家庭规模对不同消费类别的影响

（一）家庭规模对食品类消费的影响

食品消费是每个人生存的基础条件，家庭人口的多少对于家庭食品消费有着直接的正向影响，两者之间密切相关。

表 13-12　家庭规模与食品支出列联表

人数	500 元及以下/%	501～1 000 元/%	1 001～1 500 元/%	1 501～2 000 元/%	2 001 元及以上/%	卡方检验(P 值)
总计	(350)	(701)	(507)	(281)	(155)	53.297 (0.000)
1 人	26.3	36.8	15.8	15.8	5.3	
2 人	19.7	40.1	25.9	9.5	4.8	
3 人	12.3	31.9	29.9	17.7	8.2	
4 人	21.4	38.1	21.9	12.1	6.5	
4 人以上	19.1	34.4	23.9	12.5	10.1	

数据来源：根据本书项目组调查问卷数据计算而得。

从表 13-12 中可以看出，除了 1 个人家庭的月食品支出集中在 1 000 元及以下，达到 63.1%，其余四种类型的家庭规模的月食品支出大多集中在 501～1 500 元。食品消费作为生存型消费，是必需消费，弹性较低。随着家庭成员数目的增多，食品消费月支出在 2 001 元及以上的比例逐渐增大，其中 4 人以上家庭月食品支出在 2 001 元及以上的占比最大，达到 10.1%。由交互作用检验结果可以看出，不同家庭规模之间的月食品消费具有显著性差异（$P=0.00<0.05$），家庭规模对于居民家庭的食品消费影响显著。

（二）家庭规模对衣着类的影响

衣着类是居民生活的必需品，家庭成员的数量会直接影响到居民家庭在衣着方面的消费。由表 13-13 可知，居民家庭年衣着消费集中在 501～1 500 元，随着家庭规模的增大，衣着年支出在 2 001～5 000 元的占比逐渐增大，其中 4 人以上的家庭达到了 17.3%，说明衣着消费在一定程度上受家庭成员数量的影响。由卡方检验结果（$P=0.016<0.05$）也可以看出，不同规模的家庭在衣着消费方面有显著性差异，家庭规模对居民每年衣着类消费影响显著。但如果显著水平为 1%，则家庭规模对居民每年的衣着类消费影响不显著。说明家庭规模对居民衣着类消费有一定的影响，但是还会受经济因素、消费习惯、文化层次等其他因素的影响。

表 13-13　家庭规模与衣着支出列联表

人数	500 元及以下/%	501～1 000 元/%	1 001～1 500 元/%	1 501～2 000 元/%	2 001～3 000 元/%	3 001～5 000 元/%	5 001 元及以上/%	卡方检验（P 值）
总计	(266)	(471)	(485)	(356)	(170)	(121)	(125)	41.194（0.016）
1 人	23.7	21.1	15.8	21.1	5.3	2.6	10.5	
2 人	17.7	27.2	23.1	15.0	7.5	5.4	4.1	
3 人	11.1	20.1	27.9	20.2	7.1	5.8	7.8	
4 人	13.1	26.8	22.8	17.2	9.8	5.5	4.9	
4 人以上	14.9	23.9	21.9	15.8	9.6	7.7	6.1	

数据来源：根据本书项目组调查问卷数据计算而得。

（三）家庭规模对居住类消费的影响

家庭人口越多，需要的住房面积越大，相应的花费越多。由表 13-14 可知，除了 3 人家庭的每月居住支出集中在 301～800 元，达到 60.3%，其余家庭规模的月居住支出均集中在 500 元及以下。可以看出，相对于衣着、食品支出，居住支出较少，在居民家庭总支出中占比也相对较少。在月居住支出超过 1 200 元家庭中，4 人以上家庭规模的占比最高，达到 7.9%，说明随着家庭成员数量的增加，居住支出也相应发生变化。交互作用检验结果表明（$P=0.000<0.05$），不同家庭规模之间的月居住支出存在显著性差异，随着家庭人口数量的增加，居民家庭在居住消费方面的支出增多。

表 13-14　家庭规模与居住支出列联表

人数	300 元及以下/%	301～500 元/%	501～800 元/%	801～1 200 元/%	1 201 元及以上/%	卡方检验（P 值）
总计	(520)	(655)	(465)	(230)	(124)	43.029（0.000）
1 人	44.7	26.3	7.9	18.4	2.6	
2 人	34.7	28.6	22.4	9.5	4.8	
3 人	19.8	35.9	24.4	13.4	6.5	
4 人	27.2	33.1	23.5	11.0	5.2	
4 人以上	30.0	29.6	23.0	9.4	7.9	

数据来源：根据本书项目组调查问卷数据计算而得。

（四）家庭规模对生活用品及服务类消费的影响

一般来说，家庭中人口数量不同，家庭结构也会不同，对于生活用品及家庭服务的支出也会不同。在我国的家庭结构中，1 人可能是单身，也可能是老人，需要的家庭服务差异性会很大；2 人为两口之家，相对需要家庭服务较少，3 人及以上家庭一般会有幼儿或老人，需要的家庭服务可能也多。

表 13-15　家庭规模与家庭服务支出列联表

人数	100 元及以下/%	101~300 元/%	301~500 元/%	501~1 000 元/%	1 001~3 000 元/%	3 001~5 000 元/%	5 001 元及以上/%	卡方检验（P 值）
总计	(728)	(474)	(391)	(235)	(113)	(32)	(21)	45.645（0.005）
1 人	42.1	18.4	15.8	21.1	0.0	0.0	2.6	
2 人	49.0	21.1	19.0	8.8	2.0	0.0	0.0	
3 人	32.5	25.3	23.3	11.3	5.3	1.3	1.1	
4 人	36.1	24.7	18.6	12.0	6.1	1.6	0.9	
4 人以上	39.0	21.3	15.8	12.5	7.2	2.9	1.3	

数据来源：根据本书项目组调查问卷数据计算而得。

由表 13-15 可知，就西北地区居民家庭来看，每月家庭服务支出在 100 元及以下的占比最高，其中 2 人家庭的占比达到了 49.0%，受经济发展水平、家庭收入、消费观念等因素影响，对于西北地区大部分家庭来说，家庭服务消费还处在一个相对较低的水平与层次上。家庭服务月支出超过 1 000 元的占比随着家庭规模的扩大而增大，其中 1 人的家庭占比只有 2.6%，而 4 人以上的家庭占比达到了 11.4%，这也体现出随着家庭成员的增多，所需要的服务也会变多。卡方检验值为 45.645（$P=0.005<0.05$），可以看出，不同规模的家庭服务月支出存在显著性差异。

（五）家庭规模对交通通信类消费的影响

由表 13-16 可以看到，在 2 人及 2 人以上的家庭中，交通支出在 500 元及以下占比最大的是 2 人家庭，占比为 61.2%；交通支出在 501~1 000 元、1 001~2 000 元占比最大的均是 3 人家庭，占比分别为 34.5%、13.4%；而交通支出在2 001~5 000元占比最大的是4人家庭，占比为4.6%；5 001元及以上占比最大的是4人以上家庭，占比为3.1%，说明家庭成员数量的增多对交通支出的增加有一定的影响。同时，卡方检验结果（P = 0.000 < 0.05）表明，不同规模的家庭在交通费用上有显著性差异，交通支出会随着家庭人口的增加而增加。

表13-16　家庭规模与交通支出列联表

人数	301元以下/%	301~500元/%	501~1 000元/%	1 001~2 000元/%	2 001~5 000元/%	5 001元及以上/%	卡方检验（P值）
总计	(524)	(511)	(596)	(254)	(77)	(32)	47.977（0.000）
1人	28.9	23.7	26.3	18.4	0.0	2.6	
2人	33.3	27.9	25.2	10.9	1.4	1.4	
3人	21.9	25.2	34.5	13.4	3.8	1.3	
4人	28.5	22.4	31.5	12.1	4.6	0.9	
4人以上	27.6	30.3	22.1	12.7	4.2	3.1	

数据来源：根据本书项目组调查问卷数据计算而得。

由表13-17可知，在1人和2人家庭中，每月通信支出在101~200元的占比最大，分别为42.1%、37.4%，1人家庭更集中；在3人家庭中，通信支出在201~300元的占比最大，为39.7%；而在4人及4人以上的家庭月通信支出在301元以上的占比分别达到了32.7%、39.3%，其中501元及以上消费，4人以上家庭占比最大，达到14.3%，说明家庭成员人数增多，通信类支出也会明显增加。列联表交互作用检验结果（P=0.000<0.05）表明，不同规模的家庭在通信方面支出有显著性差异。随着家庭的扩大，家庭在通信方面的支出增大。

表 13-17　家庭规模与通信支出列联表

人数	100 元及以下/%	101~200 元/%	201~300 元/%	301~500 元/%	501 元及以上/%	卡方检验（P 值）
总计	（231）	（492）	（675）	（403）	（193）	80.728（0.000）
1 人	23.7	42.1	23.7	5.3	5.3	
2 人	17.7	37.4	25.2	15.0	4.8	
3 人	10.3	25.5	39.7	17.7	6.8	
4 人	12.1	23.3	31.8	21.7	11.0	
4 人以上	9.9	19.7	31.1	25.0	14.3	

数据来源：根据本书项目组调查问卷数据计算而得。

（六）家庭规模对教育文化娱乐类消费的影响

由表 13-18 可知，教育支出在 1 000 元及以下占比较大的是 1 人和 2 人家庭，占比分别达到 65.8%、62.6%，而其他人口规模家庭占比均在 40%左右；教育支出在1 001~7 000 元占比较大的是 3 人家庭，占比为 41.2%；教育支出在 7 001~10 000 元占比较大的是 4 人家庭，占比为 10.7%；支出在10 001元及以上的占比较大的是 4 人以上的家庭，占比达到了 17.1%。可以看出，教育支出随着家庭规模的扩大而增加。由卡方检验结果（$P=0.000<0.05$）可以看出，不同规模的家庭在教育方面的支出有显著性差异。

表 13-18　家庭规模与教育支出列联表

人数	500 元及以下/%	501~1 000 元/%	1 001~3 000 元/%	3 001~5 000 元/%	5 001~7 000 元/%	7 001~10 000 元/%	10 001 元及以上/%	卡方检验（P 值）
总计	（403）	（455）	（355）	（202）	（200）	（170）	（209）	103.439（0.000）
1 人	44.7	21.1	15.8	10.5	0.0	2.6	5.3	
2 人	39.5	23.1	14.3	10.2	6.1	2.7	4.1	
3 人	18.4	24.5	18.8	9.6	12.8	8.6	7.2	
4 人	18.0	22.5	18.3	10.4	9.0	10.7	11.2	
4 人以上	18.0	20.6	16.9	10.5	9.2	7.7	17.1	

数据来源：根据本书项目组调查问卷数据计算而得。

由表 13-19 可以看出，家庭规模与文教娱乐消费之间呈现负向相关性。具体来看，文化娱乐消费在 1 000 元及以下的占比较大的是 4 人及 4 人以上规模家庭，占比分别为 43.6%、53.7%；文化娱乐消费在 1 001~5 000 元占比较大的是 3 人家庭，占比为 57.3%；而文化娱乐消费在 5 001 元及以上的占比最大的是 1 人家庭，占比为 21.1%。说明随着家庭成员的增多，增加了家庭其他基础性消费，在居民收入一定的情况下，对居民家庭文化娱乐的消费形成挤压，从而减少文化娱乐方面的支出。由卡方检验结果可以看出（P=0.000<0.05），不同规模的家庭在文娱方面的年支出有显著性差异，家庭规模对文化娱乐支出影响显著。

表 13-19　家庭规模与文娱支出列联表

人数	1 000 元及以下/%	1 001~3 000 元/%	3 001~5 000 元/%	5 001 元及以上/%	卡方检验（P 值）
总计	(842)	(668)	(335)	(149)	58.587 (0.000)
1 人	31.6	31.6	15.8	21.1	
2 人	42.2	32.0	18.4	7.5	
3 人	34.3	38.4	18.9	8.4	
4 人	43.6	32.6	17.8	6.0	
4 人以上	53.7	27.6	11.6	7.0	

数据来源：根据本书项目组调查问卷数据计算而得。

（七）家庭规模对医疗保健类消费的影响

随着居民家庭健康意识的转变，人们更加注重医疗保健，家庭人口增加，相应会增加医疗保健支出。由表 13-20 可知，家庭年医疗保健支出在 300 元及以下占比较大的是 1 人和 2 人家庭，占比分别为 57.8%、55.8%；医疗保健支出在 301~1 000 元占比较大的是 3 人和 4 人家庭，占比分别为 40.5%、38.7%；医疗保健支出在 1 001 元及以上占比较大的是 4 人以上家庭，占比为 26.5%。说明随着家庭规模的扩大，居民家庭在医疗保健方面的支出也在增加，家庭成员变多，所需要接受的医疗服务也会相应增多，且医疗保健关乎人们最基本的身体健康，一般不会因为基础消费的增加而压缩太多。根据卡方结果（P=0.000<0.05），不同规模的家庭在医疗保健方面的年支出有显著性差异。

表 13-20 家庭规模与医疗保健支出列联表

人数	100 元及以下/%	101～300 元/%	301～1 000 元/%	1 001 元及以上/%	卡方检验（P 值）
总计	（248）	（552）	（759）	（435）	54.017（0.000）
1 人	28.9	28.9	34.2	7.9	
2 人	21.8	34.0	27.9	16.3	
3 人	8.1	30.4	40.5	21.0	
4 人	14.2	25.7	38.7	21.4	
4 人以上	12.5	24.1	36.8	26.5	

数据来源：根据本书项目组调查问卷数据计算而得。

第三节 居民受教育程度

“百年大计，教育为本。”教育是民族振兴、社会进步的基石，是提高国民素质、促进个人全面发展的根本途径。改革开放以来，我国教育事业伴随着国民经济的增长实现了跨越式发展。居民家庭对教育的重视程度越来越高，教育消费逐渐成为居民消费的重点和新的消费热点。本节对居民受教育程度与消费支出以及食品烟酒、居住等八大类消费做了交叉列联分析，从而分析了居民受教育程度对各种消费的影响以及它们之间的相关性。

一、居民受教育程度对总消费的影响

居民受教育程度会影响居民收入，进一步影响居民消费。如表 13-21 所示，整体来看，家庭成员受教育程度与消费呈正相关，家庭成员受教育程度越高，家庭人均消费越高。

表 13-21　居民受教育程度与消费支出列联表

教育程度	500 元及以下/%	501~1 000 元/%	1 001~2 000 元/%	2 001~3 000 元/%	3 001 元及以上/%
总计	(366)	(1 015)	(1 077)	(565)	(326)
小学及以下	19.5	34.6	25.9	14.1	5.9
初中	16.6	33.4	31.7	11.7	6.6
高中	10.0	32.9	33.8	16.4	6.9
大专	6.7	29.3	36.1	18.2	9.7
大学及以上	7.5	25.4	31.2	20.6	15.3

数据来源：根据本书项目组调查问卷数据计算而得。

具体来看，家庭成员受教育程度为小学及以下、初中的家庭中，人均消费 1 000元及以下的家庭达到一半，分别为 54.1%和 50.0%；人均消费 3 001 元及以上的家庭占比却都不足 7%，分别为 5.9%和 6.6%。家庭成员受教育程度为高中、大专和大学及以上的家庭中，大部分家庭人均消费达到 1 001~3 000 元，其占比分别为 50.2%、54.3%和 51.8%，人均消费 3 001 元及以上的家庭占比明显较高，尤其是家庭成员受教育程度为大学及以上的家庭人均消费 3 001 元及以上的占比达到 15.3%，可见受教育程度越高，人均消费越高。由于教育具备生产性价值和消费性价值，居民受教育程度会影响居民就业以及收入，一般来说，受教育程度越高，收入越高，从而促进消费；对于个人而言，受教育程度高的居民薪资待遇也相对比较高，预期未来的收入水平也会较高，个人心理上会更倾向于当期更多消费，而受教育程度低的居民可选择的就业面比较窄，工资水平相对低，因此，受教育程度高的居民家庭消费更高。

二、居民受教育程度对不同消费类别的影响

（一）居民受教育程度对食品类消费的影响

居民的受教育程度会影响居民的收入水平、消费水平以及消费意识。随着居民受教育程度的不断提高，居民家庭在食品方面的消费不仅满足于解决基本温饱问题，更加注重营养搭配和合理饮食。

表 13-22　居民受教育程度与食品支出列联表

教育程度	500 元及以下/%	501～1 000 元/%	1 001～1 500 元/%	1 501～2 000 元/%	2 001 元及以上/%
总计	(585)	(1 217)	(835)	(457)	(255)
小学及以下	24.6	34.1	24.6	9.5	7.2
初中	23.2	37.8	21.7	12.9	4.4
高中	15.6	38.1	26.8	13.9	5.7
大专	14.4	39.2	23.8	13.1	9.5
大学及以上	14.6	33.3	26.3	15.9	10.0

数据来源：根据本书项目组调查问卷数据计算而得。

如表 13-22 所示，总体来看，家庭成员受教育程度与家庭每月在食品方面的支出呈正相关。具体来看，每月食品方面的支出在 1 000 元及以下的家庭中，占比较大的是家庭成员受教育程度为小学及以下和初中，占比分别为 58.7%、61.0%，而受教育程度大学及以上（47.9%）的家庭占比却不足 50%；每月食品方面的支出在 1 501 元及以上的家庭中，占比较大的是家庭成员受教育程度为大专、大学及以上，占比分别为 22.6%、25.9%。可见，家庭成员受教育程度越高，其收入也会相应越高，消费的观念和方式也会随之发生变化，家庭每月在伙食方面的支出越多。

（二）居民受教育程度对衣着类消费的影响

随着经济的发展、时代的进步，人们对衣着的追求不仅仅局限于基本需要层面。一般来说，受教育程度提高后，居民在衣着品位、品质以及潮流需求等方面有了更高的要求，相应地，其衣着消费水平也会提高。

表 13-23　居民受教育程度与衣着支出列联表

教育程度	500 元及以下/%	501～1 000 元/%	1 001～1 500 元/%	1 501～2 000 元/%	2 001～3 000 元/%	3 001～5 000 元/%	5 001 元及以上/%
总计	(415)	(825)	(819)	(611)	(279)	(206)	(194)
小学及以下	15.9	26.9	24.1	13.1	8.7	6.2	5.1
初中	15.6	27.1	24.9	15.4	6.8	6.3	3.9

续表

教育程度	500元及以下/%	501~1 000元/%	1 001~1 500元/%	1 501~2 000元/%	2 001~3 000元/%	3 001~5 000元/%	5 001元及以上/%
高中	11.7	27.4	26.2	19.4	6.1	4.9	4.3
大专	12.5	23.3	23.8	19.7	7.9	7.2	5.7
大学及以上	9.6	20.9	23.4	20.2	11.1	6.4	8.4

数据来源：根据本书项目组调查问卷数据计算而得。

如表13-23所示，总体来看，家庭成员受教育程度与家庭在衣着方面的支出呈正相关。具体来看，随着家庭成员受教育程度的提高，用于衣着方面的支出1 000元及以下的家庭占比逐渐减小。家庭成员受教育程度为小学及以下、初中的家庭衣着支出主要集中在1 000元及以下，家庭占比分别达到42.8%、42.7%；而家庭成员受教育程度在高中及以上的家庭衣着消费主要集中在1 001~2 000元，占比分别为45.6%、43.5%、43.6%；衣着消费在2 001元及以上的，占比最大的是受教育程度为大学及以上的家庭，占比为25.9%。可见家庭成员受教育程度越高，衣着支出越大。受教育程度高的居民会比受教育程度低的居民有着更好的就业机会和收入水平，高收入会促进消费。

（三）居民受教育程度对居住类消费的影响

居住条件取决于居民的收入水平，也决定了居民的生活水平和质量。一般来说，居民家庭成员受教育程度越高，家庭收入水平也会随之提高，其对居住质量和条件的要求也会提高，因此，花费在居住上的消费也会随之有所提高。

表13-24　居民受教育程度与居住支出列联表

教育程度	300元及以下/%	301~500元/%	501~800元/%	801~1 200元/%	1 201元及以上/%
总计	(902)	(1121)	(757)	(372)	(197)
小学及以下	38.2	27.9	19.7	7.4	6.7
初中	34.9	30.2	20.3	10.0	4.6
高中	25.6	35.8	23.4	9.9	5.3

续表

教育程度	300 元及以下/%	301~500 元/%	501~800 元/%	801~1 200 元/%	1 201 元及以上/%
大专	20.8	36.7	24.1	12.3	6.1
大学及以上	22.5	33.8	23.6	13.4	6.7

数据来源：根据本书项目组调查问卷数据计算而得。

如表 13-24 所示，总体来看，家庭成员受教育程度与家庭居住支出呈正相关。居住支出在 500 元及以下的家庭，占比随着家庭成员受教育程度的提高而减小，受教育程度初中及以下的家庭占比均达到 65%以上；而居住支出在 801 元及以上的家庭占比较大的分别为大专、大学及以上，占比分别为 18.4%、20.1%。可见，家庭成员受教育程度与家庭居住支出具有一定的相关性。

（四）居民受教育程度对家庭服务类消费的影响

近年来，随着家政服务需求的快速增长，家政服务业也得到了快速的发展，市场潜力较大。居民家庭中受教育程度越高，社会分工越细，对家庭服务类的需求也越大。

表 13-25　居民受教育程度与家庭服务支出列联表

教育程度	100 元及以下/%	101~300 元/%	301~500 元/%	501~1 000 元/%	1 001~3 000 元/%	3 001~5 000 元/%	5 001 元及以上/%
总计	(1266)	(813)	(644)	(386)	(164)	(44)	(32)
小学及以下	45.4	24.6	14.1	11.0	2.8	0.3	1.8
初中	42.2	26.3	16.9	9.8	3.7	0.2	0.8
高中	36.2	24.5	20.6	12.2	4.8	1.0	0.5
大专	33.4	23.9	21.6	13.0	5.7	1.8	0.5
大学及以上	36.1	23.0	20.0	11.3	6.0	2.3	1.3

数据来源：根据本书项目组调查问卷数据计算而得。

如表 13-25 所示，总体来看，受教育程度与家庭服务支出呈正相关。受教育程度小学及以下的居民每月家庭服务方面的支出 300 元及以下的家庭占比达到 70%，支出 1 001 元及以上的家庭占比却只有 4.9%，可见家庭成员受教育程度为小学及以下的家庭用于家庭服务方面的支出较少。家庭成员受教育程度大学及以上的家庭在家庭服务方面的支出 300 元及以下的占比为 59.1%，支出 1 001 元及以上的占比达到 9.6%，说明受教育程度高的居民家庭在家庭服务方面的支出相对较高。一方面，受教育程度高的居民收入水平更高，在经济上更有能力支付家庭服务费用；另一方面，社会分工更加精细化，居民家庭尤其是收入较高的家庭对专业化的服务需求更高。

（五）居民受教育程度对交通通信类消费的影响

随着汽车、电子信息产业的迅速发展，交通通信工具性能、款式不断升级换代，进一步刺激居民家庭的消费欲望，从而使交通和通信消费成为居民家庭消费的热点。尤其是教育投资力度越大、受教育程度越高的家庭对交通通信的需求越旺盛。

表 13-26　居民受教育程度与交通支出列联表

教育程度	300 元及以下/%	301~500 元/%	501~1 000 元/%	1 001~2 000 元/%	2 001~5 000 元/%	5 001 元及以上/%
总计	(890)	(881)	(980)	(424)	(123)	(51)
小学及以下	36.7	24.9	20.8	12.3	3.3	2.1
初中	32.0	28.0	27.5	8.5	3.2	0.8
高中	26.0	28.3	29.4	12.5	2.7	1.2
大专	22.3	26.4	31.8	14.4	3.6	1.5
大学及以上	22.4	24.3	32.1	14.4	4.9	2.0

数据来源：根据本书项目组调查问卷数据计算而得。

如表 13-26 所示，家庭成员受教育程度小学及以下、初中和高中的家庭在交通方面的支出大多不超过 500 元，占比分别为 61.6%、60.0%、54.3%，而家庭成员受教育程度大专和大学及以上的家庭在交通方面的支出 500 元及以下的占比分别为 48.7%和 46.7%。家庭成员受教育程度小学及以下和初中的家庭交通支出 501~2 000 元的占比均不足 40%，而受教育程度大专和大学及以上的家庭占比均大于 45%，可见家庭成员受教育程度越高，交通消费越高。文化教育有利于提高消费层次、扩张消费力，高学历居民收入较高，生活水平相对较好，他们更追求丰富的精神生活，闲暇时间外出旅游的家庭也相对比较多，从而促进交通消费。

（六）居民受教育程度对家庭教育支出的影响

一般来说，居民家庭成员受教育程度越高，在教育方面的支出就越高。随着收入水平的提高以及对教育重要性认知程度的提升，居民在物质需求得到满足的条件下，对教育消费数量以及质量的要求日益增加。

表 13-27　居民受教育程度与教育支出列联表

教育程度	500 元及以下/%	501～1 000 元/%	1 001～3 000 元/%	3 001～5 000 元/%	5 001～7 000 元/%	7 001～10 000 元/%	10 001 元及以上/%
总计	（573）	（747）	（605）	（346）	（379）	（314）	（385）
小学及以下	19.0	22.8	17.4	10.5	10.3	9.0	11.0
初中	19.5	21.4	19.2	10.3	10.0	9.5	10.2
高中	15.1	22.6	19.7	10.3	11.9	9.4	11.0
大专	19.0	24.9	15.9	11.5	11.1	8.2	9.3
大学及以上	15.4	20.8	17.7	9.6	12.1	10.2	14.2

数据来源：根据本书项目组调查问卷数据计算而得。

由表 13-27 可以看出，在教育支出的不同分段中，不同教育层次的教育支出差异不是特别大，相差均未超过 5%，501～1 000 元占比较大。说明随着时代的发展，居民受教育的意识增强。各层次家庭对教育投入 3 001 元及以上的占比均不低于 40%，在教育方面的投入加大。相对来说，受教育程度为大学及以上的家庭，教育支出 5 001 元及以上的占比最大，达到 36.5%，支出 10 001 元及以上的家庭达到 14.2%，可见家庭成员受教育程度高的家庭在教育方面的支出更高。受教育程度高的居民自身比较重视教育，愿意在教育方面支出，而且他们收入较高，有经济能力在教育上消费。教育支出不同于其他支出，其既是消费又是投资。教育可以使人获得更多的知识，人的技能和素养也会得到提高，从而提升个人就业和收入水平。

（七）居民受教育程度对医疗保健类消费的影响

受教育程度越高的家庭，越注重自身健康的管理，在对健康医疗投资的观念上优越于受教育程度低的家庭，并且愿意拿出很大一部分收入为自己的健康保驾护航。

表 13-28　居民受教育程度与医疗保健支出列联表

教育程度	100 元及以下/%	101~300 元/%	301~1 000 元/%	1 001 元及以上/%
总计	(400)	(908)	(1 274)	(767)
小学及以下	11.8	28.2	34.1	25.9
初中	13.7	29.8	36.8	19.7
高中	12.1	29.6	38.6	19.7
大专	13.9	25.1	37.9	23.1
大学及以上	9.6	24.4	40.0	26.0

数据来源：根据本书项目组调查问卷数据计算而得。

如表 13-28 所示，家庭成员受教育程度和家庭每年在医疗保健方面的支出有关，但是差异相对较小。不同消费区间相对应的受教育程度差异均未超过 5%，特别是在大专及以下的家庭中，每个分段占比相差更小，如 100 元及以下在 11%~14%。具体来看，医疗保健支出在 300 元及以下的家庭中，高中及以下的占比较大，均不低于 40%，而大学及以上家庭仅占 34%；医疗支出在 301~1 000 元以及 1 001元及以上的占比最高的均是受教育程度为大学及以上的家庭，占比分别为 40.0%、26.0%。可见，受教育程度高的家庭在医疗保健方面的支出相对更高，因为他们收入水平相对较高，有能力支付医疗保健费用。

第四节　居民职业

职业是指人们从事相对稳定的、有收入的、有专门类别的工作，《中华人民共和国职业分类大典》将我国的职业分为八大类①，分别是国家机关、党群组织、企业或事业单位负责人，专业技术人员，办事人员和有关人员，商业、服务业人员，农、林、牧、渔、水利生产人员，军人，生产、运输设备操作人员

① 《中华人民共和国职业分类大典》将我国职业归为 8 个大类，共 1 838 个职业。

及有关人员和其他从业人员。一般情况下，居民消费支出状况会随着职业种类的不同而不同。

一、居民职业对总消费的影响

一般来说，职业会对人们的收入、消费习惯、消费结构等造成影响。由表13-29可知，在调查的居民家庭中，八大类职业中除农、林、牧、渔、水利生产人员这一类职业，其余七类职业的家庭人均消费主要集中在1 001~2 000元。农、林、牧、渔、水利从业人员主要从事传统行业，收入相对较低，所以其消费行为局限性相对较大，消费支出相对于其他七类职业较低，主要集中在501~1 000元。消费支出超过2 000元中占比最高的居民职业为办事人员和有关人员，占比为44.2%，这类职业主要是在国家机关、党群组织、企事业单位中从事行政业务、行政事务工作的人员和从事安全保卫、消防、邮电等业务的人员。从所处的工作环境、职业稳定性和劳动所得报酬来说，这类职业的居民的消费一直处于较理想状态。

表13-29　居民职业与消费支出列联表

职业	500元及以下/%	501~1 000元/%	1 001~2 000元/%	2 001~3 000元/%	3 001元及以上/%
总计	(215)	(578)	(652)	(344)	(202)
国家机关、党群组织、企业或事业单位负责人	5.5	21.4	32.6	23.2	17.3
专业技术人员	11.3	20.0	37.0	22.6	9.1
办事人员和有关人员	7.1	21.4	27.3	23.7	20.5
商业、服务业人员	6.1	25.0	33.0	21.0	14.8
农、林、牧、渔、水利生产人员	17.9	38.9	30.4	9.2	3.6
军人	7.8	15.6	32.8	29.7	14.1
生产、运输设备操作人员及有关人员	8.9	31.4	36.1	17.2	6.5
其他从业人员	11.4	32.2	33.1	13.5	9.8

数据来源：根据本书项目组调查问卷数据计算而得。

二、居民职业对不同消费类别的影响

（一）居民职业对食品类消费的影响

由表 13-30 可知，总的来说，八大类职业的从业人员平均食品支出主要集中在 501~1 500 元，但是食品方面支出的高低由于职业的不同而不同。

在被调查的居民家庭中，农、林、牧、渔、水利生产人员的食品支出在 1 000 元及以内的占比超过 60%，主要是由于这类从业人员收入相对较低，并且在一定程度上可以实现自给自足，所以 2 001 元及以上的消费只占 3.6%，总体食品支出较低。除此以外，收入相对较高的职业群体食品支出也相对较高。

表 13-30　居民职业与食品支出列联表

职业	500 元及以下/%	501~1 000 元/%	1 001~1 500 元/%	1 501~2 000 元/%	2 001 元及以上/%
总计	(350)	(701)	(506)	(280)	(154)
国家机关、党群组织、企业或事业单位负责人	14.1	32.4	26.4	16.6	10.5
专业技术人员	16.3	32.1	26.7	15.2	9.7
办事人员和有关人员	13.3	27.9	28.9	23.4	6.5
商业、服务业人员	13.1	31.3	29.1	17.4	9
农、林、牧、渔、水利生产人员	25.7	42.6	20.0	8.1	3.6
军人	15.6	23.4	29.7	18.8	12.5
生产、运输设备操作人员及有关人员	22.5	32.5	31.4	8.3	5.3
其他从业人员	15.8	36.9	24.2	14	9.1

数据来源：根据本书项目组调查问卷数据计算而得。

（二）居民职业对衣着类消费的影响

服饰在体现职业特色、社会地位、文化差异等方面表现出较大的差异性。由于职业的不同，衣着类消费也会不同。

表 13-31　居民职业与衣着支出列联表

职业	500 元及以下/%	501～1 000 元/%	1 001～1 500 元/%	1 501～2 000 元/%	2 001～3 000 元/%	3 001～5 000 元/%	5 001 元及以上/%
总计	(266)	(471)	(483)	(356)	(170)	(121)	(124)
国家机关、党群组织、企业或事业单位负责人	10.1	17.2	25.2	23.0	8.7	7.9	7.9
专业技术人员	11.5	23.3	22.4	18.9	9.9	7.4	6.6
办事人员和有关人员	9.4	22.4	29.2	23.7	6.2	5.2	3.9
商业、服务业人员	9.7	19.4	27.1	23.0	9.5	5.8	5.5
农、林、牧、渔、水利生产人员	17	29.2	24.3	16.8	6.8	4.0	1.9
军人	17.2	14.1	25.0	28.1	9.4	1.6	4.7
生产、运输设备操作人员及有关人员	18.9	33.7	19.5	14.2	3.6	5.3	4.7
其他从业人员	12.6	25.7	23.2	13.5	7.8	8.2	8.9

数据来源：根据本书项目组调查问卷数据计算而得。

由表 13-31 可知，在被调查的居民家庭中，超过 2 000 元的衣着支出占比最高的职业为其他从业人员，这类职业人员包含种类较多，其中聘用的外籍人员和港、澳、台方人员的工资报酬高且消费观念前卫，因此在衣着类选择上，主要以高品质为主，所以衣着方面的消费支出较高；衣着消费超过 2 001 元的占比排名第二的是国家机关、党群组织、企业或事业单位负责人，这类人员对着装要求较高，所以衣着消费相对较高，主要集中在1 001～1 500元。

（三）居民职业对居住类消费的影响

居住支出主要是来自居民消费的水电煤气费、暖气费以及物业费等，这一类消费主要以日常消耗为主，所以支出金额较低且稳定。除了农、林、牧、渔、水利生产人员这一类职业居民的居住支出主要集中在 300 元及以下，其余七类职业的居民在居住方面支出主要集中在 301～800 元。

表 13-32 居民职业与居住支出列联表

职业	300 元及以下/%	301~500 元/%	501~800 元/%	801~1 200 元/%	1 201 元及以上/%
总计	(520)	(654)	(464)	(229)	(124)
国家机关、党群组织、企业或事业单位负责人	16.0	30.9	27.8	16.3	9.1
专业技术人员	22.4	32.1	24.7	13.0	7.8
办事人员和有关人员	19.2	27.3	26.9	21.4	5.2
商业、服务业人员	18.7	33.7	25.6	14.8	7.2
农、林、牧、渔、水利生产人员	37.0	32.5	20.6	5.7	4.3
军人	23.4	31.3	21.9	12.5	10.9
生产、运输设备操作人员及有关人员	26.0	35.5	25.4	8.3	4.7
其他从业人员	29.5	32.8	24.2	8.9	4.6

数据来源：根据本书项目组调查问卷数据计算而得。

由表 13-32 可知居住支出超过 500 元的占比超过 50%的职业为国家机关、党群组织、企业或事业单位负责人与办事人员和有关人员，占比分别为 53.2%、53.5%，这两类职业的被调查者的受教育程度基本较高，住房来源主要是购买的商品房，住房水平较高，相应的住房支出也越多。而居住支出超过 500 元占比最少的居民职业为农、林、牧、渔、水利生产人员，占比为 30.6%，这类人员主要居住的是自有房，主要的居住支出是水电煤气费，大部分居民几乎不需要缴纳物业费等相关费用，所以居住支出较少。

（四）居民职业对家庭服务类消费的影响

由表 13-33 可知，办事人员和有关人员、军人这两种职业人员的家庭服务支出主要集中在 301~500 元，其余六类职业的被调查者的家庭服务支出比较少，主要集中在 100 元及以下。由此可知，在家庭服务方面，西北五省区的整体支出比较小。

表 13-33　居民职业与家庭服务支出列联表

职业	100元及以下/%	101~300元/%	301~500元/%	501~1 000元/%	1 001~3 000元/%	3 001~5 000元/%	5 001元及以上/%
总计	(725)	(474)	(391)	(235)	(113)	(32)	(21)
国家机关、党群组织、企业或事业单位负责人	28.3	21.1	25.6	12.3	7.9	3.3	1.5
专业技术人员	30.5	24.1	19.3	14.8	8.6	1.9	0.8
办事人员和有关人员	22.1	22.4	30.8	15.6	6.2	1.6	1.3
商业、服务业人员	28.3	22.8	23.0	15.0	7.3	1.9	1.7
农、林、牧、渔、水利生产人员	43.6	25.7	16.6	9.8	2.6	0.9	0.8
军人	18.8	17.2	23.4	21.9	7.8	6.3	4.7
生产、运输设备操作人员及有关人员	33.1	26.6	19.5	11.8	6.5	0.6	1.8
其他从业人员	45.2	23.8	13.8	10.9	3.5	0.9	1.7

数据来源：根据本书项目组调查问卷数据计算而得。

（五）居民职业对交通通信类消费的影响

目前，居民外出可供选择的交通方式很多，交通方式的升级提高了居民在该方面的消费支出。由表 13-34 可知，在被调查的居民家庭中，农、林、牧、渔、水利生产人员和其他从业人员的交通费用主要在 300 元及以下，这两类职业的被调查者的工作环境简单，工作地点相对固定，大部分居民的交通支出较少，其他六类的交通支出主要在 501~1 000 元，除军人外，办事人员和有关人员占比最高，占 40.9%；交通支出在 1 001 元及以上占比最高的是商业、服务业人员，占比 23.7%，他们从事流动性较强的职业，其交通支出相对较高。

表 13-34　居民职业与交通支出列联表

职业	300元及以下/%	301~500元/%	501~1 000元/%	1 001~2 000元/%	2 001~5 000元/%	5 001元及以上/%
总计	(524)	(510)	(595)	(254)	(76)	(32)

续表

职业	300元及以下/%	301~500元/%	501~1 000元/%	1 001~2 000元/%	2 001~5 000元/%	5 001元及以上/%
国家机关、党群组织、企业或事业单位负责人	17.7	21.1	38.1	15.4	5.8	1.9
专业技术人员	18.3	27.0	32.1	16.0	5.1	1.6
办事人员和有关人员	14.9	20.8	40.9	15.9	5.5	1.9
商业、服务业人员	19.4	20.3	36.6	16.0	5.3	2.4
农、林、牧、渔、水利生产人员	34.0	28.3	23.6	9.4	3.0	1.7
军人	10.9	18.8	37.5	20.3	9.4	3.1
生产、运输设备操作人员及有关人员	24.3	24.3	32.5	14.8	3.6	0.6
其他从业人员	30.0	27.7	26.5	11.4	2.8	1.7

数据来源：根据本书项目组调查问卷数据计算而得。

（六）居民职业对教育文化娱乐类消费的影响

居民家庭成员所从事的职业不同，由于其职业性质、工作环境、社会地位等，对于教育的重要性认识不同，表现在家庭成员对未来职业规划及要求的不同，相应地会表现为家庭成员在教育投资方面的差异性。

表 13-35 居民职业与教育支出列联表

职业	500元及以下/%	501~1 000元/%	1 001~3 000元/%	3 001~5 000元/%	5 001~7 000元/%	7 001~10 000元/%	10 001元及以上/%
总计	(403)	(455)	(355)	(200)	(199)	(170)	(209)
国家机关、党群组织、企业或事业单位负责人	15.1	22.0	20.9	11.8	11.1	9.4	9.6
专业技术人员	20.0	20.6	18.9	11.1	9.3	8.8	11.3
办事人员和有关人员	14.0	25.0	27.3	12.7	9.1	6.2	5.8
商业、服务业人员	15.8	19.4	21.0	10.6	12.6	9.4	11.2

续表

职业	500 元及以下/%	501～1 000 元/%	1 001～3 000 元/%	3 001～5 000 元/%	5 001～7 000 元/%	7 001～10 000 元/%	10 001 元及以上/%
农、林、牧、渔、水利生产人员	21.5	27.9	15.1	10.4	7.2	8.9	9.1
军人	15.6	15.	26.6	12.5	7.8	17.2	4.7
生产、运输设备操作人员及有关人员	16.6	22.5	20.7	11.8	12.4	9.5	6.5
其他从业人员	22.2	21.7	15.8	9.2	9.5	8.0	13.5

数据来源：根据本书项目组调查问卷数据计算而得。

由表 13-35 可以看出，在被调查的居民家庭中，在所有职业类别中，教育支出在 501～3 000 元的占比较大。在 3 001～10 000 元区间，农、林、牧、渔等占比最低，为 26.5%。教育投资在 7 001 元及以上的家庭中，办事人员和有关人员占比最低，仅为 12.0%，其他各类职业均在 20.0%左右。教育投资水平在10 001元及以上的家庭中，其他从业人员的占比最高，其次为专业技术人员和商业、服务业人员，家庭成员职业对于教育投资具有一定的影响。

（七）居民职业对医疗保健类消费的影响

随着社会的发展，广大居民家庭的文化素质和健康认知水平得到大幅提升，居民在医疗保健方面的支出增长明显。

表 13-36　居民职业与医疗保健支出列联表

职业	100 元及以下/%	101～300 元/%	301～1 000 元/%	1 001 元及以上/%
总计	(247)	(552)	(757)	(435)
国家机关、党群组织、企业或事业单位负责人	8.4	22.8	42.7	26.1
专业技术人员	8.6	24.9	38.7	27.8
办事人员和有关人员	9.1	29.2	43.5	18.2
商业、服务业人员	11.6	25.7	40.4	22.3
农、林、牧、渔、水利生产人员	14.7	36.4	34.0	14.9

续表

职业	100 元及以下/%	101~300 元/%	301~1 000 元/%	1 001 元及以上/%
军人	9.4	18.8	40.6	31.3
生产、运输设备操作人员及有关人员	11.2	36.7	37.3	14.8
其他从业人员	13.8	24.2	38.2	23.8

数据来源：根据本书项目组调查问卷数据计算而得。

由表 13-36 可知，总的来说，居民家庭在医疗保健方面的支出主要集中在 301~1 000 元。在被调查的居民家庭中，医疗支出在 301~1 000 元占比最高的职业为办事人员和有关人员，其次为国家机关、党群组织、企业或事业单位负责人，这两类都属较高层次的职业。而占比最低的职业为农、林、牧、渔、水利生产人员，这类职业收入相对较低，且从事这一类职业的居民医疗保健意识相对薄弱，支出比较有限。一般来说，职业层次较高的群体生活水平及质量相对较优越，健康意识也普遍较强，在满足了温饱以及物质文化需求的基础上，会保持一定比例的医疗保健支出；反之，职业层次较低的群体，受家庭经济条件所限，在医疗保健方面的支出相对较低。

第十四章
丝绸之路沿线区域居民消费过程中存在的问题及相关建议

进入21世纪以来，我国经济快速发展，城乡居民收入水平不断增长，城乡居民的消费水平不断提高，人民生活稳步提升。其中城镇居民人均消费支出由2001年的5 309元提高到2016年的23 078.9元，提高了3.3倍；农村居民人均消费支出从2001年1 741.1元提高到2016年的10 129.8元，提高了4.8倍。可以看出，无论是城镇还是农村，居民消费水平在收入不断增长的推动下快速提升，极大地改善了百姓生活，为全面建成小康社会奠定了坚实的物质基础。但通过项目调查发现，在我国城乡居民消费过程中依然存在着一些亟待解决的问题，尤其是丝路沿线区域消费中存在的问题制约了我国居民消费的全面均衡发展。

第一节 居民消费过程中存在的问题

一、居民整体消费水平偏低

通过对丝绸之路沿线国家居民人均最终消费支出进行国际比较，发现丝路沿线国家居民家庭消费水平相对较低，中国差距更大。比较结果显示，我国居民人均最终消费支出与世界平均水平差异较大，四个典型年份中，世界居民人均最终消费支出分别为5 157美元、4 602美元、5 766美元和5 833美元，而我国居民人均最终消费支出分别仅为1 004美元、1 307美元、2 235美元和2 402美元，虽然差距的绝对值整体在减小，但二者之间的差异依然较为明显。同选取国家消费支出最高的英国相比，其 2015 年居民人均最终消费支出高于同期世界居民人均最终消费支出 20 330 美元，同期中英之间的差距达到了23 761美元，英国居民人均最终消费支出是中国的 10. 89 倍，差距更为显著。与丝绸之路经济带中亚地区哈萨克斯坦同期相比，我国居民人均最终消费支出仅为其 44. 58%。可以看出，我国消费水平明显偏低，与世界平均水平差距较大，与发达国家差距更大。同时，从消费占收入比来看，中国与世界平均水平同样存在较大差距。

从国内角度来看，丝路沿线省份无论是西北地区、东北地区还是西南地区，居民家庭消费水平都低于全国平均水平，2006—2016 年，三个地区无论是城镇还是农村，人均消费均低于同期全国平均水平，可见丝路沿线省份居民家庭消费水平相对更低。

二、居民消费城乡区域差异较大

（一）城乡居民人均消费差异较大

从城乡居民人均消费支出及恩格尔系数均可以看出，我国城乡居民消费支出增速较快，但城乡之间的消费水平差异较大。2001 年我国城镇居民人均消费支出为 5 309 元，农村居民人均消费支出为 1 741. 1 元，城乡差异达到 3 567. 9 元，城镇居民消费是农村的 3 倍多，城镇居民消费明显高于农村；2016 年城镇居民人均消费达到了 23 078. 9 元，农村居民人均消费也达到了 10 129. 8 元，城镇居民消费为农村的 2. 3 倍左右，但城乡之间的绝对差值为 12 949. 1 元，城乡消费差距增大的趋势越来越明显。

我国城乡居民人均消费差异较大，2006—2016 年，农村居民边际消费倾向除 2010 年以外普遍高于城镇居民，说明农村居民可支配收入中用于消费的比例比较大。由相关数据可知，农村居民边际消费倾向均大于 0. 7（2010 年除外），而城镇居民只有 2009 年、2013 年和 2016 年边际消费倾向达到 0. 7，可见城乡居民人均消费差异大。在 2013 年以后，城乡居民的边际消费倾向均有所下降，但城乡之间差异越来越大，且有不断增大的趋势。

（二）丝路沿线各地区消费不平衡

在丝路沿线省份中，2006 年西北、西南和东北地区居民边际消费倾向整体相差不大。到 2016 年，三大地区的边际消费倾向均有所增加，且东北地区增幅很大，城乡居民的边际消费倾向均超过 1，说明 2016 年丝路沿线东北地区居民收支不均衡；西南地区 2016 年边际消费倾向与 2006 年相比，增幅较小，且农村居民边际消费倾向没有发生变化，城镇居民边际消费倾向有小幅度增加。总体来说，2016 年丝路沿线三大地区居民消费不平衡，地区之间消费差异较大。

三、城乡居民消费结构不合理

居民家庭消费结构反映了家庭在各方面的支出量及其比重，是全面反映居民家庭消费状况的重要指标。可以从生存型、发展型和享受型三个类型来分析和探讨居民家庭消费结构状况。通过研究发现，我国居民家庭消费存在着较为明显的结构性问题，通过国际比较发现，丝路沿线省份居民家庭消费结构不合理现象尤为突出。

2006—2016 年我国的城乡居民消费结构中，生存型消费占总消费的比例最大，超过 50%，尤其城镇的生存型消费，从 2006 年的 56. 55%增长至 2016 年的 58. 99%，说明我国居民的消费模式还停留在以生存为主的层次上，虽然整体经济水平在不断提升，但我国居民消费动力和能力不足，消费意识较为淡薄；其次占总消费比重较大的是发展型消费，占总消费的 30%左右；我国城乡居民消费最低的是享受型消费，其占比不超过 10%，虽然农村的享受型消费占比增高，但总体水平上还是低于城镇。总的来说，目前我国城乡居民的消费重点依然是生存型消费，主要原因是近几年我国经济增速下降，对居民的消费结构也产生了一定的影响。因此，调整消费结构，实现消费结构进一步优化升级是丝路沿线省份需要关注的重点。

第二节 提升居民消费水平对策建议

在“一带一路”国家宏观战略背景与规划的指引下，丝路沿线省份经济快速发展，人民生活水平不断提高，以消费升级引领供给创新、以供给提升创造消费新增长点的循环动力持续增强，实现了较高水平的供需平衡，居民消费率稳步提升，居民消费结构持续优化升级，服务消费占比稳步提高，居民恩格尔系数逐步下降。但丝路沿线省份在快速发展中尤其在消费领域存在的问题不容回避，如何紧紧抓住发展的战略机遇期，积极应对各种挑战，充分发挥区位优势，深度挖掘发展潜力，进一步发展经济，增加收入，促进居民消费水平和消费结构的全面升级，需要我们进行理性思考和科学全面的探索。

一、紧抓“一带一路”倡议的战略机遇

“一带一路”倡议是我国主动应对全球经济形势变化、统筹国内与国际发展大局做出的重要战略部署。丝路沿线各省份应抓住这一重要的战略机遇期，不断创新发展思路，积极付诸行动，主动融入并参与国家“一带一路”倡议的实施。

与当年沿海重点向东开放不同，“一带一路”重点是向西开放，特别是共建丝绸之路经济带，主要是依托亚欧大陆桥，加强亚欧合作交流。作为丝路沿线重要的战略发展区域，西北、西南和东北要找准区域和各省份自身战略定位，紧紧抓住“一带一路”的历史机遇，解放思想、转变观念，加快各地战略通道建设，搭建开放平台和桥梁，推进政策制度创新，科学规划、精心布局，在共建丝绸之路经济带大潮中，实现追赶超越发展。

二、积极发挥区位优势

作为丝绸之路经济带重要战略区域，西北、西南、东北三个区域需要科

学准确定位自身在丝绸之路经济带战略规划中的重要地位和作用，充分发挥自身在区位、历史、资源、交通、文化、科教、产业等方面的特点和优势，抢抓战略规划重要发展机遇，积极应对各种挑战，促进地区经济社会快速发展，在“一带一路”建设中发挥重要作用。

作为连接中西亚和欧洲的重要通道，西北地区是丝绸之路经济带的重要战略区，该地区资源富集，产业合作空间巨大，是世界四大文化旅游地的交汇之地，区位优势明显。其中陕西不仅是古丝绸之路的起点，也是新丝绸之路经济带新起点和“桥头堡”的重要承载区，是丝绸之路最重要的经济、文化和商品贸易的枢纽。甘肃、青海、宁夏、新疆等是丝绸之路经济带中重要的经济增长极和战略支点，要充分挖掘其通达四方的交通、丰富的矿产资源、独特的文化旅游资源等优势，发挥桥梁纽带、“桥头堡”和重要战略支撑的作用。

西南地区是连接“21世纪海上丝绸之路”和“丝绸之路经济带”的重要门户、南下出海通道的主要交通枢纽，既要发挥其连接欧洲、东盟和亚太的重要节点作用，也要发挥其在“陆上丝绸之路”和“海上丝绸之路”间的连接作用。东北地区是向北开放的重要窗口，要推进构建欧亚高速运输走廊，打造“冰上丝绸之路”。

三、不断提高居民收入

拉动内需、刺激消费的关键在收入，提高居民收入是促进居民消费水平的前提和基础。如何提高居民收入是破解消费的根本出路。根据本项目研究结果并结合我国实际，增加居民收入关键在以下两个方面：

一方面，提高国民整体收入是基础。通过人均GDP的国际比较可以看出，我国的人均收入还处在较低的水平，决定了我国城乡居民消费水平和国际社会存在明显差距。因此，我们要以经济全球化为主线，全面融入世界发展潮流，不断推进科技创新、产业革新，形成产品具有核心竞争力的发展格局；以“一带一路”等战略规划为依托，探寻促进经济更好更快发展的新动力，不断提高开放水平；以统筹城乡区域均衡发展为抓手，科学谋篇布局，让更多的百姓有更强的获得感，实现城乡区域均衡协调发展。城乡居民收入提高将大大促进消费水平的提升。

另一方面，增加农村居民收入是重点。城乡差异大、农村居民消费水平低是我国消费领域存在的突出问题。我国广大农村地区整体消费水平不高，丝路沿线尤其是西北农村地区的消费水平更低，制约了地区经济的良性发展。党和政府历来非常重视“三农”问题，改革开放尤其是党的十八大以来，党中央出台了一系列惠农扶农政策，为广大农村地区的发展提供了政策支持和指导。广大农村尤其是西北农村地区，要抓紧抓好“一带一路”的战略发展机遇期，在城镇化、美丽乡村战略安排等政策的有力推动下，解放思想、发展生产，构建现代农业体系，探索农业发展的机制创新，不断优化农业产业结构，释放农业、农村活力，延伸农业产业链，提高农业附加值，推动农业、农村现代化，提高农产品的国际竞争力，实现农业增产增收，提高农民收入，缩小城乡差距，促进农村农民消费水平稳步提高。

四、全面优化消费结构

在城乡居民消费水平不断提高的基础上，需要全面优化消费结构，在全面关注居民消费量的前提下实现消费领域质的飞跃。目前来看，无论是城镇还是农村，生存型消费在总消费中的比重依然较高，发展型尤其是享受型消费占比较低，消费结构不合理现象较为突出。因此，需要在稳步提高生存型消费的同时，高度重视消费结构的优化升级。

首先，政府要在交通通信、医疗及社会保障、教育文化娱乐、生活用品及服务方面加大投资和政策的扶持力度，大力发展相关产业，减小相关产品和服务的成本及价格，提供更加优质的发展型、享受型产品和服务。其次，要加大居民消费引导，营造良好的消费环境，构建科学、完善的社会保障机制。最后，城乡居民尤其是农村居民要不断转变消费观念，在满足生存型消费的同时，更加注重发展型和享受型消费，充分认识到发展型和享受型消费在实现自身全面而自由发展中的重要性，使自身消费均衡协调发展，不断推进消费结构的优化升级，促进消费水平快速提升，全面推动经济持续健康协调发展。

参考文献

[1] 尹世杰. 中国消费结构研究 [M]. 上海：上海人民出版社，1988.
[2] [英]威廉·配第. 赋税论 [M]. 邱霞，原磊，译. 北京：华夏出版社，2006.
[3] [英] 亚当·斯密. 国富论 [M]. 谢祖韵，孟晋，盛之，译. 长沙：中南大学出版社，2003.
[4] [英]大卫·李嘉图. 政治经济学及赋税原理 [M]. 郭大力，王亚男，译. 北京：商务印书馆，1962.
[5] [法]魁奈. 魁奈经济著作选集 [M]. 吴斐丹，张草纫，译. 北京：商务印书馆，1979.
[6] [瑞士]西斯蒙第. 政治经济学新原理 [M]. 何钦，译. 北京：商务印书馆，1977.
[7] 张祖群. 从恩格尔系数到旅游恩格尔系数：评述与应用 [J]. 中国软科学，2011 (S2)：100-114.
[8] 孟慧霞，陈启杰. 系统观视阈下的消费结构升级 [J]. 上海财经大学学报，2011，13 (2)：91-97.
[9] 杨婷，沈杰. 江苏省政府经济发展绩效研究——基于消费的实证研究 [J]. 潍坊学院学报，2015，15 (5)：61-64+77.
[10] 高玉胭. 湖北省城镇居民消费结构变动的实证研究 [D]. 黄石：湖北师范大学，2016.
[11] 李春琦，张杰平. 中国人口结构变动对农村居民消费的影响研究 [J]. 中国人口科学，2009 (4)：14-22+111.

[12] 李响，王凯，吕美晔. 人口年龄结构与农村居民消费：理论机理与实证检验［J］. 江海学刊，2010（2）：93-98+239.

[13] 梅洪常. 国内居民消费总量与结构的优化研究［J］. 管理学报，2010，7（1）：69-74+97.

[14] 黄玲丽，徐立军. 我国东中西部地区居民消费结构及影响因素分析［J］. 统计与咨询，2015（5）：28-30.

[15] 刘敏. 关于我国居民消费影响因素的研究［J］. 东莞理工学院学报，2016，23（1）：97-103.

[16] 刘丽娜. 城乡居民消费结构影响因素实证研究［J］. 商业经济研究，2016（19）：37-39.

[17] 谢红艳，颜军. 流通成本变动与居民消费增长的非线性关系检验［J］. 商业经济研究，2018（22）：51-53.

[18] 李俊华. 城镇化对农村居民消费结构的影响分析——以湖北省为例［J］. 长江大学学报（自然科学版），2018，15（22）：61-66.

[19] 王艳，郝丛卉，卢虹好. 收入结构、财政支出影响农村居民消费结构的实证研究［J］. 西安理工大学学报，2018，34（3）：364-370.

[20] 毛中根，杨丽姣. 经济全球化背景下供给侧改革与居民消费结构升级［J］. 财经科学，2017（1）：72-82.

[21] 魏勇，杨孟禹. 收入结构、社会保障与城镇居民消费升级［J］. 华东经济管理，2017，31（3）：90-99.

[22] 吴瑾. 居民消费结构、产业结构与经济增长［J］. 经济问题探索，2017（12）：18-22+180.

[23] 田玲，刘章艳. 基本养老保险能有效缓解居民消费压力感知吗？——基于中国综合社会调查（CGSS）的经验证据［J］. 中国软科学，2017（1）：31-40.

[24] 刘曦子，侯锐，陈进. 人口受教育程度对居民消费的影响研究——基于动态面板分位数回归法［J］. 西北人口，2017，38（1）：50-56+65.

[25] 刘东皇，沈坤荣. 劳动收入占比与居民消费率：机理与中国经验［J］.

社会科学研究，2017（1）：15-21.
[26] 袁清. 我国农村消费升级趋势与流通业发展方式转变研究［J］. 商业经济研究，2017（1）：148-150.
[27] 范黎波，杨金海，黄铄婷. 社会保障提升能有效促进居民消费吗？——基于分位数回归与反事实分解方法的研究［J］. 华东经济管理，2017，31（3）：49-59.
[28] 张颖熙，夏杰长. 以服务消费引领消费结构升级：国际经验与中国选择［J］. 北京工商大学学报（社会科学版），2017，32（6）：104-112.
[29] 张慧芳，朱雅玲. 居民收入结构与消费结构关系演化的差异研究——基于AIDS扩展模型［J］. 经济理论与经济管理，2017（12）：23-35.
[30] 袁宇晨. 我国城乡居民消费差异问题研究［J］. 农村金融研究，2017（8）：37-42.
[31] 李春风，刘建江，齐祥芹. 房价上涨影响居民消费的门槛效应：倒U假说及实证［J］. 华东经济管理，2017，31（12）：162-169.
[32] 庞笑，姚慧琴. 中国城镇居民收入水平对其消费行为影响的实证分析——基于面板数据模型［J］. 金融经济，2017（2）：95-96.
[33] 阿不都艾尼. 我国农村不同收入等级居民的消费敏感性比较研究［J］. 商业经济研究，2017（2）：34-36.
[34] 范从来，王勇，杜晴. 分层居民消费价格指数的编制及扶贫政策的启示［J］. 中国经济问题，2017（2）：125-135.
[35] 俞琴. 居民消费水平影响因素分析［J］. 当代经济，2017（19）：151-153.
[36] 李江一，李涵. 城乡收入差距与居民消费结构：基于相对收入理论的视角［J］. 数量经济技术经济研究，2016，33（8）：97-112.
[37] 汤向俊，马光辉. 供给侧改革与消费需求扩张［J］. 经济问题探索，2016（4）：1-7.
[38] 欧阳峣，傅元海，王松. 居民消费的规模效应及其演变机制［J］. 经济研究，2016，51（2）：56-68.

[39] 王平，王琴梅. 新型城镇化驱动居民消费的效应机理与实证 [J]. 广东财经大学学报，2016，31 (2)：67-76.

[40] 朱玲. 我国居民消费质量评价体系构建与测度 [J]. 商业经济研究，2018 (5)：35-38.

[41] 刘长庚，张磊. 新时代消费发展需推动消费量质齐升 [J]. 消费经济，2018，34 (4)：3-11.

[42] 陈利馥，刘东皇，谢忠秋. 我国居民消费率的影响因素分析 [J]. 统计与决策，2018，34 (2)：138-140.

[43] 亓娜. 基于消费需求视角的我国农村居民消费问题研究——以广西为例 [J]. 商业经济研究，2018 (5)：39-42.

[44] 臧旭恒，张欣. 中国家庭资产配置与异质性消费者行为分析 [J]. 经济研究，2018，53 (3)：21-34.

[45] 谢聪，宇传华，张爽，等. 基于省际面板分位数回归的中国城乡居民医疗保健支出影响因素分析 [J]. 中国卫生统计，2018，35 (1)：26-28+32.

[46] 黄成凤，汤小波，杨燕绥. 城乡居民人均可支配收入对医疗保健支出影响及区域差异分析 [J]. 卫生软科学，2017，31 (12)：23-27.

[47] 吉媛，蒋崧韬. 城镇居民医疗消费支出影响因素分析 [J]. 生产力研究，2017 (5)：10-16.

[48] 章涵. 我国城镇居民医疗保健消费支出的影响因素研究 [D]. 上海：华东政法大学，2016.

[49] 赵明利. 城乡居民医疗费用影响因素研究 [D]. 济南：山东大学，2016.

[50] 高洪洋，胡小平，王彦方. 中国农村居民医疗保健支出的影响因素 [J]. 财经科学，2016 (2)：82-92.

[51] 郭孟珂. 我国城镇居民消费结构及变动趋势的实证研究 [D]. 北京：首都经济贸易大学，2012.

[52] Ando A，Modigliani F. The “life cycle” hypothesis of saving：Aggregateim-

plications and tests [J]. The American Economic Review, 1963, 53 (1): 55-84.

[53] Abdulkadri A O, Langemeier M R. Using farm consumption data to estimate the intertemporal elasticity of substitution and relative risk aversion coefficient [J]. Agriculture Fiance Review, 2000 (60): 61-70.

[54] Rae A N. Food consumption patterns and nutrition in urban Java households: The discriminatory power of some socioeconomic variables [J]. Australian Journal Ofagricultural and Resource Economics, 1999, 43 (3): 359-383.

[55] Malkiel B G. A Random Walk down Wall Street: Including a life-cycle guide to personal investing [M]. London: WW Norton & Company, 1999.

[56] Carroll C D. How does future income affect current consumption? [J]. The Quarterly Journal of Economics, 1994, 109 (1): 111-147.

[57] Chritopher C, Samwick A A. How Important is Precautionary savings [R]. Working Paper Series, 1992.

[58] Deaton A. Life-cycle models of consumption: Is the evidence consistent with the theory? [C]. Advances in Econometrics: Volume 2: Fifth World Congress. Cambridge University Press, 1987: 2-121.

[59] Intriligator M D. Handbook of Econometrics [M]. Amsterdamlondon: North Holland, 1984.

[60] Stone R. Linear expenditure systems and demand analysis: An application to thepattern of British demand [J]. The Economic Journal, 1954, 64 (255): 511-527.

[61] Lluch C. The extended linear expenditure system [J]. European Economic Review, 1973, 4 (1): 21-32.

[62] Keynes J M. The General Theory of Employment Interest and Money [M]. London: Macmillan Press, 1936.

[63] Modigliani F. Income, Saving and Consumption Theory [M]. Cambridge: Harvard University Press, 1949.

[64] Modigliani F, Brumberg R H. Utility Analysis and Aggregate Consumption Function: An attempt at integration [M]. Cambridge: MIT Press, 1979.

[65] Friedman A. A Theory of the Consumption Function [M]. Princeton: Princeton Uniwersity Press, 1949.

[66] Mark Yi-Cheon Yim, Tae Hyun Baek, Sauer P L. I See myself in service and product consumptions: Measuring self-transformative consumption vision (SCV) evoked by static and rich media [J]. Journal of Interactive Marketing, 2018 (44).

[67] Arrondel L, Lamarche P, Savignac F. Does inequality matter for the consumption-wealth channel? Empirical evidence [J]. European Economic Review, 2018 (9): 2.

[68] Olarewaju T. Organising household consumption and occupational proportions [J]. International Journal of Organizational Analysis, 2018, 26 (4).

[69] Lehrer E, Light B. The effect of interest rates on consumption in an income fluctuation problem[J]. Journal of Economic Dynamics and Control, 2018 (7): 4.

[70] Luid Pereira de Oliveira, Bruno Morais Lemos, Marcelino Aurélio Vieira da Silva, Felipe Jiménez Alonso, Ricardo César da Silva Guabiroba. Analysis of the event data recorder system regarding criteria of safety, operation and consumption in a Brazilian trucking company [J]. Transportation Research Part F: Psychology and Behaviour, 2018 (6): 48.

[71] Fernandez K V, Figueiredo B. Bridging boundaries in consumption, markets, and culture [J]. Consumption Markets & Culture, 2018, 21 (4).

[72] Holm M B. Consumption with liquidity constraints: An analytical characterization [J]. Economics Letters, 2018 (167).

